新编公文写作丛书

新编通用公文写作技能指导与范例全书

胡珊瑚◎主编

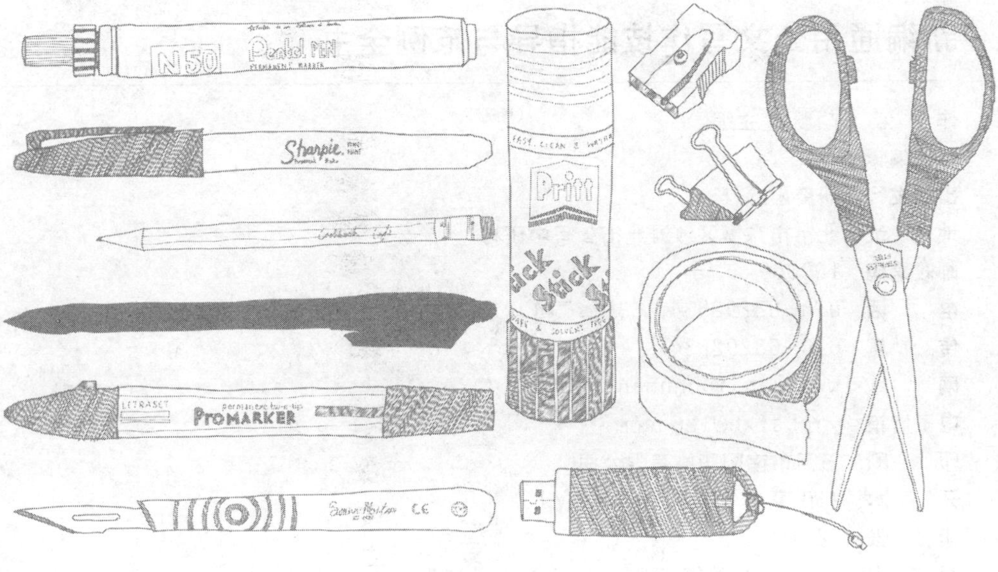

中国出版集团　研究出版社

图书在版编目（CIP）数据

新编通用公文写作技能指导与范例全书 / 胡珊瑚主编 . —北京 : 研究出版社，2016. 9

ISBN 978-7-80168-969-6

Ⅰ. ①新… Ⅱ. ①胡… Ⅲ. ①公文—写作 Ⅳ. ①H152. 3

中国版本图书馆 CIP 数据核字（2016）第 124289 号

新编通用公文写作技能指导与范例全书

作　　者 胡珊瑚 主编
责任编辑 刘姝宏
出版发行 研究出版社
地　　址 北京市东城区沙滩北街 2 号中研楼
邮政编码 100009
电　　话 010-63292534　63057714（发行中心）　63055259（总编室）
传　　真 010-63292534
网　　址 www.yanjiuchubanshe.com
电子信箱 yjcbsfxb@126.com
印　　刷 三河市南阳印刷有限公司
开　　本： 710 毫米×1000 毫米　1/16
印　　张： 22.75
版　　次： 2016 年 9 月第 1 版　2017 年 4 月第 2 次印刷
书　　号： ISBN 978-7-80168-969-6
定　　价： 45.00 元

本书编委会

主　编　胡珊瑚

编　委　（排名不分先后）

胡占国	胡占有	周　燕	刘占家	郑　義
张凤雲	刘云锋	刘　唱	张红伟	江本有
霍　然	刘玉林	张国柱	张国军	薄文中
薄　浩	周本唐	周小敏	王　扩	王树唐
王春唐	崔　赤	郑　建	景军丽	孙少伟
马　保	崔大勇			

目　录

第一编　公文写作概论

第二编　指挥类公文写作

第三编　知照类公文写作

第四编　报请类公文写作

第五编　规范类公文写作

第一编

公文写作概论

第一章　公文写作概论

第一节　公文概述

一、公文的标准定义

公文是实施领导、履行职能、处理公务的具有特定效力和规范体式的文书，是传达贯彻党和国家的方针政策，公布法规和规章，指导、布置和商洽工作，请示和答复问题，报告、通报和交流情况等的重要工具。

二、公文的特点

公文和其他实用文体比较，具有以下五个明显的特点。

1. 鲜明的政治性和高度的思想性

公文是国家各级政权机关、各企事业、各组织机构的指挥意图、行动意图的系统记录，直接反映国家政权、单位、组织的政治意向和根本利益。因此，公文的政治性质取决于国家的政治性质。我国是人民民主专政的社会主义国家，我国公文有鲜明的政治性和高度的思想性，集中体现在为广大人民群众的根本利益服务、为发展社会主义事业服务、为提高工作效率服务上。

2. 法定的作者

公文体现着国家及各级组织、单位的管理职能，因此必须由法定的作者在法定范围内行使职权时制定和颁发。所谓法定作者，是指依法成立并能以自己的名义行使权力和担负义务的组织，各级党政机关、社会团体、企事业单位都是合法存在的法定作者。

3. 法定的权威性和行政约束力

公文是法定作者在法定范围内行使职权而制定和发布的，代表着制发机关的法定权威，因此，公文，特别是下行公文，就更具有法定的权威性，有着行政领导和行政指挥的作用。公文的这一特点，是任何其他文字材料都不具备的。尊重公文的权威性，承认它的行政约束力，是保证党和国家及各级组织和单位的方针、政策、规章制度、计划等得以顺利贯彻执行的重要前提。

4. 特定的格式

公文是国家及各级组织、单位发挥管理职能的书面工具，国家规定了统一的公文格式及严格的行文规范，写作中要注意格式规范，不能随心所欲。

5. 广泛使用性

与其他实用文相比，公文没有专业特性，因此不分行业和地区，所有机关、团体、单位都能使用，也都要使用，是目前使用范围最广的一类文体。

三、公文的分类

公文是党政机关、企事业单位、人民团体处理行政公务往来的文书。公文是应用文中最重要而用途最广泛的文体。

公文分类的方式很多。一般可按以下五个方面进行分类。

1. 按公文的性质分类

公文有党内公文、行政公文、社会团体公文及各企事业单位公文等。

2. 按公文的来源分类

公文可分收文和发文两类。收文是其他机关发送到本机关来的文件。如上级机关发来的指示、通知；下级机关报送的报告、请示等。发文是由本机关制发的文件。一部分是发送给需要用它进行工作联系的其他机关，另一部分是下发给本机关内部使用的文件。

3. 按公文的行文方向分类

公文可分为上行文、下行文和平行文。上行文是指下级机关向它所隶属的上级领导机关发送的文件，例如请示、报告等。下行文是指领导机关对下属机关的发文，例如指示、决定、决议、通报等。平行文是指同级机关或不相隶属的机关（没有领导或业务指导关系的机关）之间的来往文件，例如公函。

4. 按公文发送与处理的时间要求分类

公文有特急件、急件、平件三类。特急件是指内容特别紧急，必须随时优先迅速传递待处理和已处理的文件。急件是指内容紧急，必须打破工作常规优先迅速传递处理的文件。平件是指无特殊的时间要求，可按工作常规传递处理的文件。

5. 按公文内容的机密程度分类

公文可分为绝密公文、机密公文、秘密公文和普通公文。绝密公文是指含有最重要的国家秘密，泄露会使国家的安全和利益遭受特别严重损害的公文。机密公文是指含有重要的国家秘密，泄露会使国家的安全和利益遭受严重损害的公文。秘密公文是指含有一般的国家秘密，泄露会使国家的安全和利益遭受损害的公文。普通公文是指可以向人民群众公开发布或在机关组织内部使用的公文。划分公文的秘密等级要准确，划分过宽，容易失密；划分过严，会妨碍工作的开展。

四、公文的作用

1. 领导和指导的作用

公文的内容反映党政机关或企事业、单位组织工作的意图，所以具有领导和指导工作的作用。在传达贯彻党和国家的方针政策、发布行政法规和规章方面、统一上下级思想及行动方面，通过公文来进行上传下达。各级组织可以认真领会上级组织的精神意图并按照这一精神意图进行工作、开展活动。公文本身就体现了上级对下级的领导和指导作用。

2. 宣传和教育的作用

公文既是推动工作的工具，也是向广大干部群众进行宣传教育，使他们提高认识、统一思想的武器。所以公文虽然与报纸、图书上的宣传教育材料不同，但也具有一定的宣传教育作用。特别是一些纲领性文件、重大政策性文件和党政领导同志的批示、指示及各级组织的决定，其宣传教育作用十分明显。

3. 联系和关照的作用

国家机器包括了党政各级机关。企事业单位、各团体有各自的系统。各系统机关有各自相应的权限范围，要保持国家机器、企事业单位、各团体正常运转，就需要各系统之间有互相配合、互相促进的关系。这种互相之间的关系，包括上下级机关之间的纵向联系，也包括各同级机关之间的横向联系。这种联系的纽带之一，就是公文。与联系作用紧密相关的是知照作用，即公文是为了把有关事项通知、关照对方，使之了解情况。使机关之间得以保持联系、互通信息，从而有秩序地开展工作。

4. 依据和凭证的作用

公文反映了制发机关的意志、愿望和要求，收文机关要贯彻落实这一意图，就必须以公文来作为依据，根据公文的内容要求开展工作、处理问题。一方面，上级机关所发的公文对下级机关来说，无疑都是工作依据。另一方面，下级机关所发的公文，如请示、报告等，对上级机关来说，同样也有依据作用。上级机关就是根据这些上行的公文来了解下情，作为制定正确决策的参考依据，或作为针对性答复问题、指导具体工作的凭证。

5. 规范和制约的作用

公文作为管理国家的重要工具，其权威性和法定性赋予了它以规范和制约社会行为和公民活动的作用。正所谓“国有国法，家有家规”。公文中有许多法规、命令、条例、告示、公告等，不仅规范和制约着机关单位工作人员的行为活动，甚至直接规范和制约着人们日常生活中的行为活动。例如，《北京市人民政府关于禁止春节期间在市区燃放烟花爆竹的规定》一经发布，便具有法律效力，任何人都不得违反。又如，一些在公共场所不准乱扔垃圾的公告和规定等，也具有制约人们某一方面的作用，同时它们也是保证社会秩序稳定的武器之一。

五、公文的一般格式

国家规范办公的公文，具有特定的格式，保证了公文的权威性、完整性、科学性和效率性。公文基本上由两部分组成，即基本部分和附加标记部分。基本部分包括标题、受文单位、正文、附件、发文单位、发文日期等。附加标记部分包括文件版头、发文字号、机密等级、紧急程度、附注等。

1. 标题

公文标题一般要标明发文机关、事由和文种三要素，如《中共中央、国务院关于抗震救灾紧急指示》；也有只用发文机关和文种做标题的，如《北京市人民政府公告》；还有用事由和文种做标题的，如《关于任命×××为市委办公室主任的决定》；为了引人注目，也有只用文种做标题的，如《通知》《公告》等。

2. 受文单位

公文的受文单位分为主送单位和抄报、抄送单位三种。主送单位就是公文的接受者、主办者，负责贯彻或研究答复公文内容的单位。主送单位名称在标题下一行顶格写，后面加冒号。需要同时上报的单位称抄报单位，需要同时送达的平行不相隶属的单位或下级单位称抄送单位。抄报、抄送单位名称写在公文末页下端，通常用两条横线上下隔开。

3. 正文

公文的正文一般分为三部分。

第一部分是开头，称引据部分，简要说明发文的原因和依据。

第二部分是主体，是公文主体部分，要求重点突出，条理清楚。

第三部分是结语，简要提出要求和希望。一般根据上行、下行、平行的不同文种，采用不同的结语。如“是否妥当，请予指示”“此令”“特此函复”等。

4. 附件

公文的附件是随公文一起发出的文件或材料。一般分两类：一类是对公文的补充、说明或证实的文字材料、图表、凭据等；另一类是随文颁发的规章制度、办法、规定，以及向上级机关报送或向下级机关“批转、批发”的文件。附件是附在正件之后的，一般在附件的正文前另起一行写上“附件”二字。

5. 发文单位、发文日期

公文的发文单位应使用全称，如“北京市人民政府”，或规范化的简称，如“中共中央”，写在正文下边偏右处，印有文件版头的公文发文单位可以不写，只在发文日期中间加盖公章。

发文日期要写明年、月、日全称。

6．文件版头、发文字号

正式公文一般都印有版头，即在文件开头正中印有发文单位的名称和公文种类，如“辽宁省人民政府文件”，用大字体标写，通常套红，以示庄重。

发文号标在文件头下方正中处，如“中发〔2014〕×号”，发文号下方用一条红色横线与正文区分。

7．机密等级、紧急程度

按照中共中央保密委员会规定，涉及党和国家机密的公文，应根据内容确定机密等级，在标题右下方标明“秘密”“机密”“绝密”等字样。

根据公文办理和送达时间的要求，确定公文紧急程度，在标题左上方标明“急”或“特急”等字样。

第二节　公文写作技能和要求

一、公文的布局技巧和要求

公文的布局，就是搭好文章的结构架子，即遵循一定的逻辑，有规则、有次序地依据文章主题的需要，对材料加以排列组合，使文章成为一个有机的整体。

公文布局的基本要求之一是严谨。严谨是指公文结构要使材料之间缜密、周严、纲目清晰、逻辑性强，令人感到材料的组织严丝合缝。

基本要求之二是完整。完整是指构成文章的各个局部结合得完美统一，而且各个局部相应齐备，没有残缺。要使文章有头、有尾、有起、有承、有转、有合，开头有交代，结尾有照应说明。

基本要求之三是匀称。要使文章疏密相间，详略得当。将主体文字置于中间，分多层、多段展开，详细论述，谓之密笔；而把目的、意义、希望、要求等放在开头或结尾，作为单段，概要简述，谓之疏笔。切忌将中心内容压在一头，一团乱麻，令人感到压抑，难以读懂。

基本要求之四是连贯。连贯是指文章的各部分在内容脉络上要相互贯通、协调一致，语言上要注意过渡，衔接紧密、自然，文中不能出现互不相干或自相矛盾的现象。

公文的布局一般使用以下五种方式。

1．分列小标题式

全文分若干段，依每段内容归纳出一个小标题。通常指示性通知、调查报告、决定、简报、通报等都经常用这种形式。例如，毛泽东同志的《中国的红色政权为什么能够存在?》就是分列小标题写的。

2．分块式

全文分成几大块，每一块独立成章，块中可有自然段，每块前面正中加（一）、（二）、（三）等序号。通常调查报告、工作总结、会议纪要等采用分块式。如《一九九〇年经济特区工作会议纪要》就采用分块式，全文分四大块。

3．并列式

并列式是指在公文开头以简要的语句开宗明义之后，正文部分是若干并列的句子，有的句与句押韵，以诗歌、顺口溜的形式表述。通常守则常用这一形式。

4．章、条、款分列式

这种形式是把全文分成几章，章下分条，条中有款，条目清晰，款项明了。通常章程、规定、规则、办法、细则等法规性公文采用此方式者居多，如《中国共产党章程》。

5．转发、转述式

用批转、转发、转述的方式，把上下级或平级的有关公文转印给下级单位，一般在文首以“现将××转发给你们，望遵照执行”形式以文载文。通常批转性通知、转发性通知、简报等都采用这种形式。

二、公文的表达方式技巧

1．公文运用表达方式的含义

公文既要记述概要、叙述清楚，又要议论发挥、剖析义理，还要说明措施、提出要求。因此，公文的表达方式是以叙述为基础、议论为手段、说明为目的，三者综合运用。

由于公文的内容制约了表达方式的采用，因此当公文的主要内容不一样时，其表达方式就各有侧重。具体来讲，以反映情况为主要内容的公文，表达方式侧重于叙述；以阐明道理为主要内容的公文，表达方式侧重于议论；以提出要求为主要内容的公文，表达方式侧重于说明。

2．公文运用表达方式的作用

与记叙文的表达方式相比较，公文中的叙述带有显著的概括性。公文中叙述事物，不像记叙文的断面特写、细节刻画、气氛渲染，而是直述本质、明确无误。公文中叙述事件，不像记叙文那样详写事情发展变化的具体过程，描绘复杂、曲折的生动情节，而是概括反映全貌，明白叙说梗概。公文中表述情感，不如记叙文奔放或细腻，而是庄重、鲜明。

与议论文的表达方式相比较，公文中的议论带有直接的目的性。任何议论都是为了得出相应的结论，证实某一问题，都带有目的性。但议论文（如社论、评论、学术论文）旨在影响读者，并非针对某一具体事项提出要求，所以带有泛论的属性。而公文中的论述是为解决实际工作中的某一问题、围绕既定要求而发，不允许偏离目的，旁及与要求无关的内容，更不得放言空论。

说明，是公文的主要表达方式，每篇公文中都有完整的说明文字。但就总体而论，公文综合运用了这三种表达方式，所以它不同于说明文。

三、如何写好公文

1．提高政策水平

就某种意义讲，公文的撰写过程，即是执行政策、依靠政策、理解政策、表达政策的过程，所以撰写者必须具有较高的政策水平，要了解相关的方针政策，熟悉相关的法律规定，善于把握政策新动向。否则，写出的公文很可能会存在问题。例如有个城建开发公司，在请示中把大片保证城市居民蔬菜供应的菜田作为建房用地，因没有了解国家在这方面的新规定，致使请示碰壁。

2．拓宽知识领域

公务活动涉及社会各方面，因素复杂多样，所以就要求撰写者要具备多方面的知识，否则就不能适应公务活动的需要，很难想象，一个知识面很窄的撰写者会写出较好的公文。因此，要求撰写者尽可能地通晓政治、经济、哲学、管理等各方面的知识，甚至对于社会学、心理学、公关学、行政学等也要知晓。当然，不是要求每个撰写者都成为全才或各方面的专才，也不要求他们对每门知识都掌握得深透，只是要求撰写者知识面越宽越好，从实际出发，尽量拓宽知识领域，打好坚实的知识基础，并有必备的、合理的知识结构。

3．精通业务知识

公文是为了解决生活中、工作中的实际问题而撰写的。每个单位、部门都有自己的业务与工作要求，只有熟悉了有关情况，在写作时才能把事情叙述清楚，把道理讲明白，把要求提明确。很难想象，一个从事公文写作者，对党政机关的实际情况不了解，又不懂行政管理的规律，能写出符合行政实际的公文。例如拟定一份购销合同，不仅要了解《中华人民共和国合同法》，而且还要熟悉销售一方与生产一方的情况，如销售一方的销售地点、商店分布、价格情况、储存仓库等，生产一方产品的质量、规格、发货地点、运输情况、售后服务等。如果不熟悉有关情况，拟出来的合同就不太可能合理、适用。

4．要有写作基本功

应用文写作虽有自身的特点与格式，但又必须遵守一般文章写作的规律，如提炼观点、选择材料、安排结构、锤炼语言、起草修改，以及根据目的内容采取记叙、议论、说明等方法。如果不掌握这些写作基础知识和基本功，就会失去写好应用文的基础。因此，必须打好语文基础，练好写作基本功。

5. 要有逻辑思维

公文写作是以逻辑思维为主，是在认识过程中借助于概念、判断、推理去反映现实，用科学抽象的概念揭示事物本质，表述认识现实的结果。逻辑思维在自己的运动过程中，极力舍弃思维对象的外在感性形态，而努力去把握它的内在本质，舍弃思维对象之间的偶然联系，积极地把握它们的必然联系。逻辑思维与形象思维往往是既有区别而又相辅相成的，但在公文写作中则是以逻辑思维为主。

掌握公文写作的思维特点是写作公文的关键，因为公文具有鲜明的思维过程的规定性。

6. 学以致用

公文写作，是为了解决日常生活、学习与工作中的实际问题，也就是说，学公文写作是为了“用”，因此，在学习时既要掌握应用文写作的理论，又要联系生活、学习与工作中的问题进行思考、研究、探讨，以便找到解决的办法，使学与用结合起来，统一起来。

要理解公文写作的性质、特点、作用、写法，还要多读一些党中央、国务院以及省、市党政机关发布的合乎规范的文书，了解它们在思想内容、表达形式、写作方法、版面设计等方面是如何处理的。如果接触到一些不规范的文书，也要进行思考与分析，从中吸取教训。此外，还要阅读一些有关的论著，以开拓思路，开阔眼界。

写作是一种技能，技能要经过反复实践才能获得。学习公文写作理论，主要还在于实践。只有通过实践，才能把知识转化为能力，形成熟练的技巧。做好教材所提出的练习是一种实践，除此以外，还要结合日常所遇到的事情来写，如开会时作记录，会后编简报、写纪要，讲话前写讲稿，开学之初制订学习计划，学期结束时写总结，开展社会调查时写调查报告，等等。要多写多练，才能掌握公文写作的技能技巧，成为一个文笔高手。

四、公文书面语体要求

现代公文语体建立在书面白话语体的基础上，既具有与其他体裁用语的共性，又形成与一般文章不同的特点。

1. 词语

公文用语必须规范、凝练、概括、简洁、周严。

（1）公文写作应该以规范的书面白话为基础，一般不用口语、方言、俚俗语表述。公文中的词语应概念清楚，有严格的限定；含义准确，约定俗成，如：凡、皆、审核、管辖、惩戒、事宜、量力而行、概不追究、统筹兼顾等词语，均无二义。对于多义词，则少用喻义、引申义，尽量采用其直接词义，使词义通晓，理解统一，不会使阅文人曲解、误会。

（2）公文中许多凝练词语是沿袭历代文言，具有特定含义，很难用同义白话替代，而且言简意赅，易为广大公文使用人员领会、理解、形成专门语。经过长期使用、淘汰、选择，已趋于定型，使用位置也比较固定。例如：

开头词：近查、根据、兹因、遵照

称谓词语：本部、贵厂、该单位

请示词：拟请、恳请、特请

询问词语：当否、如无不妥、是否可行

表态词语：业已颁发、存案备查、遵照执行、参照办理

结尾词语：特此报告、为荷、为要、此布、此令

（3）公文中多用概括词语。从而使既定范围内的事物全部纳入。对专门领域，公文仅采纳其范围广泛但程度浅显的行业用语，以照应公文推动相关公务的用途和兼顾不同类型读者的需要。

（4）公文用语简洁，大量运用联合短语作主语或谓语、宾语，如，“积极会同工商、税务、审计、监察、公安等部门，对各类营业性组台（团）演出活动实行有效的监督、检查、管理”。公文中常用“的”字结构词组来省略所表述客观对象的中心词，以趋简要。

（5）公文为表述周严，大量使用介宾短语为定语、状语，从目的、范围、条件、依据、方式等方面加以修饰，来限定被表述的对象、动作，形成一种较为固定的表达方式。公文中常以名词作宾语，前缀“严禁”“严加”“禁止”“予以”“给予”“加以”等动词作谓语以构成短句，如“予以打击”“严禁走私”等。

2．修辞

文书以实用为目的，主要表达方式是叙述、议论、说明，不要求抒情、描写，不追求语言的艺术化，不用或少用夸张、委婉、比拟、含蓄等积极修辞手段，为使语言明白、通畅、缜密，主要采用消极修辞。

消极修辞并不意味着不讲究辞章，不追求语言美，而是不凭借华丽辞藻，以质朴流畅的语言、明确的叙事表意，于平淡中见神采，显示精练美、平直美、朴实美。这比藻饰铺陈更见功力。因此说，“文章不难于巧，而难于拙，不难于曲，而难于直，不难于细，而难于粗，不难于华，而难于实”。

为增强文势，显示事理程度上的差异，也常适当运用排比、对偶、反复等修辞手法，但要在缜密、严谨上多下功夫。

3．语法

公文写作必须遵守语法规则，格式结构完整，必要的主、谓、宾语和附加成分完备，单、复句应分清，若违背语法规则，就会出现文理不通现象，影响对思想、内容的表达。公文行文讲究简练，但不能过于简单，任意压缩句子成分，而

造成句子残缺不全、含义不明，更不能将两层意思混在一起，造成语意混乱。在句式结构齐备的前提下，应注意相关句子成分的搭配，特别是运用联合短语作句子成分时，并列谓语动词与同一宾语是否对应，在运用句群时，多组状语与单一动作是否和谐，多组定语与同一名词是否相称，等等。

公文句类主要使用陈述句和祈使句，用以直接、明确地表示：是什么，不是什么；是怎样，不是怎样；做什么，不做什么；应怎样做，不应怎样做。句型则多用主谓句，规章制度非针对特定收文的，也常使用无主句。为避免歧义，多用完整句，少用省略句，即使用省略句也是承上省略，以使语句含义不言自明。

4．节奏

为增强公文的感染力，往往通过句式的长短来显示出节奏，以蓄文势。现行公文还运用多种标点符号，将并义排列，勿使错置；近义辨析，勿使纠缠；同义集中，勿使分离；反义区分，勿使混淆。

公文的用语表达还应慎重。命令（令）、指令词措辞庄重、强硬，语气明确、肯定，斩钉截铁，不可更易。指示、计划等应有伸缩性，一般不用绝对肯定的语气，为下级灵活执行留有余地。决定、决议、发言、讲话、讲演词要鲜明犀利。批复、批示、批转或转发通知则明确、稳健。请示、报告、总结、调查报告可适当增饰词采，以求生动活泼。布告、公告、通告则要求明白晓畅、通俗易懂。章则条规、契约、条据则要求措辞精确、语意缜密、无懈可击。

五、公文材料的提炼技巧和要求

1．材料的收集

公文写作者要得心应手地完成各类写作任务，首先必须收集材料。

收集材料首先要注意广泛性。收集上下左右和本单位已有的公文、简报、总结、大事记、规章制度等。要求各业务职能部门提供、报送材料。通过参观学习、出席会议、函索、交换等手段，收集其他机关、系统、行业的材料。剪辑、摘要各类报纸、内部刊物、书籍上的材料。

收集材料还应注意政策性。注意收集党和国家的方针、政策、法令、法规及上级下发的材料，收集有关领导的讲话、指示，以便在撰文中引证、查考，作为提出本地区、本行业、本单位具体实施办法的依据。

收集材料还应体现实用性。要根据本系统、本行业、本单位的权限、职能、隶属、业务关系，划定收集范围，提高材料的质量和效益。

2．材料的甄别

调查者不能简单地有闻必录，把所记载的情况都当作可靠材料，而应下一番审查、验证功夫。

（1）审定材料来源，分清是提供者的亲身经历，还是得之于传言。

（2）考察提供者与所述事项有无直接、间接利害关系，剔除出于个人动机而夸大、缩小、杜撰的部分。

（3）衡量提供者的思想政策水平和观察、领悟、表述能力，弥补其因经历局限、认识片面、词不达意而造成的偏差。

（4）将不同来源的材料相互印证、比较对照，以鉴别真伪、正误。

3．材料的整理

写作调查的主要任务是掌握情况以充实材料，掌握情况是手段，用于写作是目的，为方便日后撰文时采用，需要下一番功夫。

（1）割舍累赘、重复、空洞无物的文字记载，以免玉石混杂。

（2）凡相对独立的某一情况，应删削可有可无的语句、文字，简明扼要地摘录其实在内容。

（3）凡适用性广的重要情况，皆摘抄成卡片。每张卡片限载某一结论或事例、数据，可分可合，灵活方便。

（4）凡比较零散、细碎的情况，应适当概括、汇总、统计，以利于定量分析，反映整体面貌。

4．材料的条理

一次调查中，对一个点的情况，须根据内在联系，写成条理清晰的综合材料，使之一目了然。对几个点上的同一方面情况，应适当横向比较。

5．材料的分析

在把握事实的基础上，分析材料的类型、用途，批注简短结论，以方便日后撰写文稿时选用。

（1）性质分析。性质分析是指材料是适用于宏观方面的材料，还是适用于微观方面的材料；其内容反映的是概括性情况，还是具体事例；是内部控制的保密材料，还是可普遍采用的公开材料。

（2）主次分析。主次分析是指材料是反映个别、特殊、局部的情况，还是具有一般、共性、全局意义的代表性材料；其内容反映的是正常态势，还是反常特例；是说明某一问题的主干材料，还是辅助性材料。

选出的材料要做到三个结合：

（1）新旧结合。以反映现状的材料为主，又有反映既往情况的材料，以利于新老相参、今昔对比。

（2）正反结合。服务于同一结论，正面材料能确立论点、阐明道理；反面材料能提供反证、增进深度，以利于正反相成。

（3）点面结合。点上的典型材料利于见微知著，面上的概况材料利于统观全局，写作时可以点面相援。

六、公文的主旨

1. 公文主旨的含义

公文的主旨是通过公文的全部思想内容表现出来的一种贯穿全文的基本观点和中心思想。公文的主旨和文艺作品的主题不同，公文的主旨不是“从场面和情节中自然地流露出来的”，而是以事论理，直截了当地点明主张什么、反对什么，把观点明白无误地告诉阅者。因此，公文主旨在写作前就必须十分明白地确定下来。主旨确定了，文章才有方向，才能坚定不移地按照主旨去组织文章内容。公文的主旨可控制全篇，决定公文成败。

2. 公文主旨的三要素及作用

公文的主旨包括三方面因素：

首先是公文的中心思想，也就是公文要表示的意见、要求、办法、主张、措施等。一篇公文无论是长是短，无论是什么文种，都是为解决某一问题而写，都是为解决公务活动中的现实问题而写。这些解决现实问题的意见、要求、办法、主张、措施就是公文中心思想的体现。

其次是公文所述事项的背景、原委。这些背景和原委就是公文主旨产生的基础。

最后是公文的写作目的。一般公文都要在一开篇就用“自我说明”的方式直接表述清楚该文的写作目的。

中心思想、原委和背景及写作目的这三个要素是公文主旨的完整体现。有些公文，如决定、通告、指示性通知、指导性通报、大型会议纪要及机关应用文中的综合性总结和综合性的调查报告都采取“三要素”共同组合的形式确立公文的主旨。公文主旨除靠三个要素组合体现外还有两种不同情况，一是只有一个要素，只写出写作目的或只体现中心思想，比如批转、转发、公布性通知等仅有写作目的一个要素，但这个要素就是全文主旨的完整体现。像一些内容单一的指令、命令、公告、通告、批复等全文只有中心思想一个要素，主旨通过中心思想体现。二是有些公文则采用写作目的和中心思想组合体现主旨，或者仅有背景和中心思想两个要素组合，比如“请示”往往没有写作目的。

总之，公文的原委、背景是公文主旨的前因，目的则是公文主旨中的期望达到的结果成分，中心思想是公文主旨的核心。三要素从各个不同侧面服务于主旨的确立。

一篇公文只表达一个思想，提出和解决一个问题，沟通一个情况，不可表达两个或更多的中心思想，主旨不可分散。

对公文主旨的表述一定要态度明朗，观点明确。是则是，非则非，清清楚楚，明明白白，毫不含糊。在公文的观点中或语言使用上丝毫的含糊、泛泛之谈都会使阅者不知所从，使某些人有机可乘。

七、公文起草和修改技巧

1．写作前的构思

写作活动，是一项创造性的精神劳动。起草阶段，是写作的“实践”阶段。写作主体时必须思想高度集中，潜心思索。这如同演员演戏，一个演员要把戏演得精彩，总是千方百计地进入角色。起草公文时，需要写作者如身临其境，全神贯注、全身心地进入角色，为行文一气呵成创造良好的心境。有时，在行文中也会发生阻隔，但只要集中精力进入角色，就一定能一鼓作气，攻克难关，进入“柳暗花明又一村”的境界。因此，写作的行文阶段需要最佳精神状态。假若心神不定，心猿意马，甚至想入非非，要想写好文章是不可能的。

2．抓住灵感

经过艰苦的构思过程，文章框架结构已经建立起来，思路豁然贯通，神思飞动，文思泉涌，“灵感”来临。这时，就应“趁热打铁”，一气呵成，让汹涌奔腾的思潮一泻千里，“力气用在刀刃上”。这样，不仅能发挥理论水平、知识积蓄和写作才能，而且能增强文章的整体感，取得最佳写作效果。错过“灵感”来临时机再去捕捉，就要大费周折。

有鉴于此，那种写写改改、折腾来折腾去的做法，既浪费时间，又写不出水平，就是由于起草不得法。特别是在字句上下功夫过多，是起草的大忌，必须避免。因为这样会把起草过程拉得很长，断断续续，被日常工作和琐碎事务穿插其间，随着思考对象的频繁变换，起草者思绪分散，注意力转移，在间隔的几段时间内所写成的文稿，极易内容交叉、语意重复或衔接不紧、角度移异，从而在全篇和谐、各部分协调等方面有严重缺陷，日后再行修改势必耗时费力。

3．掌握方法

有些文稿的起草受多方面牵制，特别是会议总结、调查报告等综合性文稿，许多素材须随着工作活动的逐步展开才能获得，总体情况依赖各方面的提供、汇总，关键观点、结论有待领导讨论敲定。而一旦材料汇齐，文稿使用时限也接踵而至，来不及从容推敲、精练、构思、易形成先等后赶的局面。为防止延迟误事或草率成篇，应不待万事俱备就先行动笔，将撰草起点推前。

根据纲目，可将通篇分为几大部分，每一部分再分为若干单元，每一单元作一卡片，分别编号。随着工作进程的展开，对材料充分和思考成熟的单元先行另页撰草成文。而绕过材料不足、构思未成熟或尚无定论的单元，留待条件具备后再写。等各单元全部完成，再从头到尾串联起来，调整内容、修改文字、贯通语气，集各段为全文。

4. 重复修改

任何公文写作者，无论其经验如何丰富、才思如何敏捷，撰草中总难免有思虑不周、疏漏失误之处。其原因在于：

(1) 文稿应是对所述工作情况的本质真切、概括的反映，是对规律性的正确、深刻、全面的认识。但是，公文写作的受制性、时限性等特点，决定了执笔人必须遵循机关指令撰草。即便是面对不完全熟悉的情况，作为写作任务，既无可推托，也不能旷日持久。因此，可能会对领导意图理解有偏差，对实际情况掌握不全，形成“意不称物”的缺陷。修改就是深化认识、更正补充、正确表述的过程。

(2) 即便撰文人事前将领导意图吃得很透，对实际情况摸得很准，思想认识正确无误，在把它转化为文字的过程中，也难免会“文不达意”。修改也是使文字表述切合初衷的重要一环。

(3) 构思中对层、段、句、词酝酿得越细密、深入，在脑海中的串联也就越复杂，局部印象也就越不稳定。故此，起草时需要力求速成，然后再从不同角度、方面对文稿进行全面检查。从这一写作规律出发，主动修改自己起草的文稿，实际上是起草的延续和深化。

5. 怎样修改

修改公文主要是从观点、主题、材料、结构、语言五个方面认真推敲。

(1) 观点是否正确。修改文章要注意文稿的基本观点是否正确，是否符合辩证唯物主义。如有片面的、绝对化的内容务必要纠正。文中所提的要求、号召、措施等也必须符合党和国家的方针、政策、法令，否则必须修改。

(2) 主题是否明确。一篇公文在写作前就必须有十分明确的目的。要说明和解决什么问题，务必表述清楚。要想检验主题是否明确，首先看文稿是否抓住了重点问题，是否针对重点问题作出了明确的回答，全文是否句句段段都围绕这一重点问题展开。这是大问题，如果文稿中这方面有问题，一定要全面认真地改稿。其次要注意一篇公文只能有一个中心，不能多个中心并列在一起，什么问题都想一起解决，这样会令阅者不明所以，贻误主要问题的解决。因此，发现这样的问题要删去多余的，坚持只在主要问题上下功夫。最后要注意考虑所选材料是否能说明问题，如果材料与主题不符将大大减弱文章的说服力，因此所选材料要典型，否则就必须更换。有了重点问题，有了充分的能说明问题的材料，还要有充分的、科学的分析论证，使观点与材料融为一体，使材料、事例紧扣观点，充分论证，观点鲜明，有论有据。

(3) 材料是否可靠。公文中的材料必须确凿，材料与实际情况必须完全吻合。因为公文中的材料是观点赖以生存的关键因素，材料不实，观点就站不住脚，文稿也就全军覆没了。因此，文稿动笔前就必须审查材料的真实与否、确切程度，写完后还必须再三审核，否则文笔再精彩，公文也无法产生说服力和权威性。

（4）结构是否完整、清晰。修改公文要注意公文格式是否正确、完整。对于各文种的不同特点掌握是否准确，并在文中恰当地体现出来。此外还要检查公文层次是否清楚；是否符合大多数人的思维习惯；段与段的联系是否紧密；首尾是否照应；过渡是否自然；有没有重复或与全文中心脱节之处，如有以上结构上的问题，必须逐一改正。

（5）语言是否准确、简练、流畅。公文语言首先要准确，模棱两可的公文让人看了不知所从。因此，在修改时发现有概念含混不清，容易产生歧义的内容必须修改。公文中的数量词要准确，在语言运用上限制要明确。公文用语要得体，如修改时发现在各文种中出现与该文种口气、提法、感情色彩不适宜、不得体的措辞必须修改。公文语言要朴实，不赶时髦，不滥用修饰语，注意端正文风。在使用专用名词、时间、地点、人名、数字时要注意规范，不可以乱用简称。用到时间的表述务必用“××××年××月××日”“上午×点×分”“下午×点×分”或以每日24小时计写作“×日×点”的形式。

6. 修改方式

公文修改方式有调、删、增、换四种。

（1）调。即做一些结构、叙述、词序等方面的调整。

①结构调整。重新安排各层次、段落顺序，以切合文稿在逻辑和主旨上的表述需要。

②叙述调整。改变同一段文字的内在表达顺序，如结论前置、先分后总等，条理清楚地反映单位制文意图，吸引收文者注意，便于理解和办理。

③词序调整，使文句顺畅。

（2）删。即将不紧密的观点、未说明白的观点及可有可无的段、句、字删除。

①将与主旨无关或联系不紧密的分支观点删去，使中心突出。

②凡不具体、不确切、不足以说明观点的例证，虽能说明观点但平淡、一般、不典型、无代表性的例证，因使用过多“密不通风”而淹没观点的例证，皆在砍削之列，以使观点鲜明。

③删掉一切可有可无的段、句、字。

（3）增。增加推理、例证，作出交代。

①充实。观点、例证虽都正确但缺乏融汇、印证，要适当增加符合逻辑的推理、论述，使理由充分、坚实。

②丰润。对抽象议论过多的论点，要填补贴切的例证作为依据。

③照应。对转折生硬之处增加过渡段、句、词，对须交代清楚的事项作必要

说明，以免使读者感到突兀、迷惘。

（4）换。换也称改，是删、增方式的综合运用。

①主旨深化。对立意浮浅、含混不清的中心思想，通过深入挖掘或改换角度，使其集中鲜明。

②文意合并。将内容相近、语意重复的几段文字合并为一段。

③例证更换。将说不明白的例子删除，增补能说明问题的例证。

④语言润色。使语气得体合度，文字精练生动。

第三节　公文处理技巧和要求

一、公文处理工作的含义

公文处理工作是指公文的拟制、办理、管理等一系列相互关联、衔接有序的工作。

二、公文处理工作应坚持的原则

公文处理工作应当坚持实事求是、准确规范、精简高效、安全保密的原则。

三、各级机关应如何对待公文处理

各级机关应当高度重视公文处理工作，加强组织领导，强化队伍建设，设立文秘部门或者由专人负责公文处理工作。

各级机关办公厅（室）主管本机关的公文处理工作，并对下级机关的公文处理工作进行业务指导和督促检查。

四、法定公文的种类

机关公文种类主要有：

1. 决议。适用于会议讨论通过的重大决策事项。

2. 决定。适用于对重要事项作出决策和部署、奖惩有关单位和人员、变更或者撤销下级机关不适当的决定事项。

3. 命令（令）。适用于公布行政法规和规章、宣布施行重大强制性措施，批准授予和晋升衔级，嘉奖有关单位和人员。

4. 公报。适用于公布重要决定或者重大事项。

5. 公告。适用于向国内外宣布重要事项或者法定事项。

6. 通告。适用于在一定范围内公布应当遵守或者周知的事项。

7. 意见。适用于对重要问题提出见解和处理办法。

8. 通知。适用于发布、传达要求下级机关执行和有关单位周知或者执行的事项，批转、转发公文。

9. 通报。适用于表彰先进、批评错误、传达重要精神和告知重要情况。

10. 报告。适用于向上级机关汇报工作、反映情况，回复上级机关的询问。

11. 请示。适用于向上级机关请求指示、批准。

12. 批复。适用于答复下级机关请示事项。

13. 议案。适用于各级人民政府按照法律程序向同级人民代表大会或者人民代表大会常务委员会提请审议事项。

14. 函。适用于不相隶属机关之间商洽工作、询问和答复问题、请求批准和答复审批事项。

15. 纪要。适用于记载会议主要情况和议定事项。

五、公文中使用符号的要求

公文使用的汉字、数字、外文字符、计量单位和标点符号等，按照有关国家标准和规定执行。民族自治地方的公文，可以并用汉字和当地通用的少数民族文字。

公文用纸幅面采用国际标准 A4 型，特殊形式的公文用纸幅面，根据实际需要确定。

六、公文的行文、行文关系和行文要求

行文应当确有必要，讲求实效，注重针对性和可操作性。

行文关系根据隶属关系和职权范围确定，一般不得越级行文，特殊情况需要越级行文的，应当同时抄送被越过的机关。

七、向上级机关行文，应当遵循的规则

1. 原则上主送一个上级机关，根据需要同时抄送相关上级机关和同级机关，不抄送下级机关。

2. 党委、政府的部门向上级主管部门请示、报告重大事项，应当经本级党委、政府同意或者授权，属于部门职权范围内的事项应当直接报送上级主管部门。

3. 下级机关的请示事项，如须以本机关名义向上级机关请示，应当提出倾向性意见后上报，不得原文转报上级机关。

4. 请示应当一文一事，不得在报告等非请示性公文中夹带请示事项。

5. 除上级机关负责人直接交办的事项外，不得以本机关名义向上级机关负责人报送公文，不得以本机关负责人名义向上级机关报送公文。

6. 受双重领导的机关向一个上级机关行文，必要时抄送另一个上级机关。

八、向下级机关行文，应当遵循的规则

1. 主送受理机关，根据需要抄送相关机关，重要行文应当同时抄送发文机关的直接上级机关。

2. 党委、政府的办公厅（室）根据本级党委、政府授权，可以向下级党委、政府行文，其他部门和单位不得向下级党委、政府发布指令性公文或者在公文中向下级党委、政府提出指令性要求。需经政府审批的具体事项，经政府同意后可以由政府职能部门行文，文中须注明已经政府同意。

3. 党委、政府的部门在各自职权范围内可以向下级党委、政府的相关部门行文。

4. 涉及多个部门职权范围内的事务，部门之间未协商一致的，不得向下行文；擅自行文的，上级机关应当责令其纠正或者撤销。

5. 上级机关向受双重领导的下级机关行文，必要时抄送该下级机关的另一个上级机关。

九、同级机关行文的原则

同级机关、机关与其他同级机关必要时可以联合行文，属于党委、政府各自职权范围内的工作，不得联合行文。

党委、政府的部门依据职权可以相互行文。

部门内设机构除办公厅（室）外不得对外正式行文。

十、联合行文的基本要求和应注意的问题

1. 以下部门、机关和单位可以联合行文：

（1）同级政府、同级政府各部门可以联合行文；

（2）上级政府部门与下一级政府可以联合行文；

（3）政府与同级党委和军队机关可以联合行文；

（4）政府部门与相应的党组织和军队机关可以联合行文；

（5）政府部门与同级人民团体和具有行政职能的事业单位也可以联合行文。

2. 联合行文要注意的内容是：

（1）行文的各机关部门必须是同级的；

（2）联合行文对于共同贯彻执行有关方针、政策或兴办某些事业，是非常

有利的；

（3）几个平行机关或部门联合行文，应将相对应的各机关都列为主送机关；

（4）联合行文应当确有必要，且单位不宜过多。

十一、什么是公文的拟制

公文拟制包括公文的起草、审核、签发等程序。

十二、起草公文的基本要求

1. 符合党的路线方针政策和国家法律法规，完整准确地体现发文机关意图，并同现行有关公文相衔接。

2. 一切从实际出发，分析问题实事求是，所提政策措施和办法切实可行。

3. 内容简洁，主题突出，观点鲜明，结构严谨，表述准确，文字精练。

4. 文种正确，格式规范。

5. 深入调查研究，充分进行论证，广泛听取意见。

6. 公文涉及其他地区或者部门职权范围内的事项，起草单位必须征求相关地区或者部门意见，力求达成一致。

7. 机关负责人应当主持、指导重要公文起草工作。

十三、公文文稿签发前审核工作的重点

公文文稿签发前，应当由发文机关办公厅（室）进行审核。审核的重点是：

1. 行文理由是否充分，行文依据是否准确。

2. 内容是否符合党的理论路线、方针政策和国家法律法规，是否完整准确地体现了发文机关意图，是否同现行有关公文相衔接，所提政策措施和办法是否切实可行。

3. 涉及有关地区或者部门职权范围内的事项是否经过充分协商并达成一致意见。

4. 文种是否正确，格式是否规范，人名、地名、时间、数字、段落顺序、引文等是否准确，文字、数字、计量单位和标点符号等用法是否规范。

5. 其他内容是否符合公文起草的有关要求。

需要发文机关审议的重要公文文稿，审议前由发文机关办公厅（室）进行初核。

经审核不宜发文的公文文稿，应当退回起草单位并说明理由；符合发文条件但内容须做进一步研究和修改的，由起草单位修改后重新报送。

十四、重要公文应如何签发

公文应当经本机关负责人审批签发，重要公文和上行文由机关主要负责人签发。党委、政府的办公厅（室）根据党委、政府授权制发的公文，由受权机关主要负责人签发或者按照有关规定签发。签发人签发公文，应当签署意见、姓名和完整日期；圈阅或者签名的，视为同意，联合发文由所有联署机关的负责人会签。

十五、公文办理的程序

公文办理包括收文办理、发文办理和整理归档。

十六、收文办理的主要程序

1. 签收。对收到的公文应当逐件清点，核对无误后签字或者盖章，并注明签收时间。

2. 登记。对公文的主要信息和办理情况应当详细记载。

3. 初审。对收到的公文应当进行初审。初审的重点是：是否应当由本机关办理，是否符合行文规则，文种、格式是否符合要求，涉及其他地区或者部门职权范围内的事项是否已经协商、会签，是否符合公文起草的其他要求。经初审不符合规定的公文，应当及时退回发文单位并说明理由。

4. 承办。阅知性公文应当根据公文内容、要求和工作需要确定范围后分送。批办性公文应当提出拟办意见报本机关负责人批示或者转有关部门办理；需要两个以上部门办理的，应当明确主办部门，紧急公文应当明确办理时限。承办部门对交办的公文应当及时办理，有明确办理时限要求的应当在规定时限内办理完毕。

5. 传阅。根据领导批示和工作需要将公文及时送传阅对象阅知或者批示。办理公文传阅应当随时掌握公文去向，不得漏传、误传、延误。

6. 催办。及时了解掌握公文的办理进展情况，督促承办部门按期办结，紧急公文或者重要公文应当由专人负责催办。

7. 答复。公文的办理结果应当及时答复发文单位，并根据需要告知相关单位。

十七、发文办理的主要程序

1. 复核。已经发文机关负责人签批的公文，印发前应当对公文的审批手续、内容、文种、格式等进行复核；须做实质性修改的，应当报原签批人复审。

2. 登记。对复核后的公文，应当确定发文字号、分送范围和印制份数并详细记载。

3. 印制。公文印制必须确保质量和时效，涉密公文应当在符合保密要求的场所印制。

4. 核发。公文印制完毕，应当对公文的文字、格式和印刷质量进行检查后分发。

十八、涉密公文应如何管理

涉密公文应当通过机要交通、邮政机要通信、城市机要文件交换站或者收发件机关机要收发人员进行传递，通过密码电报或者符合国家保密规定的计算机信息系统进行传输。

十九、公文应如何归档

需要归档的公文及有关材料，应当根据有关档案法律法规以及机关档案管理规定，及时收集齐全、整理归档。两个以上机关联合办理的公文，原件由主办机关归档，相关机关保存复制件。机关负责人兼任其他机关职务的，在履行所兼职务过程中形成的公文，由其兼职机关归档。

二十、公文管理需要注意的事项

各级机关应当建立健全本机关公文管理制度，确保管理严格规范，充分发挥公文效用。

1. 机关公文由文秘部门或者专人统一管理，设立党委（党组）的县级以上单位应当建立机要保密室和机要阅文室，并按照有关保密规定配备工作人员和必要的安全保密设施设备。

2. 公文确定密级前，应当按照拟定的密级先行采取保密措施。确定密级后，应当按照所定密级严格管理，绝密级公文应当由专人管理。

公文的密级需要变更或者解除的，由原确定密级的机关或者其上级机关决定。

二十一、公文的印发需要注意的事项

公文的印发传达范围应当按照发文机关的要求执行，需要变更的，应当经发文机关批准。

涉密公文公开发布前应当履行解密程序，公开发布的时间、形式和渠道，由发文机关确定。

经批准公开发布的公文，同发文机关正式印发的公文具有同等效力。

二十二、公文的复制、汇编需要注意的事项

复制、汇编机密级、秘密级公文，应当符合有关规定并经本机关负责人批准。绝密级公文一般不得复制、汇编，确有工作需要的，应当经发文机关或者其上级机关批准，复制、汇编的公文视同原件管理。

二十三、公文的撤销和废止的基本流程

公文的撤销和废止，由发文机关、上级机关或者权力机关根据职权范围和有关法律法规决定。公文被撤销的，视为自始无效；公文被废止的，视为自废止之日起失效。

涉密公文应当按照发文机关的要求和有关规定进行清退或者销毁。

不具备归档和保存价值的公文，经批准后可以销毁。销毁涉密公文必须严格按照有关规定履行审批登记手续，确保不丢失、不漏销，个人不得私自销毁、留存涉密公文。

机关合并时，全部公文应当随之合并管理；机关撤销时，需要归档的公文经整理后按照有关规定移交档案管理部门。

工作人员离岗离职时，所在机关应当督促其将暂存、借用的公文按照有关规定移交、清退。

新设立的机关应当向本级党委、政府的办公厅（室）提出发文立户申请，经审查符合条件的，列为发文单位，机关合并或者撤销时，相应进行调整。

第四节　新《党政机关公文格式》与旧版的比较

一、新《党政机关公文格式》的主要特点

2012 年《党政机关公文处理工作条例》在一定意义上综合了《中国共产党机关公文处理条例》和《国家行政机关公文处理办法》，其主要特点有以下几个方面：

1．统一了公文的定义

“党政机关公文是党政机关实施领导、履行职能、处理公务的具有特定效力和规范体式的文书，是传达贯彻党和国家的方针政策，公布法规和规章，指导、布置和商洽工作，请示和答复问题，报告、通报和交流情况等的重要工具。”

2. 统一了公文种类

原来党的机关公文种类有 14 种（决议、决定、指示、意见、通知、通报、公报、报告、请示、批复、条例、规定、函、会议纪要），原来行政机关公文种类有 14 种［命令（令）、决定、公告、通告、通知、通报、议案、报告、请示、批复、意见、规定、函、会议纪要］，两者只有 9 个文种是相同的。《党政机关公文处理工作条例》规定的公文种类有 15 种［决议、决定、命令（令）、公报、公告、通告、意见、通知、通报、报告、请示、批复、议案、函、纪要］，可以理解为在行政机关公文种类基础上增加了党的机关的“决议”和“公报”两个文种。这里大家注意，除了文种种类统一以外，还有一点就是“会议纪要”改成了“纪要”。

3. 统一了公文构成要素

这方面变化较多，一是公文格式要素进行了调整，党的机关公文由版头、份号、密级、紧急程度、发文字号、签发人、标题、主送机关、正文、附件、发文机关署名、成文日期、印章、印发传达范围、主题词、抄送机关、印制版记组成，行政机关公文一般由秘密等级和保密期限、紧急程度、发文机关标识、发文字号、签发人、标题、主送机关、正文、附件说明、成文日期、印章、附注、附件、主题词、抄送机关、印发机关和印发日期等部分组成。这次进行了统一，规定公文一般由份号、密级和保密期限、紧急程度、发文机关标志、发文字号、签发人、标题、主送机关、正文、附件说明、发文机关署名、成文日期、印章、附注、附件、抄送机关、印发机关和印发日期、页码等组成，最大的变化是增加了发文机关署名和页码两个公文格式要素，取消了主题词格式要素。二是公文格式要素编排有较大变化，进一步细化了特定格式公文的编排要求，新增了联合行文公文首页版式、信函格式首页、命令（令）首页版式等式样。

4. 统一了行文规则

这方面变化不是很大，基本规则没有大的变化，主要是做了进一步的细化和明确。一是行文要确有必要，讲究实效。二是行文关系要根据隶属关系和职权范围确定，一般不得越级行文。三是向上级行文原则上主送一个上级机关，部门向上级主管部门请示、报告重大事项，应当经本级党委或政府同意或者授权（属于部门职权范围内的事项应当直接报送上级主管部门），请示应当一文一事，不得在报告等非请示性公文中夹带请示事项，除上级机关负责人直接交办的事项外，不得以本机关名义向上级机关负责人报送公文，不得以本机关负责人名义向上级机关报送公文（新增加）。四是向下级机关行文，要主送受理机关，根据需要抄送相关机关，部门和单位不得向下级党委、政府发布指令性公文或者在公文中向下级党委、政府中提出指令性要求，涉及多个部门协商不一致的不得向下行文。五是同级党政机关、党政机关与其他同级机关必要时可以联合行文。六是部门内设机构除办公厅（室）外不得对外正式行文。

5．统一了公文处理工作

将原来《中国共产党机关公文处理条例》中的“公文起草”“公文校核”“公文签发”“公文办理的传递”“公文管理”“公文立卷归档”“公文保密”和《国家行政机关公文处理办法》中的“发文办理”“收文办理”“公文归档”“公文管理”统一规范为“公文拟制”“公文办理”“公文管理”三大类一系列相互关联、有序衔接的工作，从而使公文处理工作更加规范、科学。主要变化有：在公文拟制方面，要求“重要公文和上行文由机关主要负责人签发”；在公文管理方面，增加“发文立户”的规定，要求新设立的机关向本级党委、政府的办公厅（室）提出发文立户申请。

二、新《党政机关公文格式》的主要变化

2012 年《党政机关公文格式》对标准结构和装订要求进行了适当调整（如纸张白度由 85% ~90% 调整为 80% ~90%，骑马订或平订两订外订眼距版面上下边缘由四分之一处调整为各 70mm 处），变化最大的是公文格式要素及其编排的调整。

1．对公文格式要素的划分进行了调整

新标准将版心内的公文格式各要素划分为版头、主体、版记三部分（原标准是划分为眉首、主体、版记三部分），明确规定，公文首页红色分隔线以上的部分称为版头，公文首页红色分隔线（不含）以下、公文末页首条分隔线（不含）以上的部分称为主体，公文末页首条分隔线以下、末条分隔线以上的部分称为版记，页码位于版心外。

2．对公文格式要素进行了调整

新增加了发文机关署名格式要素；新增不加盖印章和加盖签发人签名章公文的相关规定；由单一机关行文不署发文机关名称改为在成文日期之上、以成文日期为准居中编排发文机关署名，同时，删除了主题词格式要素，没有了“印制份数”格式要素要求。

3．对公文格式各要素编排进行了较大调整

如将密级和保密期限、紧急程度的编排位置由右上角改为左上角，与份号自上而下排列；又如删除“主办单位签发人置于第一行，其他签发人从第 2 行起”的规定，要求如有多个签发人按照发文机关的顺序从左到右、自上而下依次均匀编排，一般每行排两个姓名，回行时与上一行第一个签发人姓名对齐。

4．对成文日期中的数字格式进行了调整

由原来的汉字标全改为阿拉伯数字标全，年份应标全称，月、日不编虚位（即 1 不编 01）。

5．对公文的特定格式进行了新规定

新增联合行文公文首页版式、信函格式首页、命令（令）格式、纪要格式等版式式样。

6．新增加了页码格式要素

明确规定公文页码作为格式要素不可少。大家注意，原《中国共产党机关公文处理条例》有印刷份数要求，原《国家行政机关公文处理办法》没有，新的《党政机关公文处理工作条例》的公文要素中也没有印刷份数，而原《中国共产党机关公文处理条例》和原《国家行政机关公文处理办法》都没有提出把“页码”作为公文的要素之一。

三、《党政机关公文格式》各要素编排规则解读

这里重点对公文格式要素及其编排作简要梳理和归纳，便于大家理解和掌握。

1．版头部分

（1）份号。份号指公文份数的顺序号，即将同一文稿印刷若干份时每份公文的顺序编号，涉密公文应当标注份号。标注份号一般用6位3号阿拉伯数字，顶格编排在版心左上角第一行。

（2）密级和保密期限。涉密公文应当标注“绝密”“机密”“秘密”和保密期限，保密期限是对公文秘密等级时效规定的说明。标注时一般用3号黑体字，顶格编排在版心左上角第二行，保密期限中的数字用阿拉伯数字标注。

（3）紧急程度。公文送达和办理的时限要求，根据公文紧急程度，分别标注“特急”“加急”，电报应当分别标注“特提”“特急”“加急”“平急”。如需标注紧急程度，一般用3号黑体字，顶格编排在版心左上角或密级的下一行；如需同时标注份号、密级和保密期限、紧急程度，按照份号、密级和保密期限、紧急程度的顺序自上而下分行排列。

（4）发文机关标志（注：原称“标识”现称“标志”），由发文机关全称或者规范化简称加“文件”二字组成，也可以使用发文机关全称或者规范化简称（一般党的机关这样使用，不加“文件”二字）。发文机关标志居中排布，上边缘至版心上边缘为35mm，推荐使用小标宋体字，颜色为红色，以醒目、美观、庄重为原则。联合行文时，如需同时标注联署发文机关名称，一般应当将主办机关名称排列在前；如有“文件”二字，应当置于发文机关名称右侧，以联署发文机关名称为准上下居中排布。

（5）发文字号。发文字号是发文机关按照发文顺序编排的顺序号，由发文机关代字、年份、发文顺序号加“号”组成。编排在发文机关标志下空二行位置，居中排布。年份、发文顺序号用阿拉伯数字标注，年份应标全称，用六角括

号“〔〕”括入；发文顺序号不加“第”字，不编虚位（即1不编为01），在阿拉伯数字后加“号”字。联合行文时使用主办机关的发文字号，上行文的发文字号居左空一字编排，与最后一个签发人姓名处在同一行。

（6）签发人。上行文应当标注签发人姓名，签发人必须是本机关主要负责人或主持工作的领导。由“签发人”三字加全角冒号和签发人姓名组成，居右空一字，编排在发文机关标志下空二行位置（即与发文字号同处一行）。“签发人”三字用3号仿宋体字，签发人姓名用3号楷体字。如有多个签发人，签发人姓名按照发文机关的排列顺序从左到右、自上而下依次均匀编排，一般每行排两个姓名，回行时与上一行第一个签发人姓名对齐。

（7）版头中的分隔线。发文字号之下4mm处居中印一条与版心等宽的红色分隔线。

2. 主体部分

由标题、主送机关、正文、附件说明、发文机关署名、成文日期和印章、附注、附件等要素构成，即公文首页红色分隔线（不含）以下、公文末页首条分隔线（不含）以上的部分。

（1）标题。是对公文主要内容准确、简要的概括，由发文机关名称、事由和文种组成。一般用2号小标宋体字，编排于红色分隔线下空二行位置，分一行或多行居中排布；回行时，要做到词意完整，排列对称，长短适宜，间距恰当，标题排列应当使用梯形或菱形，不应使用长方形或沙漏形（注：原《国家行政机关公文处理办法》规定：“公文标题中除法规、规章名称加书名号外，一般不用标点符号”，而《党政机关公文处理工作条例》对此没有作专门要求，实际使用中是否加标点可根据需要或视省政府办公厅使用情况而定）。

（2）主送机关。即公文的主要受理机关，应当使用机关全称、规范化简称或同类型机关统称。编排于标题下空一行位置，居左顶格，回行时仍顶格，最后一个机关名称后标全角冒号。如主送机关名称过多导致公文首页不能显示正文时，应当将主送机关名称移至版记。

（3）正文。公文首页必须显示正文。一般用3号仿宋体字，编排于主送机关名称下一行，每个自然段左空二字，回行顶格。文中结构层次序数依次可以用“一、”“（一）”“1.”“（1）”标注；一般第一层用黑体字，第二层用楷体字，第三层和第四层用仿宋体字标注。一般每面排22行，每行28个字。

（4）附件说明。公文附件的顺序号和名称。如有附件，在正文下空一行左空二字编排“附件”二字，后标全角冒号和附件名称。如有多个附件，使用阿拉伯数字标注附件顺序号（如“附件：1. ××××”），附件名称后不加标点符号。附件名称较长须回行时，应当与上一行附件名称的首字对齐。

（5）发文机关署名、成文日期和印章，有四种不同的情况。一是加盖印章的公文（公文中有发文机关署名的应当加盖发文机关印章，并与署名机关相符），成文日期一般右空四字编排，印章用红色，不得出现空白印章。单一机关行文时，一般在成文日期之上、以成文日期为准居中编排发文机关署名，印章端正、居中下压发文机关署名和成文日期，使发文机关署名和成文日期居印章中心偏下位置，印章顶端应当上距正文（或附件说明）一行之内。联合行文时，一般将各发文机关署名按照发文机关顺序整齐排列在相应位置，并将印章一一对应、端正、居中下压发文机关署名；最后一个印章端正、居中下压发文机关署名和成文日期；印章之间排列整齐、互不相交或相切；每排印章两端不得超出版心；首排印章顶端应当上距正文（或附件说明）一行之内（注：联合上报的公文可以由主办机关加盖印章，联合下发的公文发文机关都要加盖印章）。二是不加盖印章的公文（电报可以不加盖印章，党的机关有特定发文标志的普发性公文可以不加盖印章）。单一机关行文时，在正文（或附件说明）下空一行右空二字编排发文机关署名，在发文机关署名下一行编排成文日期，首字比发文机关署名首字右移二字，如成文日期长于发文机关署名，应当使成文日期右空二字编排，并相应增加发文机关署名右空字数。联合行文时，应当先编排主办机关署名，其余发文机关署名依次向下编排。三是加盖签发人签名章的公文，单一机关制发的公文加盖签发人签名章时，在正文（或附件说明）下空二行右空四字加盖签发人签名章，签名章左空二字处标注签发人职务，以签名章为准上下居中排布，在签发人签名章下空一行右空四字处编排成文日期。联合行文时，应当先编排主办机关签发人职务、签名章，其余机关签发人职务、签名章依次向下编排，与主办机关签发人职务、签名章上下对齐，每行只编排一个机关的签发人职务、签名章，签发人职务应当标注全称，签名章一般用红色。四是特殊情况说明，当公文排版后所剩空白处不能容下印章或签发人签名章、成文日期时，可以采取调整行距、字距的措施解决。

（6）附注。是需要说明的其他事项，如公文的发放范围、政府信息公开方式、联系人和联系电话等。如有附注，居左空二字加圆括号编排在成文日期下一行，“请示”件须在附注处标明联系人和电话。

（7）附件。公文正文的补充、说明或参考资料。附件应当另面编排，并在版记之前，与公文正文一起装订。“附件”二字及附件顺序号用 3 号黑体字顶格编排在版心左上角第一行，附件标题居中编排在版心第三行，附件顺序号和附件标题应当与附件说明的表述一致。附件格式要求同正文。如附件与正文不能一起装订，应当在附件左上角第一行顶格编排公文的发文字号并在其后标注“附件”二字及附件顺序号。

3. 版记部分

由版记中的分隔线、抄送机关、印发机关和印发日期等要素组成，即公文末页首条分隔线以下、末条分隔线以上的部分。

（1）版记中的分隔线。版记中的分隔线与版心等宽，首条分隔线和末条分隔线用粗线（推荐高度为 0.35mm），中间的分隔线用细线（推荐高度为 0.25mm）。首条分隔线位于版记中第一个要素之上，末条分隔线与公文最后一面的版心下边缘重合。

（2）抄送机关。除主送机关外需要执行或知晓公文内容的其他机关，应当使用全称、规范化简称或同类型机关统称。如有抄送机关，一般用 4 号仿宋体字，在印发机关和印发日期的上一行、左右各空一字编排。“抄送”二字后加全角冒号和抄送机关名称，回行时与冒号后的首字对齐，最后一个抄送机关名称后标句号。如须把主送机关移至版记，除将“抄送”二字改为“主送”外，编排方法同抄送机关。既有主送机关又有抄送机关时，应当将主送机关置于抄送机关之上一行，之间不加分隔线。

（3）印发机关和印发日期，即公文的送印机关和送印日期。印发机关和印发日期一般用 4 号仿宋体字，编排在末条分隔线之上，印发机关左空一字，印发日期右空一字，用阿拉伯数字将年、月、日标全，年份应标全称，月、日不编虚位（即 1 不编为 01），后加“印发”二字。版记中如有其他要素，应当将其与印发机关和印发日期用一条细分隔线隔开。

4. 公文的特定格式

（1）信函格式。发文机关标志使用发文机关全称或者规范化简称，居中排布，上边缘至上页边为 30mm，推荐使用红色小标宋体字。联合行文时，使用主办机关标志。发文机关标志下 4mm 处印一条红色双线（上粗下细），距下页边 20mm 处印一条红色双线（上细下粗），线长均为 170mm，居中排布。如需标注份号、密级和保密期限、紧急程度，应当顶格居版心左边缘编排在第一条红色双线下，按照份号、密级和保密期限、紧急程度的顺序自上而下分行排列，第一个要素与该线的距离为 3 号汉字高度的八分之七。发文字号顶格居版心右边缘编排在第一条红色双线下，与该线的距离为 3 号汉字高度的八分之七。标题居中编排，与其上最后一个要素相距二行。第二条红色双线上一行如有文字，与该线的距离为 3 号汉字高度的八分之七，首页不显示页码。版记不加印发机关、印发日期和分隔线，位于公文最后一面版心内最下方，首页不显示页码。

（2）纪要格式。纪要标志由“××××纪要”组成，居中排布，上边缘至版心上边缘 35mm，推荐使用红色小标宋体字。标注出席人员名单，一般用 3 号黑体字，在正文或附件说明下空一行左空二字编排“出席”二字，后标全角冒号，冒号后用 3 号仿宋体字标注出席人单位、姓名，回行时与冒号后的首字对齐。标注请假和列席人员名单，除依次另起一行并将“出席”二字改为“请假”或“列席”外，编排方法同出席人员名单。纪要格式可以根据实际制定。

5. 其他情况说明

（1）页码。一般用4号半角宋体阿拉伯数字，编排在公文版心下边缘之下，数字左右各放一条一字线，一字线上距版心下边缘7mm。单页码居右空一字，双页码居左空一字。公文的版记页前有空白页的，空白页和版记页均不编排页码。公文的附件与正文一起装订时，页码应当连续编排。

（2）公文中的横排表格。A4纸型的表格横排时，页码位置与公文其他页码保持一致，单页码表头在订口一边，双页码表头在切口一边。

（3）公文中计量单位、标点符号和数字的用法，按国家标准执行。

第二编

指挥类公文写作

第二章 决 议

第一节 决议概述

一、决议的概念

决议作为党的领导机关用于重要决策事项的公文，是在党的高级领导机构的会议上研究、讨论后形成的，代表着发文机关的意志，一经发布，其下属党组织和党员必须严格遵守，认真落实，不得违背，具有很强的权威性。

决议必须经会议讨论，并经表决通过之后才能形成。与“决定”相比，“决议”的适用范围要稍微狭窄一些，“决议”的对象比决定更具原则性，没有决定那样具体。“决议”必须经过会议讨论表决后方可发布。

二、决议的适用范围

决议被列为党政机关法定公文文种的首位，由此可知它在党的机关公文中居于突出重要的地位。决议用于经会议讨论通过的重要决策事项，也就是说，只有拿到党的会议上，提交后经与会者认真讨论，并得到表决通过的，这样的决议才是合法有效的。

从内容上说，决议必须是重要决策事项，也就是说，一般的事项、非决策性事项不能采用决议这一公文文种。

三、决议的种类

“决议”根据内容大致可分为如下几类。

1. 公布性决议

公布性决议，指为公布某项法规、提案而使用的“决议”。

公布性决议非常接近“决定”的作用，但也有不同之处。这就是它的内容还有进一步提请更高级会议与机关审议的必要，不像“决定”的内容那样已成定论，必须要下属机关贯彻执行。

公布性决议多由标题和正文两部分构成：

（1）标题及题下标示

这种决议的标题包括发文机关、事由和文种“三大件”。发文机关在这里即某个会议或委员会，事由即要公布的议案，之后写上文种“决议”二字。标题下写明“××××年××月××日通过”。

（2）正文

正文写作首先写清通过决议的那次会议及其作出公布议案的简单理由，其次写明公布的内容，最后写公布之后的注意事项和处理办法。

公布性决议主要是公布事项、议案，提出一些原则要求，它陈列的都是结论，写作要规范、精练，衔接紧密，不必过多阐述和解释。

2. 部署性决议

部署性决议，是用于发布经会议通过并要求贯彻执行的重要决策事项的决议。

3. 批准性决议

批准性决议，是国家或党政机关会议对议案表示肯定或否定意见的文件，目的是要公布议案审议的进程、结果。有人又将这种类型的决议称为“认可性决议”。

批准性决议的内容，可以是批准负责人在某次会议上所作的工作报告，批准会议上审议讨论的文件，也可以是会议上讨论处理的工作事项等。

批准性决议由两个部分构成：

（1）标题和题下标示

批准性决议的标题，发文机关、事由和文种三个组成部分要齐备，发文机关通常为某次会议的全称。题下标明“××××年××月××日×会议通过”。

（2）正文

正文主要包括三方面的内容：先写某次会议已审议了某个议案，依据某理由，“决定批准（或否决）”字样，再写对被审议议案的具体评价，最后用“指出”“认为”等语发出号召。

批准性决议正文一般较短，语言要力求准确、简明，评价要恰当、全面。

4. 纪要性决议

纪要性决议，是会议对某一重要事项或对某一系列事项作出的决议。

5. 阐述性决议

阐述性决议，是将某些重大结论的具体内容加以展开阐述时常用的一种公文，属于针对某一专题性的问题作充分说明的大型公文，具有极大的权威性和指导性。

阐述性决议由标题和正文两部分构成：

（1）标题

阐述性决议的标题由发文机关（有时为会议名称）、事由和文种（决议）组成，并在标题下面圆括号内写清“××××年××月××日×会通过”字样。

（2）正文

阐述性决议的中心部分是正文。它的容量和篇幅均比较大。它对具体内容阐述时仍有一定的结构规则：首先概述某一历史问题的事实，其次加以理论分析，最后进行评价和论断。遵循提出问题、分析问题、解决问题的一般阐述程式。

阐述性决议对事实的叙述要求全面而概括，对理论上的分析要求简洁而透彻，对评价和论断要求中肯而允当。

第二节　决议的写作技能

一、决议的写作格式

1. 标题

决议标题的写法为以下三种形式：

（1）发文机关 + 主要内容 + 文种；

（2）会议名称 + 主要内容 + 文种；

（3）主要内容 + 文种。

决议的成文日期需加括号标写于标题之下居中位置。具体写法有以下两种：

（1）如果公文标题中已包括会议名称，括号内只需写明“××××年××月××日通过”字样即可；

（2）如果公文标题中没有会议名称，括号内要写明“××委员会第×次会议××××年××月××日通过”字样。

2. 正文

决议的正文由开头、主体、结尾部分组成。

（1）开头

写决议的根据，一般要写明会议听取了什么、学习讨论了什么、审议了什么、批准或通过了什么、自何时生效等。

（2）主体

决议的主体部分内容比较复杂，因此写法也较灵活。如果是批准事项或通过文件的决议，相对比较简单，这部分多是强调意义，提出号召和要求；如果是安排工作的决议，要写明工作的内容、措施、要求。内容复杂时，要明确分出层次并列出各层次的小标题，或者分条撰写；如果是阐述原则问题的决议，主体部分要有较多的议论，多采用夹叙夹议的写法，把道理说深说透。

（3）结尾

决议的结尾部分可有可无。有时主体结束，全文也就自然结束了，不必再专门撰写结尾；有时需要写一个结尾，多以希望、号召收结全文。

二、决议的写作要求

1. 文风庄重严谨

忠于会议的主旨，把握会议的中心。写作上要叙议结合，定性准确，评价恰当，激发人们执行决议的积极性和自觉性。

2. 文字要简明扼要

一般不写过程，只写清楚什么时间，召开什么会议，作出了什么决议就行。重点放在决议事项上。当然，内容是否简明扼要，并不以篇幅长短作为衡量标准，决议篇幅是长是短，要根据决议的内容和担负的任务来定。

3. 格式书写要规范

包括标题、通过决议的日期、会议名称、决议正文等，都应按决议的规范标准去写。决议为普发性公文，一般没有主送机关和落款。

4. 注意成文的时效性

一般决议都要在会议期间提交讨论通过，因此，时间性强，要求成文迅速、及时。

第三节 关于决议文种问题的解答

一、决议的正文有哪几种不同的写作形式

正文由决议根据和决议事项部分组成。其写法有两种形式：

1. 适用于内容单一的决议，把议定的事项直接叙写出来；
2. 适用于内容比较复杂的决议，将决议事项分条列项表述出来。

二、决议的不同文种之间的区别

决议的种类按决议性质划分，决议有两种形式：

1. 规范性决议，其主文表述的是重要决策事项，具有条例、规定等法规文件的效力；

2. 发布性决议，其主文表述的不是决策事项，只说明或简要说明决议事项的法定效力。而有关的决策事项，则作为附件附录于决议之后。

决议的种类，按决议内容划分，亦可分为两种形式：

1. 综合性决议，是将整个会议决议的事项全面总结和概括后形成的决议，它反映会议的全部成果；

2. 专题性决议，是指会议就某一个单一问题或单项工作作出的决议。

第四节　决议病例的分析与修改

对一份决议的分析与修改

【原　文】

关于《工资奖金分配方案》的决议

××企业已经讨论通过《××××年工资奖金分配方案》的决议。大会认为，××××年工资奖金方案，有利于稳定职工的思想，有利于稳定企业生产，有利于促进企业方针目标的完成。因此，大会予以通过。大会要求，各车间、部门要紧缩工资性支出，合理使用工资奖金，强化民主监督意识，增强分配的透明度。大会号召，全企业职工要转变观念，深化改革，正视困难，树立信心，群策群力，拼搏奉献，为企业实现本年度的方针目标而共同奋斗。

【分析与修改】

这则决议在写作上采用篇段式结构，是一篇事项性决议。全文篇幅较短，仍存在着毛病。决议的通过应该在标题下写明××××年××月××日通过。在正文部分，应该先交代某次会议已审议了议案，在提出号召时还要写明其具体的要求，这样才完整、规范。

【改　稿】

关于《工资奖金分配方案》的决议

（××××年××月××日第××届第××次职工代表大会通过）

××企业第××届第××次职工代表大会讨论审议通过了×××同志所作的《××××年工资奖金分配方案》的报告。大会认为，××××年工资奖金方案，坚持在稳定职工基本收入的情况下，努力将有限的资金运用到生产和经营的关键环节，有利于稳定职工的思想，有利于稳定企业生产，有利于促进企业方针目标的完成。因此，大会予以通过。大会要求，各车间、部门要紧缩工资性支出，合理使用工资奖金，强化民主监督意识，增强分配的透明度。大会号召，全企业职工要转变观念，深化改革，正视困难，树立信心，群策群力，拼搏奉献，为企业实现本年度的方针目标而共同奋斗。

第五节 决议的写作范例

◎公布性决议

【范例】

公布关于本次配股募集资金投向的项目可行性报告的决议公告

××计算机股份有限公司第一届董事会第十次会议于××××年××月××日在本公司金融终端大楼一楼会议室召开，应到董事11人，实到董事10人。公司监事会监事及公司高级管理人员列席了本次会议。会议组织学习了中国证券监督管理委员会证监发〔××××〕××号《关于上市公司配股工作有关问题的通知》，检查了公司本次配股工作的有关问题，认为本公司符合现行配股政策和条件的规定，并审议通过了关于本次配股募集资金投向的项目可行性报告。

一、建立“企业技术中心”项目

公司所从事的是高科技的信息产业，产品周期短，技术更新快，竞争异常激烈，稍一落后，就可能被市场淘汰。面对严峻的现实和未来，企业没有自己的高水平的技术中心和创新能力是不可想象的。为此，公司拟按国家级标准建立企业技术中心，其目的在于提高企业的自主研发能力和利用社会资源能力，提高企业的竞争能力和活力，探索科技与经济结合的有效形式和途径，使企业立于不败之地，并为发展和壮大我国民族计算机工业作出企业应有的贡献。

该项目共投资5940万元，主要用于建立终端开发室、信息产品开发室、数字视频开发室、网络产品研究室、工程化实验室、产品中试室、CAD设计中心、信息中心、培训中心，以及企业管理综合信息系统基础建设、引进高级人才所需的配套服务设施建设、设立人才奖励、专利基金等。

经过企业技术中心的建设，公司企业技术中心将拥有一支人才梯次结构合理的高水平的技术队伍，拥有较为先进的产品开发、实验、测试及管理环境，在公司的发展方向和产品规划方面拥有自己的学术带头人，研发能力能满足公司的市场发展需要并能承担国家下达的科研课题，每年新产品的产值占公司产品产值的50%~60%，并拥有多项自主知识产权。在服务社会回报股东的同时，为我国的信息产业作出应有的贡献。

二、高级存折打印机的开发与生产技术改造项目

随着“三金”工程和国民经济信息化建设的开展，国内金融行业急需能提供最快、最好的汉字打印及多种专业打印功能，扩充金融交易完整性，控制支票

处理和其他扩充外设的管理功能，真正满足中国金融电子化阶段的应用和将来发展需求的打印机。在此背景下××计算机股份有限公司与意大利 Olivetti 公司合作研制生产了 HCCPR－2 高级存折打印机。HCCPR－2 的开发生产对加快“三金”工程和国民经济信息化建设进程，提高国内金融行业计算机应用的水平，将起到积极的促进作用。该项目总投资 5675 万元，其中技术改造投资 1790 万元，配套流动资金 3885 万元。

三、“数据通信接入设备”的开发与生产技术改造项目（第一期）

电子时代的到来使数据通信接入设备的应用日益广泛，市场需求持续增长。为抓住市场机遇，创造新的利润增长点，公司准备投资数据通信接入设备的研制开发与推广，并于××××年初成立了数据通信事业部，负责跟踪国际先进的用户网络接入技术及数据通信接入设备的研制开发及推广。该项目第一期工程是开发、生产、销售系列高端调制解调器。

四、补充“网络终端开发生产”技术改造项目和“计税收款机”项目配套流动资金。

◎部署性决议

【范例】

中共中央、国务院关于加快发展第三产业的决定

（××××年××月××日）

为了抓住当前有利时机，加快改革开放步伐，集中精力把经济建设搞上去，按照国民经济和社会发展十年规划和第八个五年计划的要求，必须使第三产业有一个全面、快速的发展。

一、加快发展第三产业具有重大战略意义

（一）第三产业的加快发展是生产力提高和社会进步的必然结果。第三产业水平是衡量现代社会经济发达程度的重要标志。我国第三产业发展缓慢，水平较低，不适应国民经济发展的需要……

（二）加快发展第三产业，可以促进市场充分发育，提高服务的社会化、专业化水平，增强社会保障能力，有利于劳动、工资、价格、企业经营机制和流通体制等一系列改革顺利实施，有利于进一步扩大开放、更多地吸引外资，有利于精简机构、提高效率……

（三）我国工业经济效益差，农业商品率低，流通不畅，财政困难，已经严重阻碍国民经济的进一步发展。产生这些问题的一个重要原因是经济结构不合理。经济结构不合理主要表现在第三产业不适应第一、第二产业发展的需要……

（四）90 年代，我国每年都将有大批新成长的劳动力和从第一、第二产业转

移出来的劳动力需要安置。第三产业在吸纳劳动力就业方面具有独特的优势：行业多，门类广，劳动密集、技术密集、知识行业密集并存……

（五）到21世纪末，我国人民的生活将达到小康水平。同温饱水平相比，小康水平不仅表现在居民收入所达到的标准，更重要的是要看社会化服务水平和居民生活质量……只有加快发展第三产业，才能适应人民群众日益增长的物质和文化生活的需要，促进社会主义物质文明和精神文明建设。

二、加快发展第三产业的目标和重点

（六）根据国情，我国对国民经济按三次产业作如下划分：第一产业是农业；第二产业是工业和建筑业；第三产业是除此以外的其他各行业……

（七）加快发展第三产业的目标是，争取用十年左右或更长一些时间，逐步建立起适合我国国情的社会主义统一市场体系、城乡社会化综合服务体系和社会保障体系……

（八）加快发展第三产业的重点是：（1）投资少、收效快、效益好、就业容量大、与经济发展和人民生活关系密切的行业……（2）与科技进步相关的新兴行业……（3）农村的第三产业……（4）对国民经济发展具有全局性、先导性影响的基础行业……

三、加快发展第三产业的主要政策和措施

（九）充分调动各方面的积极性，国家、集体、个人一起上……

（十）依靠深化改革、扩大开放加快发展第三产业的步伐……凡实践证明行之有效的，要尽快全面铺开；一时效果不明显的，可继续试行；确实不成功的，应改试其他方式。

（十一）以产业化为方向，建立充满活力的第三产业自我发展机制。大多数第三产业机构应办成经济实体或实行企业化经营、自负盈亏……

（十二）以社会化为方向，积极推动有条件的机关和企事业单位在不影响保密和安全的前提下，将现有的信息、咨询机构、内部服务设施和交通运输工具向社会开放，开展有偿服务，并创造条件使其与原单位脱钩，自主经营，独立核算……

（十三）鼓励第三产业企业跨部门、跨行业、跨地区兼并应关停并转的工业企业，在资产转让、债务清理、信贷和税收等方面给予优惠和支持……

（十四）积极鼓励行政人员从机关分离出来，从事服务行业，从机关分离出来的人员与机关脱钩……

（十五）推进劳动人事制度改革，赋予第三产业企业用工自主权。逐步实行辞退、辞职制度，实现就业双向选择……

（十六）遵循价值规律，改革价格体系，解决第三产业长期存在的价值补偿不足的问题。

（十七）鼓励扩大国际化经营，赋予部分国营大中型商业、物资企业进出口权，有条件的要努力向境外发展，积极兴办海外中资企业……

（十八）利用金融和税收等经济手段扶持第三产业发展……

（十九）简化审批手续，改变目前第三产业开业难状况……

（二十）加强第三产业法制建设……

（二十一）加强第三产业的规划和管理……

党中央、国务院要求全党和各级政府高度重视第三产业。各级党政领导干部要统一思想，转变观念，开阔思路，发挥创造性，动员广大干部群众，为实现加快发展第三产业这一重大战略任务而努力奋斗。

◎批准性决议

【范例】

××市人大常委会关于批准××××年市本级财政预算调整方案的决议

（××××年××月××日第×届人民代表大会常务委员会第××次会议通过）

××市第×届人民代表大会常务委员会第××次会议听取和审议了××市人民政府《关于××××年××市本级财政预算调整方案（草案）的议案》和××市人大常委会财经工作委员会《关于对××××年××市本级财政预算调整方案报告的审议意见》。会议同意××市人大常委会财经工作委员会的审议意见，决定批准××市人民政府《关于××××年××市本级财政预算调整方案（草案）的议案》。

附：《关于××××年××市本级财政预算调整方案（草案）的议案》

关于××××年××市本级财政预算调整方案（草案）的议案

××市人大常委会：

在市第××届人民代表大会第×次会议上，××市人民代表大会审议通过了××××年××市本级财政预算（草案）。在预算执行中，省政府下达了我市本级××××年新增地方政府债券使用额度和地方政府存量债务置换债券使用额度，按照中央、省要求纳入同级政府财政预算；同时，推进依法治税和加强非税收入管理，收入预期调整；增加机关事业单位工资和离退休费等，市本级财政预算收支将出现较大的变化，需要进行调整。根据《中华人民共和国预算法》《中华人民共和国各级代表大会常务委员会监督法》和《××市预算审查监督暂行办法》的相关规定和财政部关于地方政府债券预算管理的要求，受市政府委托，现就市本级预算调整方案报告如下：

一、省转贷地方政府债券的有关要求

（一）新增债券有关要求

一是把握资金使用方向。要按照中央、省有关规定，加大对保障改善民生和经济结构调整的支持力度，债券资金主要用于重大公益性项目支出，以及省委、省政府确定的重大民生项目支出，债务风险较高的地区主要用于在建公益性项目后续融资，坚决杜绝债券资金用于楼堂馆所等中央明令禁止的投资项目。严格控制安排能够通过市场化方式筹集的投资项目，不得用于经常性支出。二是统筹安排转贷资金。按照“总额下达、明确方向、市县统筹、报省备案”的方式，各地根据省下达债券额度和规定的使用方向，结合本地实际情况，统筹安排转贷资金。三是及时纳入政府预算。债券资金分配使用方案确定后，要及时编制预算调整方案，报同级人大常委会审查批准。四是加强债券资金监督管理。严格执行中央、省有关文件规定，加强地方债券资金的监管，建立完善债券项目审批备案、绩效考核和监督等制度，提高资金管理的科学化、精细化水平。同时，切实履行还贷责任，制定偿债机制，建立本级政府偿债准备金。

（二）置换债券有关要求

一是妥善安排债券资金。置换债券资金必须用于偿还清理甄别后政府负有偿还责任的到期债务，优先偿还××××年到期债务，××××年到期债务偿还完毕的，可以用于偿还清理甄别确认的政府负有偿还责任的其他债务。不得用于偿还应由企事业单位等自身收益偿还的债务，不得用于付息，不得用于经常性支出和上新项目、铺新摊子。二是逐笔对应存量债务。置换债务偿还存量债务要严格逐笔对应到清理甄别后存量债务项目，市（县）按照省财政厅下发的定向置换项目明细表进行置换并做好登记。待省财政厅相关要求明确后，统一组织上报本地区置换项目明细表备案，并在不改变经核定的××××年存量债务余额的前提下，将此次置换债券信息准确录入系统。三是分类纳入预算管理。要按照债务性质将置换债券中的一般债券和专项债券分别纳入一般公共预算和政府性基金预算管理。要加强对置换债券资金使用的监管。

二、市本级政府债券资金转贷额度安排方案

（一）新增债券安排方案

此次省安排市本级新增债券资金转贷额度为××亿元，其中：一般债券××亿元（三年期×亿元、五年期×亿元、七年期×亿元、十年期×亿元），专项债券××亿元（三年期×亿元、五年期×亿元、七年期×亿元、十年期×亿元）。

（二）置换债券安排方案

此次省安排市本级地方政府置换债券××亿元，公开发行一般置换债券××亿元，定向承销发行置换债券××亿元（其中：一般债券××亿元，专项债券××亿元）。置换债券分别为三年期、五年期、七年期和十年期，其中：三年期

××亿元、五年期××亿元、七年期××亿元、十年期××亿元。

根据省政府对置换债券转贷资金使用管理提出的要求，经市委、市政府研究，此次置换债券转贷资金具体安排情况如下：

……

三、市本级一般公共财政预算调整情况

（一）市本级一般公共财政预算收入调整情况（略）

（二）市本级一般公共财政预算支出调整情况（略）

按照上述方案，××××年市本级一般公共预算调整预算收支相抵，结余××万元。同时，根据预算法的要求，在市本级一般公共财政预算收支调整后，部门预算反映的一般公共财政预算收支也作相应的调整。

四、市本级政府性基金预算调整情况

（一）市本级收入预算调整情况

市本级政府性基金预算总收入由××亿元调整为××亿元，调增××亿元。其中：新增地方政府专项债券收入×亿元，地方政府专项置换债券收入××亿元。

（二）市本级支出预算调整情况

市本级政府性基金预算总支出由××亿元调整为××亿元，调增××亿元。其中：新增地方政府专项债券收入安排支出×亿元，地方政府专项置换债券收入安排支出××亿元。

以上预算调整方案，提请审议。

第三章 决 定

第一节 决定概述

一、决定的概念

决定，是用于对重要事项作出决策或者安排，变更或者撤销下级不适当的决定事项的一种文书。多是针对部队全局性、普遍性、倾向性问题作出决策。一般都具有法规性或行动约束力，要求下级遵照执行。

决定依其内容可分为以下两种：

一是对重要事项或重大行动作出安排的决定。此类决定是针对某一重要事项或重大行动而行文的。涉及面较广，内容重要而复杂，通常包括决定的缘由（根据、目的、意义及决定的核心内容）、决定的事项、决定的执行要求（包括希望和号召）三部分。

二是对某重要问题作出处理的决定。此类决定是针对某件具体事项或某个具体问题而行文的。一般内容单一，篇幅较短，通常包括前言、决定事项和要求三部分。

决定在加强领导、统一行动、提高经济效益上，起着重大的作用。其适用范围也非常广泛，国家党政机关、群众团体、事业单位均可使用。

二、决定的适用范围

“决定”的种类不同，其适用范围也不同。

1．决策性决定

决策性决定是党和国家行政机关为部署所属全局工作，或采取某种重大举措而使用的一种公文。这里的“重大举措”可以理解为不同层次、不同级别的事项和行动，各级行政机关和一些单位都有重大举措。一般来说需要使用决策性决定的有以下几种情况：一是主管机关对其职权范围内的重大举措作出安排时用“决定”，如《中共中央、国务院关于切实做好减轻农民负担工作的决定》；二是传达某次会议的决定、提出贯彻某项决议所采取的措施、批准会议研讨的某些事项等，如《全国人民代表大会常务委员会关于处理逃跑或者重新犯罪的劳改犯和劳教人员的决定》。这种由会议决定的事项，不用决议而用决定行文，主要是为了强调文件的指令性。

2. 部署性决定

部署性决定是党和国家行政机关为部署所属全局工作，或采取某种重大举措而使用的一种公文，用它来对重大行动作出安排。如《中共中央、国务院关于加快发展第三产业的决定》。

3. 表彰性决定

表彰性决定是指对有突出贡献的单位、人员作出表彰嘉奖，如1999年5月13日《中共中央、国务院关于对我国驻南斯拉夫联盟共和国大使馆工作人员和驻南新闻工作者给予表彰的决定》。

党政机关、社会团体或企事业单位对某些重要事项或重大行动作出安排，都可以用决定，应当说，决定的用途还是比较广泛的。

三、决定的特点

1. 具有权威性、规范性

决定一般由上级机关制发，体现上级机关的意志，对下级机关提出明确具体的要求，内容涉及国内重大事项和重大行动，要求下级机关和有关人员绝对服从和严格贯彻执行。也就是说，决定具有极高的权威性、规范性。

2. 具有政策性

决定对重大事项、重大行动作出安排，需要强调其任务和意义，详细阐明有关大政方针，指出执行的政策、措施，因此内容比较丰富，具有较强的政策性。

3. 具有严肃性

决定的内容一般都是重要事项或重大行动，特别是指挥性决定要求下级机关无条件地执行，内容客观，语气坚决、严肃。

4. 具有周知性

有些决定只要求人们知晓某些重大事项，而无具体的执行要求，如1999年12月18日《中华人民共和国国务院关于授权澳门特别行政区政府接收原澳门政府资产的决定》。

5. 具有准确性

决定的缘由是决定的依据、理由，必须规范、准确、清楚，不能编造。

四、决定的种类

常见的有以下几种。

1. 处置性决定

处置性决定，是处理、布置并告知具体内容的决定。它属于决定的一种，其内容多为表彰先进、安排人事、设置机构等处理问题的措施。由标题、正文两部分构成。

（1）标题及时间标示

标题，应写明发文机关、事由及文种类别，发文机关可以是党政机关，也可以是某次会议，如属后者，也应明确写出。标题下的时间标示，可能是成文时间，也可能是会议通过的日期，都要认真标明。

（2）正文

这部分内容通常并不很长，开头用简短语句说明原因或根据，下面再写决定事项，表彰先进或处理问题的决定，一般还要加上一些号召性的语言。稍长一点的决定，正文多采用这种三层式的结构。

机构、人事安排的决定用语要简练，表彰内容的决定要写清单位、人员名称、先进事迹、表彰形式，应避免空洞笼统，但也无须写清具体的理由。

处置性决定，如无特殊必要，多不写受文单位，不落款，发文单位见于标题之中，时间见于标题下的标示。

2．公布性决定

公布性决定，是一种在会议上直接公布某个议案的具体内容时使用的公文。由标题、正文两部分构成：

（1）标题及题下标示

公布性决定的标题与其他公文的标题略有不同，它的发文机关是某次会议，所以标题应写清会议名称全称、事由和文种。题下标示是会议名称全称及通过日期。

（2）正文

公布性决定是公布某次会议的议案，通常仅需把议案的主要内容或被批准的法规、条约的名称写明就行了。正文很简短，用语精要。

公布性决定的发文机关包含在标题之中，日期即会议通过日期，不需另外写出。

3．部署性决定

党和国家行政机关为部署所属全局工作，或采取某种重大举措而使用的一种公文，称为部署性决定。由标题和正文两部分组成。

（1）标题和时间标示

标题由“发文机关＋事由＋文种”组成。事由的用语要准确、高度概括，防止标题过于冗长。

标题下方的时间标示是发文日期，也可以是××××年××月××日第×次会议通过的，会议名称要用全称。

（2）正文

这部分内容，一般先要写清作出决定的原因、目的和意义，以使下级机关领会决定的意图，便于贯彻执行。接着写清决定的具体事项，可分条分类地进行叙述和说明，应明确、具体地说明做什么和怎样做，以及做得好应给予的奖励，不执行将受到的惩处。

在说明部署性决定的目的和意义时，要有简单的分析论证，叙述具体事项要庄重、详细并切实可行，而且还要注意把握好有关奖惩的用语分寸。

4. 决策性决定

（1）决策性决定的概念

决策性决定也是党和国家行政机关为部署所属全局工作，或采取某种重大举措而使用的一种公文。

（2）决策性决定的写作格式

由于这种决定的正文篇幅长、容量大，所以通常用一段简短的文字开头，阐明提出决定事项的背景和意义，使受文单位或者个人理解决定事项的重要性。然后把主要内容分成若干个方面，以序码或加小标题的形式逐段展开。在决定正文的写作中，要准确提出具体任务、要求、政策和措施。任务要有完成的时间指标和量的指标；提出的要求应切合实际，确实能办到，拟出的措施要得力、可行，能够确保任务与要求的圆满完成。结语一般是对执行要求作补充说明。

5. 事项性决定

宣布某一重大问题的处理结果或对某项工作作出重大安排的决定，称为事项性决定。

6. 表彰性决定

对有突出贡献的先进集体、个人进行表彰奖励的决定，称为表彰性决定。

7. 惩处性决定

对一些影响较大、群众关心的事故和错误进行处理的决定，称为惩处性决定。

8. 任免性决定

对人事任免作出安排的决定，称为任免性决定。

第二节　决定的写作技能

一、决定的写法

1. 单一结构法

对于内容单一的决定，只要用一两句话，将决定的根据和决定的事项说明即可。

2. 条例法

有的决定事项较多，为使条理清楚、叙述简明，可把决定下来的若干问题，按主次列出若干条或若干项，并用数码标明，一段讲一件事或阐明一个中心问题。一般来说，条例法不要求段与段之间紧密衔接，一段一个内容，一段一个层次，条理清楚明了。

3. 板块结构法

板块结构法多用于阐述性较强的决定。这种写法就是把全文分成几个部分，每一部分叙述一个中心意思。这种结构的决定，一般都具有较强的理论特色，对现实具有重大的指导意义，同时也是重要的历史文献，因此，写这类公文时要有充分的理论准备。

此外，有关表彰和处分的决定，一般由标题、正文、制发机关和制发时间组成。正文包括受表彰或犯错误者的情况；主要事迹或错误事实；决定的事项。这类决定一般都附有典型材料或案情调查报告。

二、决定的写作格式

1. 标题

决定的标题一般采取公文标题的模式，即由“发文机关 + 主要内容 + 文种”组成。如决定系会议通过或批准的，要用全标题，并在标题下写明日期和经什么会议通过或批准，用圆括号括入。

2. 正文

决定的正文一般由如下两部分组成。

(1) 开头

这部分内容一般是写发布决定的背景、根据、目的、意义。如果是批准某一文件的决定，则写明批准对象的名称；如果是表彰性、惩戒性的决定，则要叙述基本事实，也就是先进事迹或事故情况，篇幅要比一般决定长一些。

(2) 主体

这部分内容主要写决定事项。如是用于指挥工作的决定，要提出工作任务、措施、方案、要求等，内容复杂时要用小标题或条款显示出层次来；如是用于批准事项的决定，要表达批准意见，如有必要，还可对批准此事项的根据和意义予以阐述；如是用于表彰或惩戒的决定，则要写明表彰的决定和项目，或处罚方法等。

决定的内容比较单纯，一般采取一段式，不分条项。内容稍复杂一些的，决定事项较多，可以分条列出，以求醒目，利于执行。在写决定的事项之前，用“为此决定”“现决定”等字样，承上启下，领起下文。但在写重大决策的决定时，由于其内容丰富，涉及面广，政策性强，则要按照内容安排篇章结构。

三、决定的写作要求

1. 依据正文写缘由

决定是上级机关发出的带指导性的重要实用文书，起草时，必须依据党中央、国务院和中央军委的方针政策和有关法律，并结合所属机关的具体情况，强调合法、合理、合情。

2. 根据事实写精神

事实材料是我们提炼、概括、抽象出理论原则、基本精神的前提和基础，必须忠于事实，从客观实际出发，不可随意发挥或主观臆断。

3. 切合实际写要求

发出决定的目的是要让下级贯彻执行，以指导面上的工作，所以，一定要从当前党政机关和部队工作的实际出发，有针对性地提出要求、措施。

第三节　关于决定文种问题的解答

一、“决议”与“决定”有何区别

决议和决定同属于决策类公文，都是对某些重要事项、重大问题的处理或重要工作的安排，都要求下级机关贯彻执行。决议和决定的区别如下：

1. 决议多为宏观性、原则性和关系全局的重大问题，大多旨在肯定会议成果，统一思想认识；决定多数涉及重大事件、法定事件或较具体的工作事项，侧重于贯彻执行。

2. 决议是经过正式会议或法定会议按照一定程序表决通过后形成的文件；决定大都由机关领导者直接签发，正式下达。

3. 决议必须以会议的名义发布，即通过决议的会议是决议的法定作者；决定则主要以机关名义发布。

由上述内容可知：

（1）机关主要领导人或领导班子几个人研究确定的重要决策事项，应使用“决定”文种；集体会议按法定程序决定的重要决策事项，应使用“决议”文种。

（2）集体会议按法定程序决定下来的重要决策事项，也不能都使用“决议”，其规定为：凡属直接认可或否定的，履行一定法律程序的，具有号召性的重要决策事项，使用“决议”文种；对那些既有原则性的要求，又有具体性的规定，特别是涉及某一重要行动安排的重要决策事项，应使用“决定”文种。

二、怎样把握“决定”的多种结构形式

要区分好下列三种“决定”的结构形式：

1. 知照性决定。由于是解决具体问题的，内容单一，篇幅简短，因此，在写作知照性决定时，大都是一气呵成，不分段落，多采用“篇段合一”的形式。

2. 部署指挥性决定。主要是传达部署对某一具体重要工作或行动的决策意见，往往是首先交代一下决策的背景与依据，然后再写决策的具体内容与要求，多采用分条列项的形式。

3. 法规政策性决定。可使用“分部分”或“分条列项”的结构形式。“分部分”的结构形式，即把全文划分为几个大的层次，层次与层次并列，各自相对独立；“分条列项”的结构形式，即把全文分作若干条，一条为一个独立的意见，条下列项。

第四节　决定病例的分析与修改

一、对一份任免决定的分析与修改

【原　文】

××电器股份有限公司关于更换财务负责人的董事会决定

××电器股份有限公司财务负责人×××因工作调整将不再担任本公司的财务负责人职务。本公司同意聘任×××担任本公司总会计师兼计财部部长职务。

特此公告。

××电器股份有限公司董事会

××××年××月××日

【分析与修改】

这是一则任免性决定，写作格式较规范，但也有不足之处。写作时应当具体明确地交代事项通过的依据，让人能够清楚地了解。另外，还应该说明或在后面附上董事会所作决定的王××的简介，这样才可以在公司中树立自己的地位，也说明了董事会所作的决定是正确的，是经过仔细讨论通过的。

【改　稿】

××电器股份有限公司关于更换财务负责人的董事会决定

××电器股份有限公司财务负责人×××因工作调整将不再担任本公司的财务负责人职务。按照《公司章程》有关高管人员聘任的规定，本公司董事会同意解除×××同志原财务负责人职务，并同意聘任×××担任本公司总会计师兼计财部部长职务。

特此公告。

××电器股份有限公司董事会
××××年××月××日

附：×××简历：

×××，女，36周岁，毕业于××大学会计系。××××年加入××电器公司，××××年××月至××××年××月，在××电器公司从事会计核算和成本管理等财务工作；××××年××月至××××年××月，担任××集团空调公司副总会计师兼财务部经理。现任本公司总会计师兼计财部部长。

二、对一份撤销决定的分析与修改

【原　文】

关于给×××撤职处分的决定

××××：

×××，男，××××年××月出生，汉族，高中文化，××××年××月参加工作，××××年××月入党，现任××服务中心主任、××服务局局长。

××××年元月初和××××年年初×××在两次办理××万元资金存款中，严重失职，以致被诈骗××万元人民币。

为严肃纪律，教育本人，依据《国家公务员暂行条例》第七章第三十一条、第三十二条规定，署党组决定，给予×××撤销××服务中心主任、××服务局局长职务的处分。

×××办公室
××××年××月××日

【分析与修改】

该文写作格式规范，是一则典型的撤销令。标题由发文机关、事由、文种构成，采用常规模式。决定中要求的事项有强制性的法律规定，是上级机关对员工的错误行为作出的决定，态度明确，文字简洁而准确，要求受令者必须严格遵照执行。美中不足的是，该文未对该员工的责任进一步分析说明，行文过于简单。

【改　稿】

关于给×××撤职处分的决定

××××：

×××，男，××××年××月出生，汉族，高中文化，××××年××月参加工作，××××年××月入党，现任××服务中心主任、××服务局局长。

××××年元月初和××××年年初×××在两次办理××万元资金存款中，严重失职，以致被诈骗××万元人民币。

×××作为主管××财务工作的部门领导，对巨额存款不严格审查、把关和跟踪管理，发现问题后，不及时向领导报告和采取积极措施加以制止纠正，给国家造成重大经济损失，对此负有主要领导责任。

为严肃纪律，教育本人，依据《国家公务员暂行条例》第七章第三十一条、第三十二条规定，署党组决定，给予×××撤销××服务中心主任、××服务局局长职务的处分。

×××办公室

××××年××月××日

三、对一份惩处性决定的分析和修改

【原　文】

关于××违犯劳动纪律的处理决定

××，男，现年30岁，系机加工车间原汽车装卸队工人。该同志自入厂以来，累犯劳动纪律，曾多次发生殴打事件，谩骂领导干部，辱骂老工人。特别是今年××月××日，伙同×××（已收审）、×××（已记大过）两次殴打×××，影响极坏。为了维护厂规厂法，加强劳动纪律，经厂务会议讨论通过，报请

××厂批准，决定给予××开除厂籍留厂察看一年的处分。察看期间只发给生活费，每月××元。

××市××厂××分厂
××××年××月××日

【分析与修改】

此文的问题主要是语言文字不规范，具体如下：

1. 标题中的“违犯”应改为“违反”。

2. “累犯劳动纪律”一句中，“累犯”欠妥，因“累”虽有“屡次”的意思，但却是个多义词，应改为“屡犯”。然而，“屡犯”和“纪律”搭配不当，故可修改为“屡次违反劳动纪律”。

3. “曾多次发生殴打事件”存在严重语病，其承担前分句主语，主干是“该同志发生事件”，可见主语和谓语、述语和宾语均不搭配。因此，这句话可修改为“曾多次殴打他人”。

4. “厂规厂法”不妥，工厂无权制定法律，其规章、制度等不应称为“厂法”，可改为“厂规厂纪”。

5. “开除厂籍留厂察看一年的处分”，处分名称不准确，应为“留用察看”。

6. “经厂务会议讨论通过，报请××厂批准，决定给予……”也欠准确，应修改为“经厂务会议研究决定，报请××厂批准，给予……”

【改　稿】

××市××厂××分厂关于××违反劳动纪律的处理决定

××，男，现年30岁，系机加工车间原汽车装卸队工人。该同志自××××年入厂以来，屡次违反劳动纪律，曾多次殴打他人，谩骂领导，辱骂老工人。尤其严重的是今年××月××日，他伙同×××（已收审）、×××（已记大过）两次殴打×××，造成了极坏影响。为了维护厂规厂纪，加强劳动纪律，经厂务会议研究决定，并报请××厂批准，给予××留用察看一年的处分，察看期间每月只发给××元生活费。

××××年××月××日（印章）

第五节 决定的写作范例

◎法规性决定

【范例】

××市人民代表大会常务委员会
关于废止部分地方性法规和法规性决定的决定

××市第三届人民代表大会常务委员会第十八次会议决定，废止下列地方性法规和法规性决定：

一、××市人才市场管理条例（××××年××月××日××市第一届人民代表大会常务委员会第十三次会议通过）

二、××市职业介绍管理条例（××××年××月××日××市第一届人民代表大会常务委员会第九次会议通过，××××年××月××日××市第二届人民代表大会常务委员会第二十次会议修订）

三、××市农村合作经济组织承包合同条例（××××年××月××日××市第一届人民代表大会常务委员会第八次会议通过）

四、××市蔬菜基地管理条例（××××年××月××日××市第一届人民代表大会常务委员会第八次会议通过）

五、××市人民代表大会常务委员会关于实施《中华人民共和国立法法》有关规定的决定（××××年××月××日××市第一届人民代表大会常务委员会第二十六次会议通过）

六、××市人民代表大会常务委员会关于预防控制传染性非典型肺炎的决定（××××年××月××日××市第二届人民代表大会常务委员会第三次会议通过）

七、××市人民代表大会常务委员会关于加强食品安全监管工作的决定（××××年××月××日××市第二届人民代表大会常务委员会第二十六次会议通过）

本决定自公布之日起施行。

◎政策性决定

【范例】

关于废止××××年年底以前制发的部分政策性文件的决定

（××××年××月××日　市府×政筹〔××××〕××号）

为了适应改革开放和建立健全社会主义市场经济体制及我国加入世界贸易组织新形势的需要，优化政策环境，促进经济和社会发展，市人民政府对××××年原安庆市人民政府、安庆地区行政公署合署以来至××××年年底期间，市政府及办公室制发的文件进行了清理。经过清理，×××件政策性文件（详见附件），因主要内容与现行有效的法律、法规、规章和国家以及省有关政策不相适应，已被新的法律、法规、规章和政策所代替，或者因适用期已过或者调整对象已消失，实际上已失效，或者因文件中已明令废止，市人民政府决定予以废止或宣布失效。

◎公布性决定

【范例】

关于公布规范性文件清理结果的决定

（××××年××月××日）

各镇人民政府、街道办事处，××经济开发区管委会（××街道办事处），市政府各部门，市属各单位：

根据国务院办公厅《关于开展行政法规规章清理工作的通知》（国办发〔2007〕12号）、××省人民政府办公厅《关于开展规章和规范性文件清理工作的通知》（×政办发〔××××〕××号）规定，结合国家、省和嘉兴市相关清理结果，对我市××××～××××年共××件规范性文件进行了全面清理。经过清理，市政府决定：

一、主要内容与上位法不一致或者被新的法律、法规和规章所代替，以及不符合我市经济社会发展要求的54件市政府、市政府办公室下发的规范性文件予以废止（目录见附件）。

二、对适用期已过，实际上失效的54件市政府、市政府办公室下发的规范性文件宣布失效（目录见附件）。

三、对制定文件所依据的上位法有所调整、经济社会发展导致实际内容有所改变的12件市政府、市政府办公室下发的规范性文件列入修改计划（目录见附件）。

四、对现行有效的规范性文件，由市政府法制办编撰规范性文件汇编，以方便执行。

附件：行政规范性文件清理目录

××市人民政府

××××年××月××日

◎部署性决定

【范例】

关于治理向企业乱收费、乱罚款和各种摊派等问题的决定

近年来，党中央、国务院针对一些地区和部门出现的向企业乱收费、乱罚款和各种摊派等问题，多次发布文件加以制止，各地区、各部门按要求做了一些工作，但问题一直没有得到很好的解决。向企业乱收费、乱罚款和各种摊派，严重干扰了企业正常的生产经营，加重了企业负担，助长了不正之风，损害了党和政府同人民群众的关系，已经到了非解决不可的时候。各地区、各部门一定要从政治和全局的高度，充分认识抓好这项工作对于推进企业改革和发展、加强廉政建设、保持社会稳定的重要意义，下决心进行专项治理。为此，党中央、国务院决定：

一、坚决取消不符合规定的向企业的行政事业性收费、罚款、集资、基金项目和各种摊派。

二、全面清理按规定未被取消的向企业的行政事业性收费、罚款、集资、基金项目。

三、建立健全向企业的行政事业性收费、罚款、集资、基金项目的审批管理制度。

四、加强对行政事业性收费、罚款、集资、基金的收缴和使用管理的监督，防止截留、挤占和挪作他用。

五、严格执行国家规定，坚决做到令行禁止。

六、加强监督检查，加大执法力度。要组织力量对重点地区、部门和单位进行重点检查和审计。

七、充分发挥新闻舆论的监督作用。

八、加强领导，建立责任制。

中共中央

国务院

××××年××月××日

◎决策性决定

【范例】

关于印发规范化服务细则议事决策规则
会议制度和机关公文处理办法的通知

各区（市）县农村发展（城乡一体化）局、供销社，高新区经发局，直属各单位，机关各处室：

现将《××市农业委员会（市委农工办）市供销社规范化服务细则》《成都市农业委员会（市委农工办）市供销社议事决策规划》《成都市农业委员会（市委农工办）市供销社会议制度》和《成都市农业委员会（市委农工办）市供销社机关公文处理办法》印发给你们，请遵照执行。

××××年××月××日

◎知照性决定

【范例】

××市地方税务局
关于××××年度立功嘉奖人员的表彰决定

各县（市、区）地税局、市局各科室、各直属单位：

××××年度，在省地税局和市委、市政府的正确领导下，全市地税系统坚持认真贯彻党的十八大和十八届五中全会精神，紧紧围绕年初制定的工作目标，大力组织地税收入，加快信息化建设步伐，积极推进“征管、机构、干部人事制度”三项改革，依法治税，从严治队。深入开展文明创建活动，圆满完成了全年各项工作任务，全面实现了年初制定的各项目标的同时，涌现出一大批先进个人，开创了新世纪地税事业发展的新局面。

为大力表彰先进，充分发挥先进模范的示范带头作用，进一步动员广大地税干部振奋精神，同心同德，更好地投身地税事业，经研究决定：为×××等14名同志记三等功一次；给予×××等1431名同志嘉奖一次。

希望受到表彰的同志谦虚谨慎，戒骄戒躁，继续保持和发扬爱岗敬业、无私奉献的精神，再接再厉，争取更大的成绩。全市地税干部要以他们为榜样，进一步弘扬求真务实、开拓进取、团结拼搏的优良作风，奋力开拓地税工作的新局面。

附件：立功嘉奖人员名单

××市地方税务局（印章）

××××年××月××日

◎事项性决定

【范例】

关于对××厂的处理决定

近日，我们在××县工商行政管理局的协助下对××县××厂侵犯商标专用权一案进行了调查。该厂擅自使用××厂××牌注册商标，销售自己的产品，欺骗群众，牟取利润，严重违反了《中华人民共和国商标法》第三十八条第一款和第三十九条的规定，经局办公会议研究作出如下决定：一、责令该厂停止生产，并公开在《××日报》上检讨错误；二、查封违法盗用商标的产品，并予以全部销毁。

××市××区工商行政管理局

××××年××月××日

◎任免性决定

【范例】

××县人民政府关于胡××等同志职务任免的通知

县政府各工作部门、直属机构，经研究决定：

×××任××县物资局副局长；

×××任××县物资局副局长；

×××任××县多种经营办公室副主任。

免去：

×××的××县××初级中学校长职务；

×××的××县××乡初级中学校长职务；

×××的××县××镇初级中学校长职务。

特此通知。

××县人民政府办公室

××××年××月××日

◎表彰性决定

【范例】

关于表彰××区××××年度工会财务工作
先进集体和先进个人的决定

×总工〔××××〕××号

××××年，我区工会财务工作在各级工会组织的重视下，依靠广大工会专（兼）职财务人员的共同努力，在收好、管好、用好工会经费方面做了大量工作，取得了较好的成绩，为开展工会各项工作和推进工会事业发展提供了物质保证，涌现出一批先进集体和先进个人。为了表彰先进，发扬成绩，总结经验，进一步做好工会财务工作，区总工会决定：授予××手表有限公司工会等23个单位为××区工会财务先进集体；授予×××等67位同志为××区工会财务先进个人光荣称号，并予以表彰奖励。（名单附后）

区总工会希望全区各级工会组织和工会财务人员，认真贯彻党和国家的各项方针政策及财务管理制度，继续做好财务达标规范和竞赛工作，进一步收好、管好、用好工会经费，为××工会事业的发展作出新的贡献。

××市××区总工会
××××年××月××日

××××年度××区工会财务工作先进集体和先进个人名单

一、先进集体（23个，略）

二、先进个人（67人，略）

◎命名决定

【范例】

关于命名××社区等9个社区委员会为“绿色人居环境社区”的决定

×环委〔××××〕××号

各有关区政府：

根据××市《绿色人居环境社区标准及考核指标实施细则》，市文明办、市建委、市经委、市环保局、市园林局、市市容局、市建工局、市房产局八个部门，对白下区等五个城区的9个社区委员会创建绿色人居环境社区工作进行考核，并于××××年12月17日至12月23日通过媒体公示。现决定对达到考核要求的社区命名为绿色人居环境社区。具体名单如下：

××区：××社区、××社区、××社区、××社区

××区：××路社区

××区：××社区、××社区

××区：××社区

××区：××社区

希望以上社区继续按照绿色人居环境社区的标准和要求，不断巩固和深化创建成果，取得更大的成效。

××市环境保护委员会

××××年××月××日

◎惩处性决定

【范例】

关于对×××同志违纪违规问题的处理决定

我公司员工×××同志在担任领班期间（兼管仓库工具），责任心不强，不爱护公司财物，对工具疏于管理，没有履行正常的出入仓手续，造成绿篱剪和禾镰等一批工具遗失，已难以追回，给公司造成较大的经济损失。由于该同志严重失职，公司已于××××年××月××日免去其领班职务，并给予其一次改正机会，重新安排工作岗位。但在办理工具交接手续时，该同志不按要求当场办理书面移交记录和签名确认手续，后来公司又多次派人要求其补签移交手续，该同志仍不予合作，找借口推卸责任，拒不签名确认已移交的工具，违纪违规情节严重，在员工中造成了不良影响。

为严肃纪律，维护正常的工作秩序，确保员工守则的顺利实施，公司经研究后，决定对×××同志作出如下处理：

一、立即辞退。根据本公司员工守则第四章第二条第1节的规定，从××××年××月××日起辞退该员工，工资结算至××××年××月××日。

二、赔偿损失。根据本公司员工守则第四章第二条第4节的规定，该员工要按应承担的责任赔偿因失职丢失工具而给公司造成的经济损失。

三、两天内办妥离职手续。限其于11月25～26日两天内办妥有关离职手续，在其交回经手签名领取的工具、考勤卡和员工守则后，再结算工资。逾期将不再办理。

希望各位员工引以为戒，认真遵守各项规章制度，珍惜工作机会，尽职尽责做好本职工作。

××公司

××××年××月××日

第四章 命令（令）

第一节 命令（令）概述

一、命令（令）的概念

命令（令）是国家权力机关或权力机关的负责人颁布的具有强制性、权威性和指令性的文件。

令，是指内容比较集中单一的命令，是命令的简称。

命令（令）是国家的行政公文之一。

二、命令（令）的适用范围

命令（令）“适用于依照有关法律公布行政法规和规章；宣布施行重大强制性措施；嘉奖有关单位及人员”。人民团体、企事业单位无权发布命令（令）。

三、命令（令）的特点

1．具有高度的强制性和原则性

它主要表现在执行命令的不可动摇性。它以国家法律和有关规定为依据，对重要的行政工作进行决策性指挥，强制性地统一人们的行为准则。它没有任何商洽的余地，不论在什么情况下，受文单位不得在行动上有反对的表示。否则，将会受到国家法律的制裁。

2．具有特定的发布者

它主要表现在命令（令）是国家权力的集中体现，具有法定的权威性，受文单位和个人必须坚决执行，不得违反。

3．要庄重严肃，具有法规性

它主要表现在两个方面：一方面是不轻易使用命令（令），使用时要特别慎重；另一方面表现形式要有威严感，语言要高度准确，语气要坚决、果断。

四、命令（令）的种类

命令（令）有以下几种。

1. 公布令

公布令即颁布令，是命令中属于国家最高权力机关或国家元首根据国家最高权力机关的决定，颁布宪法、法律、法令以及其他法规性文件而采用的一种公文体裁。

公布令可分为颁布法律和其他法规性文件的命令、公布重大事项或必须严格执行事项的命令两种。因公布令一般都带有附件，故又称带有附件的命令。

公布令由标题、正文、签署、附件四部分构成。

（1）标题

公布令的标题通常包括发文机关、发文事由和文种类别三部分，但使用时只写明发文机关与文种即可。如“中华人民共和国国务院令”等。

（2）正文

公布令的正文一般很简短，主要写明经过什么机关或会议，在什么日期通过或批准了何种法令文件，开始生效与执行的日期。属于修订的文件，也应在正文中说明。

（3）签署

标明签署公布令的发文机关或法定作者，签署日期。如需盖印的，要盖上公（私）章。

（4）附件

公布令是为颁布某项法律制度而发出的，所以必须附上所颁布的法律文书。

公布令的写作要求简短明确，在颁布法律条文时甚至连理由和目的也无须说明。公布令的附件，应随令文同时公布。

公布令正文结尾处，一般要用“特令公布施行”“现予公布”“现予公布施行”等惯用语，以作简明的肯定。

2. 行政令

行政令，是国务院及其各部门、县以上人民政府采取重大强制性行政措施时使用的文种。分颁布性行政令和事项性行政令。

行政令由三部分构成。

（1）标题

行政令的标题由发文机关、事由、文种类别三部分组成，且三部分必须齐全，不可简化为两部分或一部分。如“国务院关于实行棉花计划收购的命令”，不能简化为“关于实行棉花计划收购的命令”或“命令”。

（2）正文

行政令的正文由引言、主体、结语三部分构成。引言部分着重阐明发令的原因，简要写出发令的背景、形势、根据、缘由，揭示发令的目的、意义，使受令者认识执行此令的重要性，增强执行命令的自觉性，并自然导入主体。

主体部分写命令事项，即发令机关所发布的即将实施的重大强制性行政措施的具体内容，一般分条款或层次写明规定事项、工作要求、方法步骤等。要求文字简明准确、语气庄重肯定，使受令者一目了然，迅速理解执行，应让受令者感到可依不可违，不可模棱两可。

结语部分写对命令的执行要求，包括生效实施时间等有关内容，既要与前两部分紧密相连，互相呼应，又要避免用语上的简单重复。有的行政令因在主体或引言内已讲明了执行要求，可不再另写专门的结语。

（3）签署

落款可以是机关也可以是机关领导人，领导人姓名前要写明职务。同时要写明签发日期。

行政令的写作通常不如公布令简短，对于正文中的具体法令事项，要写得既明确简练又清楚周密。

3．任免令

任免令是用于任免领导干部和其他工作人员时使用的一种下行文。地方省级以下领导干部及工作人员任免不用任免令，可用“决定”“批复”“通知”等公文文种代替。

任免令的标题因发布者的情况而异。以机关名义发布的任免令一般采用三要素齐全的规范标题，字号编列方式与行政令相同；以国家元首个人名义发布的任免令，标题中常省略发文事由，字号的编列方式与公布令相同。属于向国内外公开发布的任免令，不写具体受令单位名称（主送机关）；向特定范围发布的任免令，在主送机关栏写明受令单位名称。

任免令的正文比较简单，一般由发令根据及任免内容两部分构成。发令根据主要写明决定任免的会议或机关名称；任免内容应写清被任免人的姓名和被任免职务。正文后在落款处签署发令机关领导人的职务、姓名，并写明发令日期。

4．嘉奖令

嘉奖令是宣布奖励事宜时使用的一种公文。主要包括嘉奖先进的原因、嘉奖的决定、发出向嘉奖对象学习的号召三部分。

嘉奖令的标题一般有三种形式：第一种由发令机关名称、事由与文种三要素组成，并以“命令”作为文种和规范标题，这种标题形式多见于对有功人员授予荣誉称号的嘉奖令，如《国务院、中央军委关于授予钱学森同志“国家杰出贡献科学家”荣誉称号的命令》；第二种由发令机关名称、嘉奖对象和文种构成，发令机关名称与嘉奖对象间用介词“对”连接，以“嘉奖令”为文种的标题形式；第三种略去发令事由，而由发令机关和文种组成并直接以“嘉奖令”为文种名称的半简化标题。这两种标题形式主要用于表彰、奖励英雄模范和先进单位，如1989年发布的《国务院对大型翡翠艺术珍品创作集体的嘉奖令》、1982

年为表彰胜利粉碎歹徒劫持飞机事件的民航杨继海机组而发布的《中华人民共和国国务院嘉奖令》。其字号编列方式与一般公文相同。受令者多为嘉奖对象所在系统或单位，所以应在“主送机关”栏写清系统或单位名称。

嘉奖令的正文一般包括嘉奖原因、嘉奖内容、号召希望三个部分。嘉奖原因首先要写明嘉奖对象的优秀事迹，再通过简要的分析评论，揭示其性质与意义。优秀事迹是发布嘉奖的依据和基础，要根据嘉奖对象的具体情况简明简要地予以介绍。

分析评价可结合对优秀事迹的叙述进行，重在阐明其性质和影响，揭示其意义；也可以单独另写一段，集中进行分析评价。有些嘉奖令为了更有力、更深刻地说明英模事迹的重要意义，在介绍事迹、分析评论时，往往还要介绍一些相关的背景。

嘉奖内容是嘉奖令的主要部分。要写清楚是什么机关或什么会议决定给予嘉奖对象哪些具体的表彰和奖励。

号召、希望一般在正文最后，它承接嘉奖内容并与嘉奖原因相呼应，围绕嘉奖对象，简要写出对受令者及广大干部群众的普遍号召和具体要求。

嘉奖令的落款要签署发令机关名称和发令首长的职务、姓名，并注明发令日期。

5．惩处令

惩处令是特定权力机关对违法者进行惩处的命令。惩处令主要用于司法机关、党政机关和社会团体，在使用惩处令行文时通常以决定的形式拟文。

6．通缉令

通缉令，是指公安机关动员和组织人民群众共同堵截、查找、追捕在逃犯归案而发布的命令。

7．撤销令

撤销令是用于撤销下级机关或下级机关不适当的决定时下达的命令。

8．指令

指令是发布指示性和规定性相结合的措施或要求所使用的公文，它是上级机关因下级机关请示而作的指示。新中国成立后一直未用，1980 年国务院发布第一号节能指令后，又开始使用这一文种，但与过去的指令功用已不同。

指令由国家领导机关或领导人发布。其特点如下：

（1）指令同命令一样，都反映了领导机关的指挥意图，具有权威性和强制作用。

（2）指令与命令（令）相比较，不同点有两个方面：一是范围小，指令多用于经济或科研等专业领域；二是专业性强，指令的内容具有较强的专业性，常常使用专业术语、数字等，其措施和要求具有指示性和规定性。

指令由标题、正文、日期三部分构成。

(1) 标题

标题由发文机关、事由和文种三部分构成。在标题下应标上有指令内容的单独编号，如："节能指令第×号"。

(2) 正文

正文的内容包括两部分：第一部分简要概括地写发布指令的原因和目的；第二部分写指令的要求、措施和办法，这是正文的主体，要具体、明确。如指令内容较多，行文时一般采用分序号列条陈述的方法。指令结尾一般不用结束语。

(3) 日期

指令在标题中列了发文机关，因而不再落款。日期置于指令的单独编号之下。

指令的写作内容要有针对性，提出的措施要切实可行；正确使用专业术语，尽量不用修饰词语，词、句都要体现出指令的严肃性。

第二节　命令（令）的写作技能

一、命令（令）的写作格式

命令（令）的结构分标题、发文字号、开头、主体、结尾和落款六部分。

1. 标题

命令（令）的标题写法通常有四种形式，即"发文机关+事由+文种""发文机关+文种""事由+文种"，除以上三种形式外，还有一种就是只写文种。

2. 发文字号

命令（令）的发文字号的写法有两种：一是由"机关代字+年份+序号"组成；二是以令号（发文机关发布命令的顺序号）代替发文字号。

3. 开头

写明命令（令）发布的缘由，即发布命令（令）的原因、目的、根据和意义。

4. 主体

即命令（令）事项。要求准确地写出决断性、强制性的规定或措施。

5. 结尾

命令（令）的结尾，通常写明对命令（令）事项的补充说明或向受令者提出希望和要求。有些命令（令）也可根据内容要求不写执行要求。

6. 落款

包括署名和发文时间两项内容。在正文后右下方署名处写上发令机关的全称或发令人的领导职务和姓名。

二、命令（令）的写作要求

写作命令（令）时，必须注意下列问题。

1. 必须按权限规定行文

命令（令）的适用范围控制较严。一般来说，除根据国家法律规定有权使用命令（令）的机关及首长外，其他机关和其他负责人不能用命令（令）行文；除某些实行准军事化管理的特殊行业如铁路、民用航空等企事业单位外，其他单位和人员不能滥用。

地方各级人民政府除处理特别重大的紧急事务如抢险救灾时可以破例使用命令（令）来实施指挥外，在一般的日常性工作中不得随意使用。而且，无论是根据法律规定的正常使用还是特殊情况下的破例使用，都必须以法律、法规为依据，按照法律规定的程序制作、发布，其内容和形式都必须在法律许可的范围之内。

2. 要体现出其强制性

命令（令）具有极强的强制性和约束力，一旦发布，受令者就必须严格遵照执行，所以命令（令）必须要求明确、态度鲜明，主张什么、反对什么，要求做什么、不允许做什么，等等，都必须作不容置疑的表述，不能有丝毫的含糊，以便受令者迅速理解并执行。

3. 语言要朴实，文字要精确

无论是何种命令（令），都要求文句简明，语气坚定，用简洁凝练而又准确鲜明的文字将内容庄重严肃地表述出来即可，无须作阐释说明。

对于语言难度较大的嘉奖令来说，尤其要把握好介绍表彰嘉奖对象事迹、阐明事迹意义和向有关各方发出号召时的用语分寸。

三、撰写命令（令）的注意事项

1. 撰写或签发令文必须郑重

命令（令）不得朝令夕改，使下级无所适从。

2. 态度要鲜明

命令人们完成一项任务，应该使大家明确奋斗目标及重大意义，为完成任务或达到某一目的而努力。

3. 要求要具体

如时间、地点、数量等，必须写得十分具体，以便有关人员付诸行动和领导机关监督检查。

4. 语气要坚定
命令（令）的语气要严肃，要求达到：表达坚决，肯定有力。
5. 辞章要严密
结构严谨，易读易记，便于执行。对先说什么、后说什么必须安排适当。
6. 文字要简练
篇幅要短小，文字要简练，表达必须准确，不要使用容易发生歧义的字词。

第三节 关于命令（令）文种问题的解答

一、使用“公布令”发布行政法规和规章有何限定

只有具有制定、发布行政法规、规章权力的国家党政机关才能制发“公布令”。如国家行政法规的制发主体是国务院，国务院各部门制发的规章为“部门规章”；地方人民政府制发的规章，系指由省、自治区、直辖市以及省、自治区人民政府所在地的市和经国务院批准的较大的城市、计划单列市的人民政府根据法律、行政法规和地方性法规而制定的规章为“政府规章”。以上行政法规和规章均可使用“公布令”来发布。

一些地区、部门根据行政法规、地方法规、规章而制定的不属于法规、规章的“类规章性文件”，不得使用“公布令”。

二、使用“行政令”发布重大行政措施有何限定

国家党政机关是“行政令”的制发主体。从新中国成立以来的实际情况看，包括中央政府在内，除非涉及全局性的重大行政措施，才发布“行政令”。

也就是说，对“行政令”的发布应持十分慎重的态度。但在实践中有的机关经常违反这一原则，例如，某市公安局为遏制少数民警在执行公务期间喝酒的现象，连续制发三道“戒酒令”，内容虽可取，但形式欠妥，应以“通知”为宜。

三、“公布令”与“行政令”的区别

公布令是用于发布重要法律、法令、法规等时的命令。公布令没有具体受令单位，它是公开发布的，并且一般都带有“附件”。

公布令的正文一般都很简短，只需将发布的法律、法规或规章的名称写出即可，具体执行内容在附件中。然后写通过和批准的机关日期。

而行政令是在采取重大的、较紧急的行政措施时颁发的命令。行政令除国家领导机关使用外，县级以上人民政府也可使用。

四、如何把握“命令（令)”的结构形式

命令正文的结构形式，因种类不同而有所差异，主要分为以下三种形式：

1. 篇段合一式

这种结构形式主要用于发布令，通篇只有一个段落，基本内容是说明发布什么法规以及该法规的施行日期。

2. 二段式

这种结构形式主要用于行政令、任免令。第一段主要说明发布此令的目的或根据，第二段写明命令的具体内容，即命令做什么和怎样做。

3. 三段式

这种结构形式主要用于嘉奖令。第一段写明嘉奖理由，即嘉奖对象的功勋业绩，交代时间、地点、事件、原因、过程、结果等要素，使人们了解有关事迹的基本情况，知道为什么要嘉奖。第二段写嘉奖目的与嘉奖内容，可以授予荣誉称号，也可以记功、晋级或给予奖金等，既重视精神鼓励，也不忽略物质奖励。第三段写明希望和号召，对受嘉奖者给予勉励，同时更注重号召人们向受奖人员学习。

第四节　命令（令）的写作范例

◎公布令

【范例】

××省人民政府令

（第8号）

《××省城市公共安全与卫生管理规定》已由××××年××月××日省人民政府第6次常务会议讨论通过，现予公布，自××××年××月××日起施行。

附件：《××省城市公共安全与卫生管理规定》（略）

省长　×××

××××年××月××日

◎行政令

【范例】

××省人民政府关于清理道路检查站（卡）的命令

各市、县、自治县人民政府，省政府直属各单位：

为制止在公路上设卡查车、乱扣乱罚的现象，坚决纠正行业不正之风，促进经济、文化交流，保障人民群众和企业的合法权益，省人民政府决定清理在各地道路上设置的检查站（卡），特发布如下命令：

一、除我省与毗邻省（区）接壤的公路交通要道设立必要的检查站外，省内国道上的检查站（卡）从六月十六日起一律撤销。

二、公安、交通、工商、税务、林业、畜牧业等部门需要在省道、县道及毗邻省（区）接壤的交通要道上设置检查站（卡），必须经省人民政府批准。各地、各部门自行设置的检查站（卡）均为非法，群众和车辆驾驶人员可拒绝接受其检查。

三、除公安干警追捕刑事案犯、打击车匪路霸、维护交通秩序及处理交通事故外，其他任何人员不得上路检查，不得拦截在公路上正常行驶的车辆，不得对旅客实施人身检查。

四、经批准设立的检查站的执勤人员，在执行检查任务时，应出示省人民政府办公厅统一核发的《公路检查证》，佩戴行业标志。无上述证件、标志的为非法检查。

五、各类检查人员执行检查公务时不得超越本职检查范围，不得搞非法扣罚。被检查者应配合执勤人员执行检查。省各主管部门对本系统的检查人员应实行有效监督管理，发现问题必须及时处理。

六、本命令责成省人民政府法制局、省监察厅及各级法制、监察部门执行，并负责对各类检查站及执法人员进行监督。被检查单位、群众认为检查人员有违反本命令的，可以向监察部门反映、举报。监察部门应及时作出处理。

七、省人民政府过去有关规定与本命令有抵触的，一律以本命令为准。

××省人民政府

××××年××月××日

◎嘉奖令

【范例】

学校通令嘉奖

为表彰先进、激励创新与自主创业，学校通令嘉奖在刚刚落幕的第四届“挑战杯”中国大学生创业计划竞赛中取得优异成绩的团队成员和指导老师。同时，学校还通报表扬在“挑战杯”中表现出色的工作人员。现将名单公布如下：

通令嘉奖的名单：

力行创业团队：×××（国贸系硕士生）

卫士创业团队：×××（计统系本科生）

A－tech 创业团队：×××、×××（国贸系硕士生）

通报表扬的名单：

教师：×××、×××、×××

学生：

经济系：×××、×××、×××

计统系：×××、×××、×××

财政系：×××、×××、×××

金融系：×××、×××、×××

国贸系：×××、×××、×××

◎任免令

【范例】

××市××区委关于徐××同志任职的通知

各乡、镇人民政府，街道办事处，××农场，区直机关有关单位：

根据中共××市××区委组织部×组干〔××××〕××号文批复同意：任命徐××为××市××区委宣传部部长。

中共××市××区委员会

××××年××月××日

◎处惩令

【范例】

行政处罚命令

××字〔××××〕第××号

××学校工会：

你会擅自多收取工会会员会费，并在整改通知期限内没有及时改正错误，使许多人员上访，产生了极其恶劣的影响。经总工会委员会讨论，现作出如下命令：

1. 对工会主席×××记行政警告一次，工会副主席×××记过处分。
2. 尽快返还多收取的会费。
3. 书面道歉，消除影响。

××市总工会
××××年××月××日

第五章　意　见

第一节　意见概述

一、意见的概念

意见，是上级机关或主管部门针对当前即将进行的主要工作和亟待解决的重大问题，提出原则性的要求和具体的处理办法，并直接发至下级机关或转发到有关部门遵照执行的一种公文。

二、意见的适用范围

意见适用于对重要问题提出见解和处理办法。意见既可用于向上行文，又可用于向下行文；既有报请性又有指挥性。意见作为上行文，类似于请示，可向上级汇报提出对某个重要问题的见解和处理意见，如上级机关认可，可批复下发贯彻执行，但适用范围没有请示广泛，只限于对重要问题提出见解和处理办法。意见作为下行公文，类似于指示，可对下级机关布置工作，明确处理问题的办法。但指示只提出原则和要求，具有方向性，而意见提出具体的处理办法，具有可操作性。意见的使用主要有三种情况：

1. 对重要事项提出指导性的见解。
2. 对一个阶段的工作提出原则性要求。
3. 对带有全局性的问题提出处理办法和政策性措施。

三、意见的特点及种类

1. 意见的特点

（1）具有实施性

意见是上级机关对重大问题所持的观点、见解、看法、态度，要贯彻党的路线、方针、政策，有较强的实施性。

（2）具有指导性

意见作为正式公文，要求下级结合实际，遵照贯彻执行，因此它的最大特点是政策指导性较强。意见既要符合党的路线、方针、政策，又要结合具体实际情况，理论和实际相结合。意见正确、办法具体，才能发挥其指导工作的作用。

(3) 具有针对性

意见的制发往往针对工作中急需解决的问题或必须克服的倾向，因此其提出问题必须及时，提出的见解、办法必须对症下药，具有可操作性。

(4) 具有明确性

不管何种意见都要非常明确，不能含糊其词。意见表述要严谨周全，不能有歧义，使人产生误解。

(5) 具有可操作性

意见中提出的办法，应有法可依，有据可查，界限清楚，并且具有较强的可操作性。要求处置与办理，必须遵照执行，不能模棱两可。

2. 意见的种类

(1) 直发性意见

直发性意见，是指可以直接下发的意见。通常是上级机关对下属机关的工作提出要求和规定时使用的意见。

(2) 请批性意见

请批性意见，是行文单位将自己主管的工作提出的指导性意见先呈报给执行单位共同的上级机关，再由上级机关批转给有关单位执行的意见。

(3) 建议性意见

建议性意见，是指下级机关对重大问题提出建议，要求上级机关予以批转的一种上行公文。

(4) 指导性意见

指导性意见，是用于上级机关或有关主管部门阐述和说明开展某项工作的基本思想、原则、要求，并对工作提出原则性指导意见的一种公文。

(5) 规划性意见

规划性意见，是用于上级机关或业务主管部门制定开展某项工作的部署、要求、安排、具体措施，并带有工作计划特点的一种公文。

第二节 意见的写作技能

一、意见的写作格式

1. 标题

意见的标题揭示全文的中心思想和行文的目的，具有固定的格式。一般由“发文机关 + 事由 + 文种”组成。

2. 主送机关

直接下发的意见，要标注主送机关。如果主送机关已标注在批转通知中，就不再标注主送机关。

3. 开头

意见的开头，主要写明发布意见的背景、根据、目的、意义等内容。文字根据具体情况可长可短，最后以“现提出以下意见”“特制定本实施意见”等语句承上启下，引入正文。

4. 主体

这部分内容是意见的主要内容，要把对重要问题的见解或处理办法一一写明。如果是规划性意见，内容繁多，可列出小标题作为各大层次的标志，小标题下再分条表述；如果是内容较单一集中的工作意见，主体部分直接列条即可，不必再设小标题。

5. 结尾

篇幅较长的意见通常以提出号召、希望、督察要求为结尾。局部性意见大多没有专设的结尾，而是自然结束正文。

6. 落款

即署名和标注成文日期。直发性意见一般都在文后署名和标注成文日期；转发性意见通常不在文后落款，而将发文机关名置于标题之下。

二、写作意见应注意的问题

1. 观点要鲜明

因为意见既可以用于正式公文，也可以用于日常工作沟通。所以，在正式公文中，撰写意见要有针对性、可行性，文字表述要明确具体。要能反映有关机关或部门对问题的看法和认识，主张做什么、不主张做什么，要清清楚楚、一目了然。

2. 措施要切实可行

意见一般要写明解决问题、处理工作的要求和措施，各项要求和措施都应写得实实在在、条分缕析、切实可行。

3. 行文要庄重

意见在正式公文中，主要用于平行机关和对下级机关，对上级机关应慎重使用。对上级机关行文，多用“请示”“报告”等文种。

第三节　关于意见文种问题的解答

一、如何把握“意见”的行文关系特点

从行文关系的角度说，意见是比较特殊的文种，无论是作为下行文、上行文

和平行文都可以使用。

1. 意见作为上行文使用时，具有请示的功能，可按照请示的程序和要求办理。所提意见如涉及其他部门职权范围，主办部门应与有关部门协商，取得一致意见后方可行文。如有分歧，应由主办部门的负责人出面进行协调；如难以达成共识，可列明各方的理由和依据，提出建设性意见，与有关部门会签，然后报请上级单位处理或给予答复。

2. 意见作为平行文使用时，提出的意见可供对方参考。

3. 意见作为下行文使用时，具有指导和指示的功能，应向下级提出明确的要求，以便下级遵照执行。如文中没有明确的要求，下级可参照执行。

二、"意见"与"决定"有何区别

一般说来，决定具有指挥性，而意见只具有指导性。决定所形成的决策、指令等，下级机关必须不折不扣地无条件执行；而意见则不同，它要求下级机关结合本行业、本地区的实际贯彻执行。决定重在宏观指挥，意见则重在微观指导，它是对某项具体工作的实施安排和处理办法。

三、上报的"意见"与"请示"有何区别

向上行文，凡属要钱、要物、要干部以及出境出国等问题时，要用"请示"，而不能使用"意见"。"意见"与"请示"的本质差别在于它向上级要的不是"人、财、物"等"硬件"，而是"政策""办法"等"软件"。

四、"意见"与"通知"有何区别

意见和通知在公文中使用频率都较高，一般来讲，通知具有很强的决定性、不可更改性，而意见则带有弹性，具有较强的指导性、选择性和灵活性。通知必须执行、办理，而意见则可以根据实际情况和政策允许，独立自主、灵活机动地加以运用。

五、"意见"与"报告"有何区别

报告尽管也可以向上级机关汇报情况、提出建议，但其提出的建议一般是原则性、参考性的。而意见所提出的建议则是具体的、实在的、可施行的。报告中尽管也有建议的内容，但其主体是向上级机关汇报工作或反映情况。而意见中的建议则是其主要内容，是写作中的重点。

六、平行的"意见"与"函"有何区别

不相隶属机关之间相互行文，对涉及某一重要问题所提的见解和处理办法，

如属供对方参考而不需要回复时，应用“意见”，相反，则要用“函”。

第四节　意见病例的分析与修改

一、对一份工作意见的分析与修改

【原　文】

关于继续做好公路养路费等交通规费征收工作的意见

（××××年××月××日）

为保障公路养路费、车辆购置附加费等交通规费征收工作的正常进行，现提出如下意见。

在交通和车辆税费改革方案正式公布实施之前，各地仍应严格执行现有交通规费征收的有关规定，继续做好公路养路费、车辆购置附加费、公路运输管理费、公路客货运附加费、燃油附加费等交通规费的征收工作。各缴费义务人要严格按现行征缴办法和标准，自觉缴纳规费。对漏缴和拖欠的交通规费，交通规费征稽机构要继续追缴其规费并依法收取滞纳金和罚款；对故意妨碍国家征费人员执行公务的，要依法严惩，情节严重的，移送司法机关追究刑事责任。

各地交通规费征稽机构和人员要充分认识税费改革的重大意义，以国家利益为重，坚守岗位，恪尽职守，保持队伍稳定，照章收费。

公安交通管理部门在办理车辆登记等工作中，要继续严格执行国家有关车辆管理的规定，对没有缴纳车辆购置附加费和公路养路费的车辆，不予办理登记；对妨碍国家交通征费人员依法执行公务的违法犯罪行为，要依法予以处理。

【分析与修改】

此篇意见的格式较为合乎规范，但也存在两个问题：一是应写意见发布的背景和根据，使公文写作更加缜密；二是要能反映有关机关对问题的认识，解决和处理措施要写得详尽实在、条理清晰，并且还要切实可行。加上这两点，这篇意见在做好公路养路费的征收上才会更有成效。

【改　稿】

关于继续做好公路养路费等交通规费征收工作的意见

（××××年××月××日）

最近以来，一些单位和个人错误地认为，《中华人民共和国公路法》修改后即可不缴纳公路养路费等交通规费，因而出现了拖欠、拒缴、抗缴公路养路费等交通规费事件，造成国家交通规费大量流失。为保障公路养路费、车辆购置附加费等交通规费征收工作的正常进行，现提出如下意见。

一、在交通和车辆税费改革方案正式公布实施之前，各地仍应严格执行现有交通规费征收的有关规定，继续做好公路养路费、车辆购置附加费、公路运输管理费、公路客货运附加费、燃油附加费等交通规费的征收工作。

二、地方各级人民政府要加强领导，为交通规费征稽创造必要的环境，切实做好公路养路费等交通规费的征收工作；交通、财政、公安、计划等部门要在当地人民政府的领导下，通力协作采取有效措施，加强对公路养路费等交通规费的征收工作的领导、宣传和协调工作，及时解决征收工作中出现的问题，维护征费秩序。

三、各缴费义务人要严格按现行征缴办法和标准，自觉缴纳规费。对漏缴和拖欠的交通规费，交通规费征稽机构要继续追缴其规费并依法收取滞纳金和罚款；对故意妨碍国家征费人员执行公务的，要依法严惩，情节严重的，移送司法机关追究刑事责任。

四、各地交通规费征稽机构和人员要按照《关于加强养路费等交通规费征收工作的紧急通知》（交公路发〔××××〕××号）和《关于切实做好公路养路费等交通规费征收工作的通知》（交公路发〔××××〕××号）的要求，充分认识税费改革的重大意义，以国家利益为重，坚守岗位，恪尽职守，保持队伍稳定，照章收费。

五、公安交通管理部门在办理车辆登记等工作中，要继续严格执行国家有关车辆管理的规定，对没有缴纳车辆购置附加费和公路养路费的车辆，不予办理登记；对妨碍国家交通征费人员依法执行公务的违法犯罪行为，要依法予以处理。

二、对一份实施意见的分析与修改

【原　文】

××××学院教务处关于××学年度第一学期教学检查的实施意见

各系：

本学期教学检查将结合“校风建设活动月”的有关活动进行。为做好本次教学检查工作，特提出以下实施意见：

一、检查的主要内容

（一）各年级各专业理论教学、实践教学存在的问题及对策。

（二）各专业教学计划的执行情况，教学进度、前后课程内容衔接的合理性，教学大纲的执行情况和效果。

（三）教师教学情况，包括教学态度、教学方法、教学效果，教案和批改作业等情况。

（四）实操、实验、实习课程的组织管理措施及效果。

（五）学生出勤，课堂纪律，晚自习纪律情况等。

二、检查时间

教学检查时间安排在第10~13周，即11月5日至12月2日。

三、检查方式

（一）根据新修订的《教学工作质量检查暂行办法》（以下简称《办法》）实施检查，并用计算机处理结果。希望各系根据《办法》的要求认真做好检查工作。

（二）开展教师互相听课和评教。

（三）各系分别召开教师和学生代表座谈会。

（四）学院教学处对各系进行听课等形式的教学抽查。

（五）对教学质量调查不合格的教师（包括外聘专任教师），各系须采用适当的方式进行整改。

四、其他

（一）希望各系领导高度重视教学检查工作，做好工作部署。在组织学生进行教师技师调查时，应要求学生按调查表中各项指标逐一实事求是地评价。要求全体学生集中参加评估。

（二）请各系注意总结经验，对教学检查过程中发现的有关问题，尤其是学生反映的突出问题，须按“便教、利教、为教”的要求，积极、及时地进行整改。

（三）各系须在第14周把教学检查工作的有关情况和《系（部）教师教学情况综合评定表》报教务处和人保处。教学质量情况将作为教师评比、晋级的重要依据之一。

（四）第10~13周旷课10节以上的学生统计表请各系交教务处。

（五）教学检查过程中如有新情况、新问题，请各系及时报告我处，对系教学检查的进展情况，请各系及时报告我处，对系教学检查的进展情况，教务处将进行抽查。

附件：教学工作质量考核暂行办法

××年××月××日

【分析与修改】

该份意见分条列项，层次比较清楚。但在语言叙述上还欠周全。同时，标点符号使用也有误。

1. “一、”中的“（一）各年级各专业理论教学、实践教学存在的问题及对策”缺少宾语。试分析“……教学、……教学”不会存在问题及对策，因此应在第二个教学后加上“管理”一词。

2. “三、”中的“（二）、（五）”语病同上面的一样，应修改如下：“（二）”中，应在评教后加上“活动”一词；“（五）”中，应在“质量调查”后加上“结果”一词。

3. 标点符号错误之处，如“一、”中的“（二）”的两个顿号均应改为逗号。

4. 结尾年、月、日应将年份写全。

【改　稿】

××××学院教务处关于××学年度第一学期教学检查的实施意见

各系：

本学期教学检查将结合“校风建设活动月”的有关活动进行。为做好本次教学检查工作，特提出以下实施意见：

一、检查的主要内容

（一）各年级各专业理论教学、实践教学管理存在的问题及对策。

（二）各专业教学计划的执行情况，教学进度，前后课程内容衔接的合理性，教学大纲的执行情况和效果。

（三）教师教学情况，包括教学态度、教学方法、教学效果，教案和批改作业等情况。

（四）实操、实验、实习课程的组织管理措施及效果。

（五）学生出勤，课堂纪律，晚自习纪律情况等。

二、检查时间

教学检查时间安排在第10～13周，即11月5日至12月2日。

三、检查方式

（一）根据新修订的《教学工作质量检查暂行办法》（以下简称《办法》）实施检查，《教师教学技师调查表》，并用计算机处理结果。希望各系根据《办法》的要求认真做好检查工作。

（二）开展教师互相听课和评教活动。

（三）各系分别召开教师和学生代表座谈会。

（四）学院教学处对各系进行听课等形式的教学抽查。

（五）对教学质量调查结果不合格的教师（包括处聘专任教师），各系须采用适当的方式进行整改。

四、其他

（一）希望各系领导高度重视教学检查工作，做好工作部署。在组织学生进行教师技师调查时，应要求学生按调查表中各项指标逐一实事求是地评价。要求全体学生集中参加评估。

（二）请各系注意总结经验，对教学检查过程中发现的有关问题，尤其是学生反映的突出问题，须按“便教、利教、为教”的要求，积极、及时地进行整改。

（三）各系须在第14周把教学检查工作的有关情况和《系（部）教师教学情况综合评定表》报教务处和人保处。教学质量情况将作为教师评比、晋级的重要依据之一。

（四）第10～13周旷课10节以上的学生统计表请各系交教务处。

（五）教学检查过程中如有新情况、新问题，请各系及时报告我处，对系教学检查的进展情况，请各系及时报告我处，对系教学检查的进展情况，教务处将进行抽查。

附件：教学工作质量考核暂行办法

××××年××月××日

第五节　意见的写作范例

◎请批性意见

【范例】

关于分离企业自办中小学校的意见

市人民政府：

为了减轻企业负担，分离企业办社会职能，加快国有企业建立现代企业制度步伐，根据国家××委等5部委《关于若干城市分离企业办社会职能分流富余人员的意见》（国经贸企〔××××〕××号）和省政府《关于国有企业深化改革优化结构若干问题的通知》（××发〔××××〕××号）等有关文件精神，对一次性分离市属工业企业自办中小学校的有关问题，提出如下意见：

一、从企业分离出来的中小学校按属地办学的原则，移交给当地区、市政府，由教育部门归口管理。原学校按中小学校名称审批管理权限的有关规定予以更名。

二、学校现占用的资产（包括学校用地、用房、仪器、教学设施、车辆等）实行整体无偿划拨。移交资产的数额以××××年年底清产核资数或各项资产账面数为准，经国有资产管理部门审核界定后办理资产划拨、变更手续。学校债务由企业承担。校办工厂不随学校划拨，全部留给企业。校办工厂占用学校资产的，无偿腾退出留给学校。教职员工（含离退休人员）在企业的住房原产权关系不变，使用调配权归当地政府。住房制度改革中，出售住房的资金归企业所有。

三、学校教职员工（含离退休人员）按××××年××月末实际在册人员成建制移交给当地政府。如本人自愿，企业同意，也可以一次性留在企业。

四、学校从企业分离后，教职员工（含离退休人员）的工资按当地同类学校工资标准进行套改。原企业工资经核定后高于套改工资部分作为保留津贴发放，每年按20%的幅度扣减，第5年到位，如在此期间退休，未扣减完部分不再保留。企业拖欠教职员工（含离退休人员）的工资、医疗费等，在学校分离时一次性付清。

五、学校由企业移交给当地政府后，教育经费5年内由市财政负担二分之一，余下部分由市教委、当地财政和企业各负担三分之一。具体经费数额，第1年（××××年）由市财政征求市区两级教委、市经委和当地财政意见后，按××市中小学校平均教育经费预算水平核定，后4年每年按18%的比例递增。5年以后，以第5年（××××年）实际拨付的教育经费为基数，基数内当地财政承担的数额不变，其他部分由市财政划入当地财政支出基数；新增部分由当地财政负担。

为了减轻当地财政负担，对尚未达到“普九”标准的学校，企业应在学校移交时给予适当的资金支持。

学校分离后，甘井子区教育费附加的分配比例，按实际增加的学生数由市财政重新核定。金州区、瓦房店市企业的教育费附加，由当地政府直接收缴。

六、分离企业办学校工作要在市政府的领导下，有组织地进行。为了加强对这项工作的领导，市政府成立分离企业办学工作领导小组，由×××副市长任组长，市体改委、教委、经委为副组长单位，市财政局、国资局、人事局、编委办、劳动局及有关区、市政府为成员单位。领导小组办公室设在市体改委（联系电话：略）。企业所在地成立由当地政府主要领导牵头，企业及有关部门参加的交接小组，具体负责企业自办学校的分离和交接工作。

七、分离企业办学校是一项难度大、涉及面广、政策性强的工作，市有关部门和当地政府要从搞好国有经济的大局出发，积极配合企业，抓紧做好这项工作。本意见未尽事宜和在分离过程中遇到的各种问题，可通过协商的办法加以解决。分离过程中要做到不减少教育投入，不影响学生就学，不降低教学质量，以保持分离学校的平稳过渡。

以上意见如无不当，请批转各单位贯彻执行。

××市经济体制改革委员会
××市教育委员会
××市经济委员会
××市财政局
××市国有资产管理局
××市人事局
××市编制委员会办公室
××市劳动局

◎建议性意见

【范例】

××市农业委员会关于发展我市观光旅游农业的意见

××市人民政府：

随着我市农业产业结构调整步伐的加快和人民生活水平的不断提高，发展观光旅游农业已成为农村经济新的增长点。为科学有效地开发利用农业资源，促进农村经济发展，现就发展我市观光旅游农业的有关问题，提出如下意见。

一、指导思想、任务目标与遵循原则

（一）指导思想：以党的十八大和十八届五中全会精神为指导，以农业资源综合开发利用和保护为基础，以提高经济和社会效益为中心，逐步把观光旅游农业培育成具有一定生机和活力的新兴产业，促进农村经济全面发展。

（二）任务目标：力争经过5～10年的努力，在旅游景区周围、交通干线两侧和主要农副产品生产基地，构筑起点、线、面相结合的全市观光旅游农业新格局；建立起一批不同特色、不同层次和规模，具有观光、休闲、体验和科普等多功能的观光旅游农业基地；通过发展观光旅游农业，进一步优化农村经济结构，增加农民收入，加快农村城镇化发展步伐。

（三）遵循原则：

1. 注重实效、循序渐进的原则。观光旅游农业是经济和社会发展到一定阶段的产物。各县（市）区要抓住机遇，因势利导，坚持速度、规模和效益的统一。近期，优先开发生产基地有规模、资源环境好和交通便利的观光旅游项目，积累经验，逐步展开。

2. 全面规划、突出特色的原则。各地要从实际出发，制订科学的发展观光旅游农业规划。要适应回归自然和观光休闲的心理，注重文化品位，突出地方特色，体现乡土风情，展示农业高科技成果。

3. 用市场机制开发建设的原则。发展观光旅游农业，项目建设、资金投入和经营管理要按照市场经济的要求，鼓励多种经济成分参与开发建设。

4. 开发与保护相结合的原则。发展观光旅游农业要正确处理资源开发和环境保护的关系，防止滥占耕地。加强环境保护，实现观光旅游农业与农村经济的协调发展。

二、区域布局与重点项目

全市发展观光旅游农业，按照由近及远，功能配套，点线面连接，依托农业资源，结合旅游景区建设的构思布局。

近期抓好以下重点项目：（略）

三、几项政策措施

（一）观光旅游农业享受农业税收的有关政策。利用“四荒”资源兴建的项目，执行“四荒”开发的相关政策。

（二）加大对观光旅游农业建设项目的投入。观光旅游农业是农业发展和农民增收的新增长点。市、县（市）区要作为扶持的重点，分别列出专项资金，用于项目基础设施的扶持投入或贷款贴息，各级计委、农业、林业、水利、交通、供电、电信等部门，要根据职责分工，对市里规划建设的重点给予积极支持。

（三）搞好观光旅游农业的服务设施建设。景区建设是观光旅游农业的基础，必须高起点、高品位规划，高标准、高质量建设，并与农田水利、农村小城镇、旅游景区、农业科技园区以及农业结构调整结合起来。根据项目进展情况，适时开辟观光旅游专线，为市民出游提供方便。加强导游人员的业务培训，搞好餐饮、娱乐和住宿等服务业的配套项目建设，并尽快开发观光农业产品、生态旅游商品，不断丰富观光旅游农业的内涵。

以上意见如无不当，请批转各县（市）、区及市各部门执行。

××市农业委员会

××××年××月××日

◎评估性意见

【范例】

财政部发布投资性房地产评估指导意见

第一章　引言

第一条　为规范注册资产评估师执行投资性房地产评估业务行为，维护社会公共利益和资产评估各方当事人合法权益，根据《资产评估准则——基本准则》《资产评估准则——不动产》和《以财务报告为目的的评估指南（试行）》，制定本指导意见。

第二条　本指导意见所称投资性房地产，是指《企业会计准则第3号——投资性房地产》及其应用指南所称的投资性房地产，即企业为赚取租金或资本增值，或两者兼有而持有的房地产。

第三条　本指导意见所称投资性房地产评估，是指按照《以财务报告为目的的评估指南（试行）》要求，对符合会计准则规定条件的投资性房地产在评估基准日的公允价值进行分析、估算，并发表专业意见的行为和过程。

第四条　注册资产评估师执行投资性房地产评估业务，应当遵守本指导意见。

第二章　基本要求（略）

第三章　评估对象（略）

第四章　评估方法（略）

第五章　评估披露（略）

第六章　附则

第二十八条　本指导意见自××××年××月××日起施行。

◎实施性意见

【范例】

关于“师德师风”建设的实施性意见

为贯彻落实教育部《关于进一步加强和改进师德建设的意见》精神，进一步巩固保持共产党员先进性教育活动成果，切实加强教师职业道德建设，树立我系教师队伍的良好风貌和新形象，加快构建和谐教育的步伐，进一步提高人民群众对教育的满意度，经研究决定，在全市教育系统开展“师德师风建设年”活动。结合我系实际，现就进一步加强教师师德师风建设提出以下意见。

一、指导思想

以构建社会主义和谐社会理论为指导，以“办人民满意学校、办人民满意教育”为宗旨，以“学为人师、行为世范”为准则，以“爱岗敬业、教书育人、为人师表”为核心，以提高教师思想政治素质和职业道德水平为重点，以解决教师队伍中的突出问题为关键，引导广大教育工作者严格遵守师德规范，大力弘扬高尚师德，切实提高师德素养，努力造就一支让人民满意的教师队伍。

二、主要目标

通过师德师风教育活动，全力打造一支队伍：品德高尚、作风过硬、业务精湛的教师队伍；致力促进两个转变：师德师风向更好的方面转变，行风、校风向更好的方面转变；着力解决“三大问题”：有偿家教、以教谋私、体罚学生；努力实现“四个提升”：在教师政治素质和师德素养上有新的提升，在服务社会、服务家长、服务学生上有新的提升，在树立教师良好形象上有新的提升，在推进学院各项工作和教育教学质量上有新的提升。

三、师德师风建设的基本要求

（一）政治坚定，思想过硬。热爱祖国，热爱人民，热爱教育事业；在思想上、行动上同党中央保持一致，不得有违背党和国家方针政策的言行，不得散布有损师德和学校声誉的言论。

（二）遵纪守法，依法执教。全面贯彻国家教育方针，自觉遵守《教育法》《教师法》《未成年人保护法》等法律法规，做学法用法和维护法律、法规尊严的带头人，杜绝在教学活动中发生安全事故，杜绝性犯罪伤害学生案件的发生。

（三）爱岗敬业，与时俱进。爱校如家，淡泊明志，尽职尽责，教书育人；认真备课、上课、批改作业，耐心解答学生提出的问题，履行课后辅导学生的职责；以培育人才、繁荣学术、发展先进文化和推进社会进步为己任，传授知识，传承民族精神，弘扬爱国主义；积极投身课程改革，增强创新意识，争做“研究型”“学者型”教师。

（四）严谨治学，业务优良。树立优良学风及终身学习的观念，刻苦钻研业务，努力提高教学水平；熟悉教育理论，掌握现代化教学方法和教学手段，精通教育教学业务，全面实施素质教育。

（五）热爱学生，言传身教。关心爱护全体学生，尊重学生人格，平等、公平对待学生；严格要求学生，严格管理学生，注重言教，更注重身教；在课堂活动、评语撰写等教育教学活动中，对学生作出客观、全面和公正的评价；不讽刺、歧视学生，不体罚或变相体罚学生，维护学生的合法权益。

（六）尊重家长，团结协作。积极与学生家长沟通，认真听取学生家长的意见和建议，不训斥、指责学生家长。

（七）情操高尚，为人师表。模范遵守社会公德，举止文明礼貌，作风正派，语言规范健康；衣着整洁得体，在校园里不穿拖鞋不施浓妆；不准将通信工具带入教室；工作日不饮酒，严禁进入色情娱乐场所；旗帜鲜明地反对封建迷信，拒绝邪教，抵制腐朽文化；不参与赌博和诈骗活动。

（八）廉洁从教，甘于奉献。坚守高尚情操，发扬奉献精神，自觉抵制社会不良风气影响。

第六章 批 复

第一节 批复概述

一、批复的概念

批复是答复性的下行文书，它是上级机关答复下级机关请示事项的指导性文件。批复必须以下级机关的请示或报告为存在的条件。没有请示，也就无所谓批复。由此可见，批复与请示，是彼此相互对应的两种公文。请示，是上行文；批复，是下行文。没有下级机关的请示，也就没有上级机关的批复。批复与请示，是正式行政公文中唯一一对相关联的文种。这一特点，决定了在批复的撰写中，应该充分体现出批复对于请示的针对性。因此，可以说批复是一种针对请示的批答公文。它是专门解决请示问题的专用公文，其行文受到请示机关和请示内容的制约，行文关系和行文内容都是特定的。

二、批复的适用范围

批复“适用于答复下级机关的请示事项”。下级机关用请示向上级机关行文，上级机关即须以批复作出相应的答复。以批复的形式答复的请示事项，一般是比较重要但涉及面不是很广的事项。除了批复之外，答复请示事项还可以考虑选用其他文种。例如，国家工商行政管理总局呈报国务院的《关于在全国逐步推行经济合同示范文本制度的请示》，所写事项意义重大，涉及面广，所以国务院没有以批复的形式单独回复发文机关，而是由办公厅制发通知，将国家工商行政管理总局的请示转发给有关机关、部门和单位，在要求执行的同时，也就表明了对请示事项的态度和意见。

三、批复的特点

1. 具有专向性

批复针对着请示行文，批复的内容也针对着请示行文，而不针对别的文种；批复的内容对应着请示中的具体事项，与请示事项无关的内容则不涉及。这就是批复的专向性。

2. 具有针对性

上级机关批答下级机关的请求事项，往往是针对某一具体公文的具体问题作出的，一般不涉及其他问题。它是被动行文，不像指示是上级机关根据需要随时可以主动行文，且受文单位和内容具有广泛性。

3. 具有指令性

上级机关在批复里对政策所作的解释、提出的指导性意见以及表明的批准或不批准的态度，具有权威性和指令作用，下级机关必须遵照执行。

4. 具有政策性

批复对请示事项所作的答复，批准或不批准，都要以党和国家的政策为依据，要坚持原则，照章办事。

5. 具有单一性

批复单一性的特点体现在两个方面：一是发文对象的单一性。批复是一对一的下行文，是专门回复下级机关请示的，所以其受文对象就是请示单位。二是发文内容的单一性。请示是“一文一事”，批复则是“一文一答”。

6. 具有结论性

上级机关在批复中，必须作出明确、结论性的意见，写明“同意”或“不同意”，而不能含糊其词，似是而非。下级机关收到批复，必须照此执行。

7. 具有时效性

上级机关收到下级机关的请示后，要及时答复，否则就会误时误事。有些机关采取的对“收到下级机关请示后一周内不予答复则可视为同意”的规定，就是强调时效性，以提高办事效率。

四、批复的种类

1. 决定性批复

决定性批复，是批准下级机关的请示事项，作出行政决定的批复。

2. 指示性批复

指示性批复不但同意下级机关的请示，而且就请示事项的落实、执行或就事项的重要性、意义讲几点指示性意见，对下级的该项工作有指示作用。

3. 解答性批复

上级针对下级对法律、政策、规定、措施等的询问请示所作的批复，称为解答性批复。对有关法律、政策、法规的解答性批复，只能由被授权或有权解释的单位制发。本单位无权解释的可逐级往上请示，直到有权作出解释的单位。对下级机关询问性请示的解答，是一件很严肃的事情。因这种解答对下级具有指示性，是下级办事的凭据，所以解答不能想当然，而要有政策、法律或上级有关文件作依据。这种解答性批复要及时。

第二节　批复的写作技能

一、批复的写作格式

1. 标题和主送机关

批复通常由标题、正文、执行要求三部分构成。

(1) 标题

批复的标题一般为“发文机关＋主要内容＋文种”的形式。不同的是，批复往往在标题的主要内容一项中，明确表示对请求事件的意见和态度，而一般公文标题中的主要内容部分一般只点明文件指向的中心事件或问题，多数不明确表示态度和意见。

(2) 主送机关

批复的主送机关只有一个，即发出请示的下级机关。

2. 正文

这部分内容，由批复依据、批复事项、执行要求三部分组成。

(1) 批复依据

批复依据主要涉及对方的请求和与请求事项有关的方针政策、上级规定。

对方的请求是批复最主要的论据，要完整引用请示的标题并加括号注明其请示的发文字号。

上级有关的文件和规定是答复请示的政策和理论依据。可表述为：根据××关于××的规定，现批复如下。必要时，可标引文件名、文件编号和条款序号。如果下级请示的事项在上级文件和规定中找不到依据，这样的文字便不需出现了。

(2) 批复事项

针对下级机关请示所发出的指示，作出的批准决定，以及补充的有关内容，都属于批复事项。如果内容复杂，可分条表述，但必须坚持一文一批的原则，不得将若干请示合在一起用列条的方式分别给予答复。

(3) 执行要求

对下级执行批复的要求可写在结尾处，文字要简约。

二、批复的写作要求

1. 要注意专向性

由于批复具有很强的专向性，因此，批复的内容应紧紧扣住来文中请示的问题，给予指示或表明态度。答复问题要全面，不能只对部分请示事项作答复，而对其他部分不作表态。

2. 要有鲜明的态度

上级机关的批复，无论是解释政策，还是审批事项，是同意、不同意，还是部分同意，或是暂时不议，都要旗帜鲜明地表示态度，以便于下级机关有所遵循，以此开展工作。

3. 要有充分的理由

批复，无论是对有关政策作出解释，还是对求批事项表明态度，都要有充分的理由。所谓充分的理由，既可以是现行的方针、政策、法律、法规，也可以是客观条件、现实状况。

4. 要有时效性

领导机关应急下属机关之所急，接到请示之后，就要及时研究、及时批复，做到及时行文。

三、撰写批复应注意的问题

1. 拟写批复时要严肃、具体而明确。批复对执行机关来说就是指示。

2. 要有正式的书面请示才能批复，不得将口头或电话请示作为批复的依据。

3. 批复一般只给来文请示的单位。如有普遍意义，也可以同时抄送所属各单位。

4. 写作批复要有理有据。下级请示事项是多方面的，有些可能是涉及具体政策性的重大问题。批复时一定要进行周密的调查了解，掌握有关情况，还要熟悉有关政策法令和办事准则，反复研究后再给予答复。尤其要寻找政策依据，同意的，根据什么；不同意的，又根据什么，有理有据，对工作及批复的执行才有利。切忌简单、草率地回复。即便是不予同意的，也要说明理由，不能生硬否决而不说明理由依据。

5. 行文简洁。批复的篇幅一般不宜过长，要求简洁、概括、集中，文字简短、精当，将领导决定的意见表达清楚即可，不必作具体的分析和详尽的阐述。

6. 坚持一请示一批复的原则。这个要求与请示的“一文一事”相对应。只有做到“一请示一批复”才能增强针对性。同时要注意，只能在职权范围内批准、答复问题，否则即是无效批复。

7. 批复的意见要态度明朗。批复意见必须十分清楚、明白，态度明朗。同意或不同意或部分同意均要明确，措辞要恰当，语气必须肯定，用词必须准确，表述必须清楚。容易产生歧义的词不能用于批复的写作。另外，回复意见也要有针对性，围绕请示的问题来谈，对请示的问题要一一给予答复，既不能另找话题、说东道西，也不能只答复一部分而遗漏了一些内容。

8. 批复对象要明确。在所有的下行文中，唯批复的主送机关只有一个。在一般情况下，不能多头主送，更不能变单头主送为普发文件。

第三节　关于批复文种问题的解答

一、对请示的批复三种不同意见的写法

对请示的批复一般分三种意见：完全同意、不完全同意、完全不同意。意见不同写作也不同。

一是完全同意的批复可以不写同意的理由，只明确表态。

二是写不完全同意批复时先说明同意部分，再讲清不同意部分及其原因。

三是完全不同意的批复，一定要讲明不同意的理由和根据。因为对下级的请示有完全不同的理解，所以要在周密的思考和研究后，清楚、肯定、有针对性地答复下级请示，不能使用有歧义的词语。也可以在发文之前，先向下级单位讲明理由和依据。

二、批复和批转性通知有何区别

批复与批转性通知，都是上级单位针对下级来文所作出的答复和处理。二者的区别如下：

1. 下达范围不同

批复与批转性通知在下达范围上的区别表现为：批复是针对请示事项的行文，只下达给提出请示的单位；批转性通知则针对请示事项，下达给所有需要执行的下级单位。

2. 内容性质不同

批复与批转性通知在内容性质上的区别表现为：批复既可以是肯定性意见，也可以是否定性意见。而批转性通知则属于肯定性意见，它是在同意请示事项的前提下制发的，属于肯定性意见。

三、批复和复函有何区别

“批复”是上级机关针对下级机关的“请示”的答复，系隶属机关之间的行文；“复函”是行文单位针对对方的来函所作的答复，系不相隶属单位之间的行文。

四、批复和复函不分而错用的表现有哪些

1. 主管部门对询问问题或请批事项的不相隶属的单位错用“批复”行文

这主要是由于“函呈不分”的情况所致。按规定，一些业务主管部门对请求批准某一事项的不相隶属的单位行文时应用“函”（复函）而不应该用“批复”。然而，许多部门却自觉不自觉地用“批复”回文。这也是一个比较普遍且

难以纠正的问题。正因为这样，《党政机关公文处理工作条例》将函的适用范围增加了“答复审批事项”内容，可有效解决批复和函不分而错用的问题。

2. 上级机关针对直属下级机关的“请示”错用“复函”行文

这是一种比较特殊的情况。例如，《财政部关于废旧物资回收企业利润留成比例问题的复函》（财企字〔××××〕××号），是财政部针对××省财政厅请示的答复。很显然，不应该用“复函”而应该用“批复”。

五、批复与指示有什么区别

批复与指示都属下行文，且都具有指令性，其内容都要求受文机关执行。其区别在于：

1. 指示是给下级机关部署工作，并阐明工作的原则和方针，内容和表述较为原则和灵活；批复，是答复下级机关的请示事项，内容必须明确具体，表述要求准确果断。

2. 指示，是上级机关视工作需要主动行文；批复，则是上级机关针对下级机关的请示而发。

3. 批复的主送机关，是下级请示单位，有必要时，才抄送有关单位，受文面较窄；而指示，则是针对全局性问题而发，属普发文件，受文面广。

六、批复与通报有什么区别

批复与通报也都属于下行文，但批复是针对请示提出的问题，给予具体的切实的解决，提出指示性意见，具有指示性和决定性，请示机关要遵循批复的意见严格执行；而通报则着重于通过典型事例，发挥其激励、警戒和教育作用。

第四节　批复病例的分析与修改

一、对一份决定性批复的分析与修改

【原　文】

××市税务局批复

××税字（××××）第×号

××县税务局：

你局《关于××县工具厂申请免税问题的请示》（××税字〔××××〕第×号）收悉。经研究，批复如下：

××县工具厂，因去年年底受台风袭击，厂房损坏严重，影响生产。现同意

你局意见，对该厂给予免征工商税1年（××××年）的照顾。

此复

××××年××月××日

【分析与修改】

该份批复的问题主要出现在写作格式上。

1. 标题拟制不规范

批复的标题应为“发文机关＋事由＋文种”的形式。该文标题，即缺少批复事由。由正文看，应修改为“××市税务局关于同意××县工具厂免税的批复”。

2. 发文字号不规范

文中发文字号“××税字（××××）第×号”，根据《党政机关公文格式》，应将其修改为“××税字〔××××〕×号”。

3. 称谓“××县税务局”应顶格写。

【改　稿】

××市税务局关于同意××县工具厂免税的批复

××税字〔××××〕×号

××县税务局：

你局《关于××县工具厂申请免税问题的请示》（××税字〔××××〕×号）收悉。经研究，批复如下：

××县工具厂，因去年年底受台风袭击，厂房损坏严重，影响生产。现同意你局意见，对该厂给予免征工商税1年（××××年）的照顾。

此复

××××年××月××日

二、对一份指示性批复的分析与修改

【原　文】

对关于开展财经纪律大检查的请示的批复

××发〔××××〕××号

××县供销社：

你社《关于开展财经纪律大检查的请示》已悉。经研究同意你们的意见。

财经纪律大检查对于贯彻落实国家关于财会制度、财经纪律是十分重要的，特别是在实行经营承包制的情况下，更要严肃财经纪律。希望你们一定要向群众讲清财经纪律大检查的重要意义。

省社希望你们一定要按政策办事，对模范执行财经纪律的单位和个人一定要大力宣传，大张旗鼓地表扬、奖励、树立榜样；对于不按财经纪律办事的单位和个人，一定要查清事实，严肃处理，特别是对大案要案，一定要追查到底，决不放松，对于触犯刑法、刑事诉讼法的，要送交司法部门处理。省社要求县社一定要加强领导，排除一切干扰，把财经纪律大检查搞好、搞彻底。

省社拟派×××以观察员身份去指导这项工作。

××省供销社

××××年××月××日

【分析与修改】

此份批复的意见和提出的希望比较明确，但在标题和语言文字上还存在一些小问题：

1. 标题缺少发文机关，未说明这是谁对谁的请示的批复。结合整个内容来看，标题应修改为："××省供销社关于对××县供销社开展财经纪律大检查请示的批复"。

2. "财经纪律大检查对于贯彻落实国家财会制度、财经纪律是十分重要的，特别是在实行经营承包制的情况下，更要严肃财经纪律。"这句话实际上由两个分句组成。前一个分句说"贯彻落实财会制度"可以，但"贯彻落实财经纪律"则不妥。再看后一个分句：前一个分句强调的是"财经纪律大检查"，而后一个分句强调的却是"严肃财经纪律"。它们之间虽然有密切关系，但毕竟是两个不同的概念，这在逻辑上是犯了"概念混淆"的错误。这句话应修改为"财经纪律大检查对于贯彻落实国家财会制度、严肃财经纪律是十分重要的；在目前实行经营承包责任制的情况下，尤为必要"。

3. "对模范执行财经纪律的单位和个人一定要大力宣传，大张旗鼓地表扬、奖励、树立榜样。"这句话，"奖励"二字之前均通顺，问题出在"树立榜样"几个字上。说"要树立榜样"或"把××树为榜样"均可，但说"对×××树立榜样"则不通。修改时应将"树立榜样"几个字去掉即可。

4. "对于违犯刑法、刑事诉讼的，要送交司法部门处理。"此句的主要毛病：一是刑事诉讼法是规定刑事案件诉讼方面的法律，触犯了"送交司法部门处理"显然不妥，可删去；二是"处理"一词应改为"查处"，以免与上句重复。

5. 文字不够凝练。如：第二段最后一句用了"希望你们"；第三段开头用了

"省社希望你们"；第四段开头用了"省社要求县社"。文字重复、累赘。全文中的"对于"和"一定"等词用得也太多、太滥，可适当修改。标点符号错误，不一一列举，改稿时一并改正。

【改　稿】

××省供销社关于对××县供销社开展财经纪律大检查请示的批复

××发〔××××〕××号

××县供销社：

你社《关于开展财经纪律大检查的请示》已收悉。经研究，同意你们的意见。

财经纪律大检查对于贯彻落实国家财会制度、严肃财经纪律是十分重要的，在目前实行经营承包制的情况下，尤为必要。

希望你们在开展这项工作时，要向群众讲清财经纪律大检查的重要意义；要按政策办事，注意树立典型，对模范执行财经纪律的单位和个人要大力宣传，大张旗鼓地表扬、奖励；对不按财经纪律办事的单位和个人，要查清事实，严肃处理。特别是对大案要案，要追查到底，决不放松；对触犯刑法的，要送交司法机关依法查处。要求你们一定要加强领导，排除一切干扰，把财经纪律大检查搞好、搞彻底。

省社拟派×××以观察员身份去指导这项工作。

××××年××月××日（印章）

三、对一份解答性批复的分析与修改

【原　文】

关于在行政处罚决定中罚款金额计算问题的批复

（卫监发（××××）××号　××××年××月××日颁布实施）

××省卫生厅：

你厅×卫发（××××）××号文件收悉。现批复如下：

根据《中华人民共和国食品卫生法》第三十九、四十、四十二、四十三、四十四条和第四十五条的规定，在对上述条款所述违法的食品生产经营者进行罚款的行政处罚时，按以下方法计算罚款金额：

（一）对可以认定的违法所得，在处以违法所得最高倍数的罚款数额仍低于对没有违法所得罚款幅度的下限时，按照对"没有违法所得"处罚的罚款下限执行；

（二）对难以和无法认定的违法所得，按没有违法所得处理，在法定罚款幅度内，根据情节确定具体的罚款金额。

此复。

【分析与修改】

该份批复存在的问题如下：

1. 发文字号“（××××）”应改为“〔××××〕”，正文中的“（××××）”应改为“〔××××〕”。

2. “在对上述违法的食品生产经营者进行罚款的行政处罚时，按以下方法计算罚款金额”一句叙述太过笼统，因为上述条款有六个，而且这六个条款不可能全部是一个性质，更不可能全都按一个方法来计算罚款金额。因此，应将本句话改为“在对上述违法的食品生产经营者进行罚款的行政处罚时，应视具体情节，按以下方法计算罚款金额”。

3. “对难以和无法认定的违法所得”中的“和”应改为“或”。

【改　稿】

关于在行政处罚决定中罚款金额计算问题的批复

（卫监发〔××××〕××号　××××年××月××日颁布实施）

××省卫生厅：

你厅×卫发〔××××〕××号文件收悉。现批复如下：

根据《中华人民共和国食品卫生法》第三十九、四十、四十二、四十三、四十四条和第四十五条的规定，在对上述条款所述违法的食品生产经营者进行罚款的行政处罚时，应视具体情节，按以下方法计算罚款金额：

（一）对可以认定的违法所得，在处以违法所得最高倍数的罚款数额仍低于对没有违法所得罚款幅度的下限时，按照对“没有违法所得”处罚的罚款下限执行；

（二）对难以或无法认定的违法所得，按没有违法所得处理，在法定罚款幅度内，根据情节确定具体的罚款金额。

此复。

第五节　批复的写作范例

◎指示性批复

【范例】

关于组建××市劳务工联合工会的批复

××市劳动就业局：

你局《关于组建××市劳务工联合工会工作委员会的报告》收悉。经研究：

同意你单位成立××劳务工联合工会。×××同志任工会主任，×××同志任经审委员，×××同志任女工委员。（待条件成熟后成立经费审查委员会和女职工委员会。）

××市总工会

××××年××月××日

◎决定性批复

【范例】

关于成立××街社区工会的批复

××街社区：

你处《关于成立××街社区工会的报告》收悉，经审查符合《工会法》《中国工会章程》的有关规定，中街办事处总工会研究同意成立××街社区工会，工会委员会由×××、×××、×××、×××、×××5人组成。请接到批复后，即召开（代表）大会，选举产生工会主席、副主席。

××街社区工会成立后，要认真按照《工会法》《工会章程》的有关规定，尽快建立健全分工会的组织制度和工作制度，做好工会会员的接收、登记工作，建立工会档案，落实会员代表大会制度和职工代表大会制度，设立工会账户，切实帮助困难职工解决实际问题，动员职工为实现“××五”规划和建设和谐社区建功立业。

特此批复。

××街办事处总工会

××××年××月××日

◎法规性批复

【范例】

××省发展计划厅、省财政厅关于行政事业性收费管理问题的批复

××市物价局、××市财政局:

报来《关于我市已批准收费项目的请示》(海价字〔××××〕××号)收悉。经研究,批复如下:

一、根据国家和省政府的规定,行政事业性收费审批权限集中在中央和省两级政府部门。市县以下(含市县)政府及其所属的部门无权设立行政事业性收费项目和审批收费标准。你市凡不按此规定而审批的行政事业性收费应予以取消。

二、取消××市物价局(办公室)、××市财政局越权审批的下列收费项目和收费标准:

1. ××市物价办公室批复××市建设局《关于占道许可证收费的复函》(海价字〔××××〕××号)收取《占道许可证》工本费,每证50元。

2. ××市物价办公室批复××市公安局《关于提供人口信息服务收费标准的批复》(海价字〔××××〕××号)收取办理户口迁出、迁入、出生登记以及出国(含港、澳、台地区)注销登记暂按每人次6元的标准收取网络运行维护费;提供人口信息查询暂定每人次10元(含打印资料)、图像信息加收10元;提供人口信息统计数据暂定每页次25元。

3. ××市物价办公室批复××市广播电视局《关于收取有线电视用户缴费证工本费的复函》(海价字〔××××〕××号)收取《有线电视用户缴费证》工本费,每证2元。

4. ××市物价办公室、××市财政局批复××市城建监察大队《关于横额广告挂杆维修管理费的复函》(海价字〔××××〕××号)收取横额广告挂杆维修管理费,每幅30元。

5. ××市物价办公室批复××市公安局《关于收取出租屋门牌和住房出租安全许可证工本费的复函》(海价字〔××××〕××号)收取《出租屋门牌》工本费,每块20元;《住房出租安全许可证》工本费,每证15元。

6. ××市物价局批复××市公安局交通警察大队《关于道路交通事故处理收费的批复》(海价费字〔××××〕××号)收取摩托车免检铁牌工本费,每副10元;机动车入户前照相费,每车每次20元;事故照相费,一般事故每次50元,重大、特大事故每次80元。

三、中央和省政府明令取消的下列收费项目必须立即停止收费：

××市物价局批复××市公安局交通警察大队《关于道路交通事故处理收费的批复》（海价费字〔××××〕××号）收取道路交通轻微事故和一般事故处理费。

四、你市确需设立的行政事业性收费项目、制定或调整收费标准，应按程序报批。

第七章 指 示

第一节 指示概述

一、指示的概念

指示，是要求下属有关单位贯彻执行的下行文，但它没有命令（令）、决议、决定那样鲜明的强制和指挥色彩。它主要用于对下级机关布置工作，提出开展工作的原则和要求。

二、指示的适用范围

指示属下行文，“用于对下级机关布置工作，提出开展工作的原则和要求”。也就是说，指示主要适用于布置工作而不是其他方面，并且布置工作也不是事无巨细样样说到，只是提出一些原则和要求，工作具体如何开展，还须由下级机关根据各自的实际情况自主决定，所以，指示的文末往往有“望结合实际情况，认真贯彻执行”之类的结束语。

三、指示的特点

1. 具有较强的政策性

指示属指挥性公文，它是上级领导机关根据有关法律、法规对下级机关布置工作，其内容有很强的政策性，是搞好某项工作的基本依据。有些指示本身就是政策规定。

2. 具有原则性和灵活性

指示的内容不像命令那样硬性规定，强制执行。指示允许下级机关在服从指示原则的前提下，根据自己的实际情况，因地制宜地执行，也就是给下级机关留有掌握的余地，尤其是在方式方法上要允许有灵活性而不宜强求机械划一。

3. 具有突出的指导性

指示内容最突出的一点是要“阐明工作活动的指导原则”，它不仅要向下级机关布置某项工作，而且要着重说明做这项工作的缘由，下级机关应该怎样去做好这项工作，包括指导方针和原则、基本要求、方法步骤、注意事项等，其指导性在指挥性公文中显得最强也是最实际的。

4. 语言的平和性

指示的语言要与内容相适应，既明确坚定有原则性，又和缓有灵活性，不像命令那样强硬和决断。指示布置工作，阐明工作活动的指导原则，既讲清任务与要求，又讲清政策、方法、步骤和措施，说理充分，语气平和舒缓。

第二节　指示的写作技能

一、指示的写作格式

1. 标题

指示的标题都要采用公文标题最常规的写法：发文机关名称 + 主要内容 + 文种。如系紧急指示，可在文种前加“紧急”字样。

2. 正文

指示的正文一般由开头、主体、结尾三部分构成。

（1）开头

写发布指示的背景、原因、根据、目的、意义等。由于指示的针对性比较强，有时涉及的事件和问题很复杂，这部分的篇幅可以长一些。

（2）主体

指示的主体，包括工作任务、指导原则、方法步骤、措施要求等方面，一般都分条排列，写作的关键是条款归纳要适当，内容要完整，表达要简练明白。

（3）结尾

指示的结尾可重申意义、发出号召等。

二、指示的写作要求

1. 一般来说，在一篇指示的开头处，应用极其简明的文字，或说明制发指示的缘由、背景、依据与目的，或肯定成绩、指出工作存在的问题，或提出问题并强调解决这一问题的必要性、迫切性，或分析现在的新形势，指出在新形势下出现的新问题、面临的新任务。

2. 对要求下级应做什么、不应做什么，应明确指出。因为指示是用以阐发原则性问题的，涉及的主要是方向性、原则性问题，所以要求明令无误。

3. 写作指示时，应从实际出发，长短结合。该长则长、该短则短，可以数千上万言，也可以两三百字；可有开头、有主体、有结尾，也可无开头也无结尾，只有主体部分并列这么几个条段，甚至是全文由一段文字组成。

4. 写作指示时要力求生动。

第三节 关于指示文种问题的解答

一、指示的内容有哪些

指示的内容，有的是针对全局性的大政方针的指示，有的是用于解决局部性重要问题的指示，往往具有针对性、预见性，有的放矢地指出关键问题，体现对下级的领导与指导。

指示的内容须指出工作中要抓的关键问题，或要求注意解决可能出现的问题，阐明工作指导原则、有关政策方针、工作具体任务、工作总体部署与基本措施。

二、“指示”与“口头指示”有什么区别

指示与口头指示的区别如下：

1. 指示是严肃的下行公文，与领导人检查工作时的“口头指示”不同。口头指示一般代表个人意见，有时考虑并不十分成熟。

2. 中共十一届三中全会公报中指出：领导者的个人意见，不能叫作指示。因为指示是要执行的，而意见是可以商量的。这显然是要求领导干部的口头讲话要慎重，不要因为一些考虑尚未成熟的讲话而造成下级工作的被动或失误。

3. 在党和国家工作中乱发指示的教训应当吸取。在强调依法治国的今天，领导干部更应当谨言慎行。

三、“指示”和“命令”有什么区别

指示和命令的区别如下：

1. 适用范围不同

命令用于县级以上（含县级）国家机关及其领导人，其他机关不能发布命令；指示则用于党的机关，国家机关不用。

2. 文种性质不同

命令是强制程度最高、法定效力最强的指挥性公文，下级必须无条件执行；指示虽然也有较强的约束性，但是根据具体情况，允许下级机关在执行过程中有一定的灵活性。

3. 发布语气不同

命令的措辞严肃庄重，语气坚定，不容置疑；指示的语气相对比较平缓，注重说理和启发指导。

第四节　指示病例的分析与修改

对一份工作指示的分析与修改

【原　文】

中共××省关于加强信访工作的指示

党的××届×中全会以来，我省信访工作在落实党的政策、解决群众各种现实生产、生活问题等方面，做了大量工作，取得了很大成绩。但是，近一个时期，由于有些领导同志对信访工作的长期性和重要性的认识，有的地方在机构改革中削弱了信访工作机构和干部力量，致使群众反映的一些问题不能得到及时解决，出现了办案迟缓，重信重访，集体上访等问题。

处理信访问题，直接关系到成千上万人民群众的利益，是党密切联系群众的重要方法。是关系贯彻党的根本宗旨和贯彻国家宪法的大事，是各级党委和政府的一项经常性的政治任务。任何时候都不能忽视这项工作。

为了开创我省信访工作的新局面，更好地为两个文明建设服务，必须进一步加强信访工作，特作如下指示：

一、切实加强对信访工作的领导。各级党委和政府要经常把信访工作列入重要议事日程，有步骤、有检查，及时解决和研究工作中的问题。市、区、县都要把信访工作领导小组建立健全起来。县以上各部门、企事业单位，都要有一名主要领导同志主管信访工作。

二、充实信访工作机构。要选调一些党性强、作风正派、有一定政策业务水平的干部充实信访工作队伍，要保持信访干部的相对稳定，加强对他们的思想政治教育，关心他们的工作和生活，充分发挥他们的作用。根据工作需要，市地党委和政府可以联合设立信访办公室或分别设立信访处。县区一律设立局一级联合的信访办公室，由县区委办公室代管。

三、建立健全信访工作责任制，彻底改变无人负责现象，做到群众来信件件有着落，案案有结果。

要建立健全分级负责制。（略）

要建立健全归口办案制。（略）

要建立健全岗位责任制。（略）

各级各部门对上级交办或领导批示的信访案件，要及时组织调查处理。对于顶着不办、打击报复上访人员或因工作失职造成严重后果的，要追究责任。

四、各地要对信访工作进行一次检查，抓住重点案件，制定具体措施，指定专人限期解决。

对个别长期无理取闹、串联闹事、冲击机关和殴打工作人员的，由公安部门处理；对以上访为名进行诬告陷害的，要依法追究责任。

五、充分发挥来信来访的信息反馈、群众监督和保障人民民主权利的作用。要经常分析信访形势，及时了解群众反映，从中发现新情况、新问题，以便党委和政府部门及时解决。

××××年××月××日

【分析与修改】

这是一篇工作性指示，其内容无可挑剔。结构安排合理。主要病误是：

1. 标题发文机关名称有误

该标题为“中共××省关于加强信访工作的指示”，其中“中共××省”后应加个“委”字，即为“××省委关于加强信访工作的指示”。

2. 语意表述不清

如，第一段中的第二句话，前半句“但是……的认识”与后半句明显矛盾，是“认识”好还是“认识”坏？“认识”好，就不会写这份指示了。因此，只有“认识”不足，才会出现后半句讲的情况。

3. 词语使用前后倒置

如，“一、切实……”段中，“及时解决和研究工作中的问题”一句，只有在“研究”的基础上，才能“解决”。因此，本句应改为“及时研究和解决工作中的问题”。又如，“二”中的第一句话“充实与健全信访工作机构”语病同上，应改为“健全与充实信访工作机构”，并且要将具体叙述内容前后调整。

4. 用词不准确

“三”中的“建立和健全严肃的信访工作责任制”中的“严肃”应改为“严格”。

5. 标点符号使用错误

第一段中的末尾一句“办案迟缓，重信重访，集体上访”中的逗号应改为顿号；第二段中的“重要方法”后的句号应改为逗号，其他不一一列举，改稿时一并改正。

【改　稿】

中共××省委关于加强信访工作的指示

党的××届×中全会以来，我省信访工作在落实党的政策、解决群众各种现实生产、生活问题等方面，做了大量工作，取得了很大成绩。但是，近一个时期，由于有些领导同志对信访工作的长期性和重要性认识不足，有的地方在机构改革中削弱了信访工作机构和干部力量，致使群众反映的一些问题不能得到及时解决，出现了办案迟缓、重信重访、集体上访等问题。

处理信访问题，直接关系到成千上万人民群众的利益，是党密切联系群众的重要方法，是关系贯彻党的根本宗旨和贯彻国家宪法的大事，是各级党委和政府的一项经常性的政治任务。任何时候都不能忽视这项工作。

为了开创我省信访工作的新局面，更好地为两个文明建设服务，必须进一步加强信访工作。特作如下指示：

一、切实加强对信访工作的领导。各级党委和政府要经常把信访工作列入重要议事日程，有步骤、有检查，及时研究和解决工作中的问题。市、区、县都要把信访工作领导小组建立健全起来。县以上各部门、企事业单位，都要有一名主要领导同志主管信访工作。

二、健全与充实信访工作机构。根据工作需要，市地党委和政府、行署可以联合设立信访办公室或分别设立信访处。县区一律设立局一级联合的信访办公室，由县区委办公室代管。

要选调一些党性强、作风正派、有一定政策业务水平的干部充实信访工作队伍，要保持信访干部的相对稳定，加强对他们的思想政治教育，关心他们的工作和生活，充分发挥他们的作用。

三、建立和健全严格的信访工作责任制，彻底改变无人负责现象，做到群众来信件件有着落，案案有结果。

要建立健全分级负责制。（略）

要建立健全归口办案制。（略）

要建立健全岗位责任制。（略）

各级各部门对上级交办或领导批示的信访案件，要及时组织调查处理。对于顶着不办、打击报复上访人员或因工作失职造成严重后果的，要追究责任。

四、各地要对信访工作进行一次检查，抓住重点案件，制定具体措施，指定专人限期解决。

对个别长期无理取闹、串联闹事、冲击机关和殴打工作人员的上访人员，由公安部门处理；对以上访为名进行诬告陷害的上访人员，要依法追究其责任。

五、充分发挥来信来访的信息、反馈群众监督和保障人民民主权利的作用。要经常分析信访形势，及时了解群众反映的事项，从中发现新情况、新问题，以便党委和政府部门及时解决。

××××年××月××日

第五节　指示的写作范例

◎全局性指示

【范例】

社区工会关于认真做好第××次社区人口普查工作的指示

人口普查，是查清我国国情、国力的一项重要工作。准确地掌握我国人口的分布及构成情况，对于从我国实际情况出发，更好地进行社会主义现代化建设，安排人民的物质和文化生活，制定人口政策和规划，具有重大意义。为此，在××××年全国人口普查工作中，工会为了高质量地完成这次人口普查任务，特作如下指示：

一、社区工会和工会组织要切实加强领导。社区人口普查工作必须在工会的统一领导下进行。

现在，离正式普查登记的时间很短了。工会要全面检查一下各项准备工作的落实情况，切实解决实际工作中的问题，特别要注意选调得力干部，建立和健全人口普查制度和规范。社区要根据全国人口普查工作总的部署和要求，做好周密的安排，围绕提高人口普查资料的准确程度这个中心，做好各个环节的工作。

二、工会宣传部门要对人口普查的宣传工作作出统一安排，广泛深入地进行宣传动员，运用各种宣传手段，采取群众喜闻乐见的各种形式，宣传人口普查的意义、内容和要求，做到家喻户晓、人人明白，以取得全国各族人民的积极支持。

工会党员、干部都要以身作则，模范地执行人口普查办法，并向周围群众有针对性地进行宣传。

三、切实做好普查人员的选调和培训工作。人口普查是一项极为复杂、细致的工作，需要及时组织大量人员包括普查员、编码员、录入员的队伍，才能顺利进行。在短期内组织和培训好这样一支队伍。

四、节约办普查。人口普查经费要在保证完成普查任务的前提下，普查经费除财政部拨一部分外，不足的由工会财政解决。普查所需要的物质条件，计划、商业、物资、交通、电力等部门要予以保障。

××社区工会

××××年××月××日

第三编

知照类公文写作

第八章　公　报

第一节　公报概述

一、公报的概念

公报用于公开发布重要决定或者重大事件。与公告相比，公报的内容通常更为详细具体。

二、公报的种类

1. 新闻公报

新闻公报是以新闻的形式将重大事件向党内外、国内外公布的文件。新闻公报往往由新闻机关在新闻媒介上公之于众，它的阅知范围没有限制，要求具有新闻的及时性和真实性，所以，有人认为它是一种新闻性公文。

有时两国政府共同发表的外事公报也采用新闻公报的形式。

新闻公报是新闻性公文，通常由标题和正文构成：

（1）标题

新闻公报的标题多仅标明文体，其发文机关或法定作者则见于正文。但属两国间发表的联合新闻公报，则要写出两国国名。

（2）正文

新闻公报是一种新闻告知性文体，正文一般先写明时间，再写事由，事由之后则是新闻公报的主要内容，或者是对事务的解释说明，或者是两国会议商谈的要点。新闻公报的法定作者属国家或政府授权的新闻机构，不必在正文之后特别标明。

新闻的真实性和及时准确性是对新闻公报写作的基本要求。

2. 联合公报

联合公报是政党之间、国家之间、政府之间就某些重大事项或问题经过会谈、协调取得一致意见或达成谅解后，双方联合签署发布的文件。这类公报中有一些双方认可联合签署的条文，比一般的新闻公报有更多的务实性内容。但联合公报和新闻公报之间的界限是很模糊的，有时甚至还可以合为一体。

3. 会议公报

会议公报是党政机关、人民团体或单位在召开重要会议后公开发表的一种文件。会议公报是公报的一种，应用范围比较专一。

会议公报通常由标题和正文两部分构成。

(1) 标题和题下标示

会议公报的标题由两部分组成，即发文机关（某次会议的全称）和文种（即公报）。标题下标明发布日期。

(2) 正文

会议公报的正文，通常在一开始有一段新闻性的报道，对会议举行的时间、代表情况、会议进程等作一些简要报道；然后再分条陈述会议讨论的重要议案及其形式的基本观点；最后是结束语，对大会的总体评价或祝愿、号召等。

会议公报报道的是重大会议的经过讨论的议案、决议等，写作时重点应放在对会议基本观点的陈述上。叙述要主次分明、重点突出，用语要准确、庄重。

4. 统计公报

统计公报是用于国家和政府统计机关发布国民经济、社会发展方面情况的一种公文。我国统计部门发表这类公报时通常以年度（或半年度）为计数的时间单位。地方的统计公报一般不对外，只在地方报刊发表。

统计公报由标题和正文两部分构成：

(1) 标题和题下标示

统计公报的标题由发文机关、事由（时间和公报的内容）和文种（统计公报）三部分组成，一般不能有省略。题下要准确标明发布该公报的时间。如属年度统计公报，标题的时间和题下标明的发布时间应相差一年。

(2) 正文

正文可分为概述和分述两大部分。开头的概述，一般要对公报公布时限内的情况加以综合介绍，简明扼要地分析原因，指出存在的问题。分述部分要详细介绍各方面的具体情况，通常都要对照上一年进行比较，以见其本年度、本阶段的发展、不足。有的统计公报在结尾还要针对存在的问题，提出一些简要的建议。

统计公报的法定作者和日期已见标题和题下标示，不必另外注明。

统计公报的数据是衡量一个国家或地区社会发展的重要依据，要准确可靠，保证其权威性。公布的内容要有选择性。统计公报的法定作者必须是国家和各级政府统计机关。

第二节 公报的写作技能

一、公报的写作格式

1. 标题

公报的标题由会议名称 + 文种构成。

2. 正文

开头部分，写明公报的时间、地点、人物、事件等叙述要素，要写得简明扼要、清楚明白。

主体部分，介绍公报中的议定情况和主要精神。

结尾部分，提出号召、希望和要求等。

二、公报的写作要求

1. 反映全貌

公报所涉及的都是重大事件、重要会议和重要决定，因此，在写作和文字阐述上一定要周密、完整、准确、严肃，照顾方方面面。

2. 突出重点

把写作重点放在对事件的陈述和观点的阐述上。要紧扣全文的核心内容来写，突出主旨，内容概要，切忌杂芜并陈。

3. 文字简明，层次清楚，使人一目了然

公报作为党和国家高级管理机关使用的公文，用以公布重大事件或重要决策。因此，它十分讲究用语的准确性和概括性。是什么，不是什么；应当怎么做，不应当怎么做，必须确切无误地传输给读者，而且要最大限度地使用概括性语言，用较少的文字涵盖丰富的内容，做到言简意赅，尽量压减公报的篇幅。当然，公报篇幅的长短也要根据内容的需要来决定，但总的要求是简明扼要。

4. 慎用文种

一般来说，公报内容应是重大的、严肃的，具有权威性。一般的事情不能用公报，即当报则报，不能滥用。

第三节 关于公报文种问题的解答

一、不同公报文种开头的写法有何区别

开头，即前言部分。事件性公报要求用最鲜明、最精练的语言概述事件的核

心内容，即何时、何地、发生了什么重大事件；会议性公报要求概述会议的名称、时间、地点、参加人员等；联合公报要求概述公报的由来，即在何时、何地、谁与谁举行了什么会谈或谁对谁进行了什么性质的访问等。

二、公报的主体部分有哪几种写法

主体是公报的核心内容，常见的有三种写法：第一种是分段式，即每段说明一层意思或一项决定；第二种是序号式，多用于内容复杂、问题头绪较多的公报；第三种是条款式，多用于联合公报。

第四节 公报的写作范例

◎新闻公报

【范例一】

中国和加勒比建交国外交部间第六次磋商新闻公报

（××××年××月××日）

××××年××月××日，中国和加勒比建交国外交部间第六次磋商在巴巴多斯首都布里奇顿举行。中华人民共和国外交部副部长王超和巴巴多斯外交和外贸部长玛克辛·麦克林共同主持了此次磋商。

参加磋商的加勒比国家有：安提瓜和巴布达、巴哈马国、巴巴多斯、多米尼克国、格林纳达、圭亚那合作共和国、牙买加、苏里南共和国、特立尼达和多巴哥共和国。

一、双方回顾了××××年第五次磋商以来，中加关系所取得的积极进展，同意为继续深化中加相互尊重、平等互利、共同发展的全面合作伙伴关系而努力，并就共同关心的国际和地区问题交换了意见。

二、双方同意将保持高层交往势头，推动各层级往来，扩大政府、立法机构、地方和青年之间的交流合作。双方积极评价中国和加勒比建交国外交部间磋商机制为促进中加关系发挥的重要作用，同意继续加强对话协商。

……

【范例二】

第二届中国—东盟新闻部长会议新闻公报

为深化中国与东盟面向和平与繁荣的战略合作伙伴关系，加强中国与东盟各国在新闻领域的交流合作，第二届“中国—东盟新闻部长会议”于9月15日在北京召开。中国和文莱、柬埔寨、印度尼西亚、老挝、马来西亚、缅甸、菲律宾、新加坡、泰国、越南东盟10国的新闻主管部门的部长或部长代表、东盟秘书处高级官员以及中国政府有关部门、中国媒体的代表出席了会议。会议围绕“加强信息交流、建设互利共赢的地区关系”这一主题，就加强中国与东盟在新闻领域的交流合作进行了广泛的探讨。

会议认为，明年将是中国与东盟开启对话进程20周年，近20年来，通过中国与东盟各国的持续努力，双方政治互信明显增强，经贸合作成效显著，文化交流不断深入，在国际和地区事务上相互协调配合，其他领域的合作也不断拓展和深化。在中国与东盟各国友好合作关系发展的进程中，新闻媒体积极传播信息、解疑释惑，促进相互了解，对推动中国与东盟关系的持续、健康、深入发展，以及东盟内部的沟通、协调与一体化进程，都发挥了重要作用。

会议强调，中国是世界上最大的发展中国家，东盟是全球最具经济活力和潜力的新兴地区之一。中国与东盟共同面临增进政治互信、维护亚洲和平的重大课题，共同面临消除贫困落后、谋求经济发展的艰巨任务，也共同面临不公正、不合理的国际秩序带来的挑战和竞争压力。当前，世界经济在经历国际金融危机后正逐步复苏，中国—东盟自由贸易区已全面建立，中国与东盟面向和平与繁荣的战略合作伙伴关系持续深化。面对这种形势，中国与东盟各国新闻部门应有更大作为，更加有力地营造有利于和平与发展的舆论环境。

会议表示，中国与东盟各国将充分发挥政府新闻部门推动作用，深化新闻领域的交流合作，积极推动双方媒体业和政府主管机构人员互访、交流和培训，努力开展媒体采访、影视节目内容交换、制作、推广、展播和发行等方面的合作，并经常性地就广播电视事务、媒体政策和互联网、手机等新兴媒体技术发展等问题进行协商和对话，努力为深化中国与东盟各国的友好合作关系营造良好的舆论氛围。

会议认为，第二届“中国—东盟新闻部长会议”是一次成功的会议，达到了深化中国与东盟新闻领域务实合作、实现互利共赢的目的，会议成果令人鼓舞。与会代表一致认为，本次会议是增进中国和东盟传统友谊的重要平台，丰富了中国和东盟关系内涵，将有助于推动中国和东盟各国的媒体更加广泛地传播和平、发展、合作、共赢、包容理念，促进中国与东盟面向和平与繁荣的战略合作伙伴关系，共同创造本地区更加美好的未来。

◎联合公报

【范例】

中非外长第二次政治磋商联合公报

根据中非合作论坛北京峰会建立的中非外长级定期政治对话机制，中国和42个非洲国家外长或代表于2010年9月23日在纽约举行第二次政治磋商。非洲联盟委员会主席应邀参加。

会议由中非合作论坛共同主席国中华人民共和国和阿拉伯埃及共和国共同主持。

中非双方就加强在国际事务中合作，推动落实千年发展目标，促进非洲和平与安全有关问题深入交换了意见，达成以下共识。

一、双方高度评价中非合作论坛成立十年来对引领中非友好关系全面、快速发展所发挥的重要作用，以及论坛为加强南南合作，促进共同发展，推动构建和谐世界作出的贡献；重申成员国致力于不断完善论坛机制建设，加强论坛框架下各领域务实合作，丰富论坛内涵，推动中非新型战略伙伴关系深入发展。

二、双方对论坛北京峰会后续行动得到全面落实感到满意，高度赞赏中国政府克服国际金融危机不利影响，在2009年沙姆沙伊赫举行的论坛第4届部长级会议上宣布了旨在加强中非合作的新举措。

三、双方积极评价自2009年11月以来落实《沙姆沙伊赫宣言》和《沙姆沙伊赫行动计划》取得的进展，重申中非将加强协调合作，推动第4届部长级会议各项成果得到有效落实，造福中非人民。非方赞赏中方扩大优惠贷款规模，欢迎中方提出将中非发展基金规模扩大至30亿美元，并逐步达到50亿美元，以支持扩大中国对非投资。

四、双方满意地注意到，尽管受国际金融危机不利影响，非洲经济仍保持积极复苏势头，并认为这一势头需进一步巩固。尽管非洲国家在国际事务中集体影响力上升，但相对于其政治经济潜力、面积和人口而言仍然不足。双方对恐怖主义、海盗行为、跨国有组织犯罪、气候变化的不利影响和国际金融危机等非洲面临的新挑战表示关切。为此，双方呼吁国际社会加大对非洲和平与发展的支持力度，以保障安全和稳定。

五、中方高度评价非洲联盟等非洲地区组织和非洲国家为自主解决地区冲突、维护地区和平与稳定所作的努力，将继续建设性地参与非洲热点问题的斡旋和解决，支持联合国安理会在帮助解决非洲地区冲突问题上发挥重要作用，支持并参与联合国在非洲的维和行动。在这方面，双方重申在联合国和非盟主导下开展非洲维和行动的重要性，愿加强有关人员培训合作，提升非洲在这一重要领域的能力。为此，中非双方呼吁国际社会和包括安理会在内的联合国机构，加强对非洲联盟维和行动的技术、资金和后勤支持。

六、中方重申支持非洲一体化进程，尊重非洲国家在实现一体化方式上的自主决定，将进一步加强与非洲地区经济共同体在重大国际和地区事务上的协调与合作，继续积极支持非洲联盟等地区组织的能力建设、非洲发展新伙伴计划实施和次地区经济融合。

中方欢迎非洲通过“基础设施发展计划”，继续将支持非洲基础设施建设作为中非合作的优先领域，愿为非洲大型基础设施建设提供力所能及的支持，以促进非洲社会经济发展和一体化建设。

七、中方赞赏非洲国家为推进千年发展目标所作的努力，尤其在普及小学教育、改善儿童和妇女健康等领域取得的显著进展；同时，注意到非洲按期实现千年发展目标面临巨大挑战。国际金融危机、气候变化等不利影响以及缺乏应对这些挑战的充足资源，特别是发达国家承诺提供的资源不足等因素，使这些挑战进一步加剧。中方呼吁国际社会特别是发达国家尽快兑现援助、减债等承诺，提供更多资金和技术支持，帮助非洲国家尽早实现千年发展目标。

八、双方积极评价中非通过中非合作论坛等渠道开展的贸易、援助、投资等合作对促进双方社会经济发展、落实千年发展目标所发挥的积极作用。中方在合作中将继续本着互利互惠和可持续发展原则，注重提高非洲产品附加值，扩大向非洲商品开放市场，进一步改善中非贸易结构，促进中非贸易平衡发展。双方强调国际社会再次努力，以公正、平衡的方式结束以发展为核心的多哈回合谈判十分重要，认为这将是扩大非洲国家致富和减贫的途径。

双方赞赏地注意到中国赴非游客数量增加；非方呼吁中国增加对旅游业的投资，认为这是促进非洲经济增长和深化中非文化交流的有效方式。

九、双方注意到世界在粮食安全问题上面临严峻挑战，强调发展中国家特别是非洲国家的粮食安全问题应引起国际社会更大关注。双方关切地注意到新一轮食品价格上涨及其对非洲经济可能带来的负面冲击，呼吁国际社会重新关注并进一步努力解决食品价格上涨的深层次原因，以避免再次发生全球粮食安全危机。双方呼吁国际社会在资金、技术、市场、能力建设等方面加大对非洲国家的支持，同时采取积极措施帮助非洲国家应对气候变化给农业生产带来的影响。

十、中方支持非洲为提高农业生产水平，积极推行农业政策和机制改革以及实施非洲发展新伙伴计划项下的“非洲农业全面发展计划”的努力；重申将进一步加强与非洲国家的农业和粮食安全合作，特别是通过扩大农业投资、基础设施建设以及农业实用技术交流和转让等方式，帮助非洲国家提升农业生产和粮食安全保障能力。

十一、双方主张根据全面性、均衡性、渐进性、实效性原则改革国际金融体系，增加发展中国家的代表性和发言权，推动国际金融体系不断朝着公平、公正、包容、有序的方向发展。国际金融体系改革应以集体的方式并根据明确和协商一致的原则加以推动。双方一致认为，非洲总体上在国际金融体系和新兴全球经济治理机制中的代表性不足。

双方重申有必要通过改革并优先增加非洲国家在联合国安理会和其他机构的代表性来加强联合国作用。为此，非洲国家赞赏中方在国际场合，特别是在联合国大会和联合国安理会对非洲正义和公平事业的支持。

十二、双方强调国际社会应坚持《联合国气候变化框架公约》及其《京都议定书》的原则和规定，特别是坚持“共同但有区别责任”原则，继续推进“巴厘路线图”双轨制谈判，推动年底墨西哥坎昆会议取得积极成果，包括就京都议定书第二承诺期达成一致；呼吁发达国家充分考虑非洲国家对提高适应气候变化能力的迫切需要，切实履行对非洲的资金和技术转让承诺。

十三、中国支持非洲国家在应对气候变化方面的合理诉求，与非洲国家共同努力认真落实论坛第4届部长级会议建立的中非应对气候变化伙伴关系，加强在应对气候变化领域的沟通协调以及相关科学研究、技术研发和人力资源等合作，支持非洲应对气候变化能力建设。

十四、双方强调中非外长政治磋商对于进一步增进双方互信，深化中非新型战略伙伴关系具有重要意义，将继续举行定期对话与磋商，加强中非在重大国际和地区问题上的沟通和协调。

◎会议公报

【范例】

中国共产党××省第××届委员会第××次全体会议公报

中国共产党××省第××届委员会第××次全体会议，于××××年××月××日至××日在××举行。

出席这次全委会的有省委委员××人，省委候补委员××人。省纪委委员、省第××次党代会部分代表和有关方面负责同志列席会议。

全委会由省委常委会主持。省委书记×××代表省委常委会作了工作报告，省委副书记、省长×××作了总结讲话并部署了下半年经济社会发展的主要任务。全委会认真审议并一致同意×××同志代表省委常委会所作的工作报告。全委会高度评价西部大开发10年来我省经济社会发展取得的巨大成就，一致认为，西部大开发10年来，在党中央的正确领导下，省委团结带领全省各族干部群众，紧紧围绕建设绿色经济强省、民族文化大省和中国连接东南亚、南亚国际大通道三大目标，实施可持续发展、科教兴滇、城镇化和全方位开放四大战略，按照扎扎实实打基础、突出重点抓生态、调整结构创特色、依靠科技增效益、改革开放促发展、统筹兼顾谋协调、齐心协力建和谐的思路，突出又好又快发展这个主题，加快转变经济发展方式，全面推进经济社会发展和党的建设，不断加快建设富裕、民主、文明、开放、和谐××的步伐。西部大开发的10年，是××改革开放迈出新步伐的10年，是××综合经济实力大幅提升的10年，是××特色优势产业快速发展的10年，是××生态建设和环境保护取得显著成效的10年，是××各族群众得到实惠最多的10年，是××各族干部群众开拓进取、团结拼搏的10年。通过10年的艰苦努力，为建设更加美好的××打下了坚实基础。

全委会认真总结了西部大开发10年来我省取得的成功经验，强调指出，要实现富民强省，必须坚持科学发展观，始终把加快发展作为解决一切问题的根本途径，千方百计推动经济社会又好又快发展；必须坚持把保障和改善民生作为一切工作的出发点和落脚点，让各族人民共享改革发展成果，充分激发各族干部群众的积极性和创造性。

必须坚持走符合省情特点的发展路子，切实发挥比较优势，创造性地贯彻落实中央的路线方针政策；必须坚持深化改革扩大开放，解放思想、开拓创新，不断增强发展动力和活力；必须坚持发挥社会主义制度的政治优势，不断巩固全省各族人民的大团结，形成科学发展、和谐发展的强大合力；必须坚持全面加强和改进党的建设，不断提高党员干部领导科学发展的能力，为经济社会发展提供坚强有力的组织保障。

……

×××在总结讲话中围绕会议精神的贯彻落实，就当前和今后一段时期的重点工作，提出4个方面的要求。一是要再接再厉，狠抓落实，确保完成今年各项目标任务。在上半年取得的来之不易的成绩的基础上，下半年要高度重视做好抗大旱、防大汛、抢大险、救大灾工作，确保农业增产和农民增收，进一步抓好工业生产和节能减排工作，狠抓流通业发展，想方设法增加投资，全力以赴保障和改善民生。二是要抢抓机遇，扩大开放，全力推进我国面向西南开放桥头堡建设。积极推进桥头堡建设的前期工作，争取国家尽早出台指导意见和专项发展规划，切实加强项目和政策衔接，充分发挥桥头堡建设对我省加快发展的动力作用，进一步打造开放合作平台，积极推进“走出去”战略。三是要科学谋划，系统设计，精心编制好“十二五”规划。要科学确立发展思路，合理设计发展目标，高度重视工业化和城镇化这一发展抓手，调整优化空间布局，认真规划一批重大项目，着力推动政策创新。四是要吃透精神，把握内涵，在提高认识、厘清思路、谋划措施、推动工作上下功夫，全力推进新一轮西部大开发的实施。

◎统计公报

【范例】

××市××××年统计公报

××××年，市委市政府在上级党委、政府的正确领导下，团结带领全市人民，坚持以科学发展观统领经济社会发展全局，按照“全党抓经济、全民抓创业、关键上项目、努力创环境、党建作保障”的要求，齐心协力战危机，千方百计保增长，一心一意惠民生，经济社会发展取得了新成绩、实现了新突破，国民经济总体呈现持续、健康、较快的发展态势。

一、综合

全市国民经济较快发展。据初步核算，全市地区生产总值累计完成348亿元，比上年增长13%。其中，第一产业增加值170300万元，增长6%；第二产业增加值2411000万元，增长13.5%；第三产业增加值898700万元，增长11%。一、二、三产业增加值占地区生产总值的比重分别为4.9%、69.3%、25.8%。

市场物价微幅上涨。全年居民消费价格总指数比上年上涨2.8%。从八大类居民消费品价格全年变动情况看，居住类价格上涨幅度较大，比上年上涨17.5%；医疗保健和个人用品类、娱乐教育文化用品及服务类、家庭设备用品及维修服务类分别比上年上涨4.2%、3.9%、2.1%；交通和通信类、食品类微幅上涨，分别比上年上涨1.4%、0.4%；烟酒及用品类、衣着类与上年相比，微幅回落，分别比上年下降0.2%、0.8%。

二、农业

农村经济稳步发展，农业基础地位不断加强。全年粮食总产量289707吨，比上年增长0.28%，其中夏粮总产量147556吨，增长0.44%；秋粮总产量142151吨，增长0.11%。蔬菜产量332269吨，增长17.41%；花生产量44717吨；瓜果产量23792吨。

农业生产条件继续得到改善。年末全市机械总动力85.19万千瓦，比上年增长6.2%。农用拖拉机、农用运输车分别为1.73万台、2.86万台。全市机耕面积、机播面积、机收面积分别达到3.92万公顷、5.97万公顷、3.85万公顷。全年农村用电量41554万千瓦时，比上年增长4.41%。化肥使用量（折纯）37859吨，比上年增长0.79%。

三、工业和建筑业

工业经济逆势增长，实力进一步增强。××××年，全市工业实现增加值2252787万元，比上年增长10.7%，其中规模以上工业增加值1792687万元，增长13.7%；规模以下及个体工业增加值460100万元，比上年增长4.1%。在规模以上工业中，市内工业增加值1576601万元，增长15.3%；烟厂增加值216086万元，增长3.3%。

规模工业经济主要行业全部呈现增长态势。六大行业中，食品制造业、烟草制品业、化学原料及化学制品制造业、医药制造业、非金属矿物制品业、电力热力的生产及供应业分别完成增加值199736万元、216086万元、105839万元、61348万元、415305万元、16762万元，比上年分别增长18.7%、3.3%、20%、0.4%、9.3%、0.6%。

规模工业经济运行的质量较好，效益显著提高。全市规模以上工业实现利税148.7亿元，比上年增长22.8%。产销衔接状况较好，产销率达到98.4%。

建筑业快速发展。全市建筑业实现增加值99326万元，比上年增长20.8%。

四、固定资产投资

固定资产投资规模继续扩大，对经济发展的拉动作用非常明显。全市完成全社会固定资产投资2579600万元，比上年增长22.7%。其中城镇以上固定资产投资2145281万元，增长29.1%；农村农户固定资产投资131187万元，比上年增长10.8%。

房地产开发投资完成249987万元，增长6.7%。商品房开工量42.3万平方米，同比下降16.9%；商品房成交量47.59万平方米，同比增长38.1%；商品房市场成交额6.71亿元，同比增长30.9%。新建经济适用住房5.2万平方米、廉租住房360套，对155户符合廉租住房条件的家庭落实了住房补贴。

五、国内贸易和对外经济

消费市场繁荣活跃，内需外贸稳步攀升。××××年完成社会消费品零售额962440万元，比上年增长18.6%。其中，批发业126939万元，增长17.2%；零售业675598万元，增长15.7%；住宿和餐饮业128703万元，增长38.2%；其他行业31200万元，增长18.2%。万村千乡市场工程和家电下乡工程成效明显，新增日用消费品农家店86家，彩电、冰箱、汽车等销售势头良好。

招商引资取得明显成效，利用外资规模不断扩大。据市商务局统计，全年新招项目118个，招商引资到位资金55亿元，比上年增长21.5%；实际利用外资10121万美元，比上年增长26.5%；出口总额1660万美元，比上年下降12.9%。

六、交通运输邮电和文化旅游（略）

七、财政和金融

财政收入增长较快。××××年实现地方财政收入148941万元，比上年增长11%。其中，一般预算收入126912万元，增长23.2%；税收收入80009万元，增长22.9%；政府性基金收入22029万元，下降29.2%。全市财政支出215293万元，比上年增长21.5%。其中，一般预算支出199370万元，增长25.9%；政府性基金支出15923万元，下降15.7%。

金融机构存贷款继续增长。年末全市金融机构存款余额1079324万元，比年初增长34.5%，其中城乡居民储蓄存款余额740452万元，增长20.4%；金融机构贷款余额683423万元，增长46.1%。

八、科技和教育（略）

九、人口和人民生活

人口控制工作取得较好成绩。全年人口出生率为9.99‰，死亡率为5.24‰，人口自然增长率为4.75‰。年末全市总户数199281户，总人口626612人，其中女性303658人。总人口中，非农业人口160726人，占25.7%；城镇人口288242人，占46%。

城乡居民生活水平不断得到改善。××××年，全市农民人均纯收入8315元，比上年增长6.7%，人均生活消费支出4714元，增长15.9%。城镇居民人均可支配收入14401元，比上年增长8.9%，人均消费支出11299元，增长8%。

十、劳动和社会保障（略）

十一、环境保护

环境保护成效显著，城乡环境质量不断改善。城市环境综合整治定量考核再次获得全省县级市第一名，城区空气质量达到或优于国家二级标准的年度总天数为314天，达标率86%；城市集中饮用水源地水质达标率100%。全年主要污染物COD削减量872吨，SO_2削减量6501吨。

生态建设取得新进展，基本形成片、带、网、园、点交相辉映的绿色生态网络。完成造林绿化任务7.16万亩，建成林业生态村13个，新增公共绿地和草坪10.9平方米。

注：1. 本公报数据为初步统计数。

2. 公报中生产总值及各产业增加值绝对数按现行价格计算，增长速度按可比价格计算。

（附表略）

第九章　公　告

第一节　公告概述

一、公告的概念

公告的发布者一般是国家立法机关或行政领导机关，具有较强的权威性，有些还有强制性。公告的受文者十分广泛而笼统，行文关系不十分明确，原则上可以称为下行文。公告通过登录、张贴或广播的形式公开发表，公布国家权力机关的重要决策，宣布国内外人士需要周知的事项，有关重大事件的处理事项，以及对国内外有重大影响的礼仪活动安排。

二、公告的种类

按照有关法规文件和行政规章的规定，结合工作实际情况，公告按适用范围可分如下三类：

1. 国家机关“向国内外宣布重要事项”的公告；
2. 公布影响很大的专门事项的公告；
3. 向特定对象发布的公告。

除了上述三类情况外，机关、单位、团体公布其他事项时，则不宜采用公告，而要视性质和内容的不同，分别采用通告、布告、启事、海报和通知等文种。

三、公告的适用范围

公告适用于向国内外宣布重要事项或法定事项。

比如，《中华人民共和国全国人民代表大会公告》（××××年××月××日）宣布补选×××为全国人大常委会委员这一事项，这是发布选举结果的公告；《中共中央、全国人大常委会、国务院关于宋庆龄副委员长病情的公告》，是告知国内外公众普遍关心的情况的公告；《中华人民共和国海关关于简化进出口旅客通关手续的公告》，是海关总署向国内外有关人士宣布影响广泛的重大事宜的公告。

四、公告的特点

庄重性；慎重性；广泛性。

第二节　公告的写作技能

一、公告的写作格式

1. 标题

公告的标题，主要有三种形式：一是“发文机关＋文种”的形式，如“全国人民代表大会公告”“××银行公告”。二是“事由＋文种”的形式，如“××银行关于××的公告”。如对同一事情需要连续公告，要在标题之下，用圆括号依次编制文号。三是只写公文文种“公告”二字，而将发文机关的名称置于正文之后。

2. 正文

写作这部分内容时，要开门见山、直陈其事，写清什么时间、什么地点，将要进行或发生什么重大事件，由谁作出什么重大决定等内容。公告内容单一、篇幅不长，一般采取“篇段合一”式写法，即由公告的依据和公告事项两部分组成。最后以“现予公告”“特此公告”等惯用语结尾，也可不写。

3. 签署

即在正文之下写上发布公告机关名称的全称，若以个人名义发布，在姓名前要冠以职务名称。

4. 落款

以“公告”作标题时，应写明发布公告的单位名称及时间。如发布公告的单位名称在标题中已出现，则可省略。

5. 编号

公告在标题下往往要单独编出顺序号，如“第一号”“第二号”等。

二、写作公告应注意的问题

1. 文字严谨，语气庄重。因为发布公告是代表国家党政机关和部门。对象又是国内外的人民群众和有关机构，所以行文要缜密严谨，做到庄重严肃。

2. 公告宣布的必须是重大事件，不能将通告的内容用公告的形式发布。

3. 公告的文风一般是宏观叙述，不加议论。要简明扼要，言简意赅。公告不必过多地陈述意义和细节，不要说俏皮话，更忌讳夸张、比喻之类的修辞手法。

第三节　关于公告文种问题的解答

一、“公告”可分为哪几类

公告一般可分为三类。

1. 政府机关面向国内外发布的公告，如公布宪法的实施，公布国家领导人选举结果，公布国家领导人出访，公布重大科研成果等。

2. 公布重大事项的公告，一般是由政府的有关职能部门按程序发布，如涉外部门的专项公告；由政府依法规定的专业性公告；依据专利公布的申请专利的公告。

3. 向特定对象发布的公告，如依民事诉讼法规定，法院送交的诉讼文书无法送达本人时，可以发布公告。

二、个人可以使用“公告”公布事项吗

个人不可以使用“公告”公布事项。但如有事须公开告知，可视具体情况分别使用“广告”“启事”等。

第四节　公告病例的分析与修改

对一份发布性公告的分析与修改

【原　文】

××市人民代表大会公告

第×届××市人民代表大会第×次会议，于××××年××月××日选出：××市人民政府市长　×××。

现予公告。

××市第×届人民代表
大会第×次会议主席团
××××年××月

【分析与修改】

该份发布性公告虽然只有两句话，但却出现了两个小毛病：

1. 标题下缺发文字号。这类发布性公告不用像其他公文那样将发文字号写齐全，只写“（第×号）”即可。

2. 落款年、月、日应写全。

【改　稿】

××市人民代表大会公告

（第×号）

第×届××市人民代表大会第×次会议，于××××年××月××日选出：××市人民政府市长　×××。

现予公告。

××市第×届人民代表
大会第×次会议主席团
××××年××月××日

第五节　公告的写作范例

◎事项性公告

【范例】

××省“小金库”治理工作举报事项公告

××××年，对社会团体和国有及国有控股企业“小金库”治理工作已经全面开展，根据全省“小金库”治理工作总体安排，为充分发挥政策引导作用，确保“小金库”治理工作取得实效，现将××省“小金库”治理工作举报事项公告如下：

一、有关部门要认真做好举报的受理工作，建立举报登记和查处督办制度，指定专人负责，做到件件有交待、事事有着落。

二、有关部门要严格执行信访工作保密制度，切实保护举报人的合法权益，对打击报复举报人的，依法依纪从严惩处。

三、对举报有功的单位和个人，根据查出并已收缴入库的“小金库”资金、税款和罚款的金额，给予3%～5%的奖励，奖金最高额为10万元。

四、省和各市举报联系方式：

省治理“小金库”工作领导小组办公室（省财政厅）

×××－×××××××××

×××××××@163. com
中共××省纪律检查委员会
××××××××
××市治理“小金库”工作领导小组办公室（市财政局）
×××-×××××××××
××××××××. gov. cn
中共××市纪律检查委员会
×××-×××××××××
××市政风行风热线
××市审计局
×××-×××××××××
××××××××@tom. com
××市民政局（专项受理社会团体的举报）
×××-×××××××××
××××××××. gov. cn
××市国资委（专项受理国有及国有控股企业的举报）
×××-×××××××××
××××××××@163. com
××市治理“小金库”工作领导小组办公室（市财政局）
×××-×××××××××
××××××××@sohu. com
各市举报联系方式：（略）

××省治理“小金库”工作领导小组办公室
××××年××月××日

◎强制性公告

【范例】

公　告

根据国家工商行政管理局《广告经营资格检查办法》规定，凡经××省工商行政管理局核准登记，领取《广告经营许可证》的广告经营单位，均应按照本办法接受广告经营资格检查。现将××××年、××××年度未参加广告经营资格检查的广告经营单位名单予以公告。

自公告之日起，30日内无正当理由仍未到省工商行政管理局接受检查的，其《广告经营许可证》作废。

特此公告。

××省工商行政管理局

××××年××月××日

◎知照性公告

【范例】

全国人大常委会公告

最近，××等××个省市的人民代表大会、人大常委会分别选举、补选了××名第×届全国人民代表大会代表：×××、×××、×××等。全国人民代表大会常务委员会同意代表资格审查委员会的审查报告，确认×××等××人代表资格有效。

自第×届全国人民代表大会常务委员会第××次会议以来，第×届全国人民代表大会代表逝世××名：×××。辞职××名：×××、×××。

现在，第×届全国人民代表大会实有代表××人。

特此公告。

全国人民代表大会常务委员会

××××年××月××日

◎发布性公告

【范例】

××市人民政府关于废止市政府发布的政策性文件的公告

×政发〔××××〕××号

县（市）、区人民政府，市政府各委、办、局，各企事业单位：

根据省政府法制办、省发展和改革委员会、省中小企业局政法联〔××××〕××号文件要求，市政府组织有关部门对市政府发布的政策性文件进行了一次全面清理。按照国家法制统一的原则，本次主要清理不适应当前经济发展，与《行政处罚法》《行政许可法》相抵触、与 WTO 规则不相适应，或上位法修改或废止的政策性文件，现将废止（修改）的政策性文件目录印发给你们，目录中带※号的是需要修改的文件，自修改后的新文件下发之日起，该文件自行废止。请各地、各部门、各单位认真贯彻执行。

附件：废止（修改）政策性文件目录

××市人民政府
××××年××月××日

◎选举公告

【范例】

××市第十二届人大第一次会议选举×××、×××等为市人大常委会委员
（××××年××月××日）

××市第十二届人民代表大会第一次会议于××××年××月××日选举：

名单（略）

为××市第十二届人民代表大会常务委员会委员。

现予公告。

××市第十二届人民代表大会
第一次会议主席团
××××年××月××日

第十章　通　告

第一节　通告概述

一、通告的概念

通告的发布者通常是国家机关中的业务（职能）部门，也可以是基层单位、群众团体。行文关系既可以是下行文，也可以是平行文。

二、通告的种类

从内容的性质划分，通告有两种类型：

1. 制约性通告，这类通告主要用于要求一定范围的对象普遍遵守的某些事项，这类通告一般具有法规的性质，要求有关组织和人员严格遵守，而且要由行政领导机关来发布。

2. 知照性通告，这类通告主要用于告知大家某件事情，如发生的新情况，出现的新事物，以及需要大家知道的新决定等。这类通告大都具有专业性和单一性，往往不具有法规性质，但也有一定的约束力，各专业部门、社会团体和企事业单位等都可发布这类通告。

三、通告的适用范围

通告适用于公布社会各有关方面应当遵守或周知的事项。

通告通常用于发布就某一事项作出的规定，写入通告的事项要求人民群众或有关人员普遍了解或遵照执行。

比如，《中国人民银行关于发行四种金属人民币的通告》所公布的是广大人民群众应该普遍了解的事项；《深圳市人民政府关于严格禁止擅自以股票债券等形式集资的通告》所公布的就是需要有关部门和人员遵照执行的事项。

四、通告的特点

1. 具有广泛性

这是就通告的使用而言，一方面，通告的使用频率大大超过公告和布告；另一方面，通告的使用对象相当广泛，各级党政机关、社会团体和企事业单位都可以使用。

通告的内容可涉及国家的法令、政策，也可以用来公布社会生活中的一些具体事务，如更换自行车牌照、施工封锁交通等。

2. 具有普遍性

通告的使用频率很高，使用单位相当广泛，从国家领导机关到各级地方政府及基层企事业单位，都可以使用。

3. 具有法规性

通告一般是国家党政机关和企事业单位根据自己的职权范围发布，具有一定的法规性和行政约束力。它所通告的事项，有关单位或人员必须严格遵守或者周知。如1993年12月16日发布的《民航总局、公安部关于民航安全问题的通告》，对民航安全问题的有关单位和人员，特别是旅客具有法规效力和行政约束力，违反者要受查处；构成犯罪的，要依法追究刑事责任。

4. 具有强制性

有些通告所公布的事项要求普遍遵守，比如，法规政策的通告，这些通告就具有法规、法令的强制性、约束性。

第二节　通告的写作技能

一、通告的写作格式

1. 标题

通告的标题有三种写法：一是“发文单位名称 + 事由 + 文种”的形式，如“国家教委关于维护中小学正常教学秩序的通告”“水利电力部、公安部关于严禁在农村安装电网的通告”等，这样的标题使人一看便知通告的内容；二是“发文单位名称 + 文种”的形式，如“×××市通告”“×××市公安局通告”等；三是只写“通告”两字，这种情况适用于对外张贴或在报纸上发表。

2. 正文

这部分内容，一般包括通告的缘由、通告的事项、执行通告事项的要求等。缘由部分，位于正文开端，主要介绍通告的根据、原因和宗旨；接下来写通告事项，如事项较多，可采用条款式写法，把具体的规定和要求，用简明通俗的语言概括出来，表述上要求有纲有目，明确具体。

（1）通告的缘由

这部分内容主要用来表达发布通告的背景、根据、目的、意义。

(2) 通告的事项

这是通告的主体部分，文字较多，且内容较复杂。因此，为了做到条理分明、层次清晰，大多采用分条列项的写法。

(3) 通告结语

这部分写法比较简单，通常均冠以“本通告自发布之日起实施”或“特此通知”字样。

3. 落款

以“通告”作标题时，应写明发布通告的单位名称及成文时间，并加盖发文单位印章。如果发布通告的单位名称已出现在标题中，则可将单位名称省略，只标注成文时间，并加盖印章。

二、写作通告应注意的问题

1. 通告的撰稿者，要有政策观念，确保其不与现行政策抵触，不搞违反法律程序的“土政策”。

2. 因为通告可以用来处理带有一定专业性的公务，所以写此内容的通告，难免使用一些术语，但要注意尽量选择大多数人熟悉的行业用语，同时也要求撰稿者有一定的专业知识。

3. 内容一定要突出，给人以深刻的印象。通告的要求一定要具体，关键之处务必准确无疑，这样才能使受文者得其要领。

4. 通告一般可以张贴、见报，也可以以文件形式下达。

总之，写通告要“一文一事”，中心明确，符合党和国家的政策，不得与党纪国法相悖。“缘由”要有理有据，“事项”能阐明中心。

全文结构要严密，层次要清楚，有逻辑性，文字要明白、确切，语气要肯定、庄重，尽量少用专门术语，以便受文者理解或遵守。

第三节　关于通告文种问题的解答

一、通告和通报的区别有哪些

通告和通报的区别如下：

从通告和通报的内容和作用来看，通告所公布的应当遵守或周知的事项除具有传达和告知的作用外，更具有较强的制约性和严格的约束力，也多体现出较明显的法令性和政策性；通报的事项则具有较强的典型性和褒贬性，多由事例或情况构成。

从通告和通报的发文范围来看，通告的对象是社会各有关方面，比通报要广泛，既对群众，也对机关团体，对于一定范围内的上级机关同样有效；通报一般只对下级机关和所属单位。

从通告和通报的行文方式来看，通告多用张贴、登报或广播电视播发等形式公布；通报一般按法定公文严格的成文格式形成“红头文件”下发，偶尔刊登于报纸、简报。

从通告和通报的写作方法来看，通告要写得有纲有目，简明扼要；通报则以叙事为主，并应在写清事例或情况的基础上加以分析，也可得出结论，从而使人们从中得到启迪。

二、“通告”与“布告”在写作上有哪些相同点

通告与布告正文及结语基本相同。第一层次阐明通告的依据和目的；第二层次将通告的事项分项写出；第三层次是结语，多用“此告”“特此通告”等习惯用语作结。也可正文结束即结束，不再另附结语。

三、“通告”与“公告”有什么区别

首先，两者发布的权限不同。发布公告的机关一般级别较高，发布的权限窄；发布通告的机关级别有高有低，发布的权限宽。其次，公告的受文对象比通告广泛。公告的受文对象往往是国内外公众，而通告则是在一定范围内宣布应当遵守或周知的事项。最后，宣布事项的重要程度不同。公告宣布的事项重要，而通告宣布的事项重要程度相对要小一些。

四、通告和通知的区别有哪些

从通告和通知告知的对象来看，通告是要求遵守或周知的事项，大多简明扼要；通知是要求办理和需要周知或共同执行的事项，大多详细具体。通告一般比通知更具有法规性、政策性和强制性，要求有关单位和人员必须严格遵守；通知虽不排除法规成分，也有一定的政策性，但一般起指导作用，多用于指导下级工作或某项活动的开展。

从通告和通知告知的方式来看，通告多用张贴、登报或广播电视播发等形式发布；通知一般以文件形式印发，仅个别普发性文件由新闻单位公布。

从通告和通知成文的格式来看，通告没有各级机关通常使用的公文格式，没有像一般法定公文那样的文件版头，没有秘密等级、急缓程度等附加标记，有的段篇合一的简短通告可不写完全性标题，而通知的成文格式则比较复杂、严格。

如果不了解或不十分清楚通告和通知的区别，可能造成这两种文种的混用。

第四节 通告病例的分析与修改

一、对××团体年检的通告的分析与修改

【原 文】

××部关于××团体年检的通告

根据《社会团体登记管理条例》的规定，××部现将××××年×××团体年检工作通告如下：

一、凡经××部核准登记的×××团体，于××××年××月××日至××月××日到××部领取年检报告书，并接受年检。

二、办公场所设在外省、市的×××团体和跨省、市、自治区×××团体，参加民政部委托的省、市、自治区××部门的年检。

特此通告。

××部

××××年××月××日

【分析与修改】

这则通告存在一个不足之处：应明确对逾期不参加年检的将作出何种处理。

【改 稿】

××部关于×××团体年检的通告

根据《社会团体登记管理条例》的规定，××部现将××××年×××团体年检工作通告如下：

一、凡经××部核准登记的×××团体，于××××年××月××日至××月××日到××部领取年检报告书，并接受年检。

二、办公场所设在外省、市的全国性社会团体和跨省、市、自治区×××团体，参加××部委托的省、市、自治区××部门的年检。

三、逾期未参加年检的×××团体和跨省、市、自治区的×××团体，将由社团登记管理机关依据《社会团体登记管理条例》的规定和年检要求作出处理。

特此通告。

××部

××××年××月××日

二、对一份事项性通告的分析与修改

【原　文】

×××工商行政管理局　×××消费者委员会
关于在武术节期间开展“查禁制售假冒伪劣商品”活动的通告

为了维护正常的社会经济秩序，认真贯彻落实省、市有关指示精神，保护消费者利益，促进质量、品种、效益年活动的深入开展，以崭新面貌迎接×××国际少林武术节，经市政府同意，从现在开始，在全市范围内深入开展“查禁制售假冒伪劣商品”，现将有关问题通告如下。

一、检查的范围和内容。检查的范围包括从事生产、经销活动的工商企业、商店和个体工商户。其内容是：(1) 假冒商标、冒牌商品；(2) 掺杂使假、以次充好、以假充真商品；(3) 过期失效、变质的商品；(4) 无厂家、无商标、无出厂日期（食品无保质期）、无产品检验合格证的商品；(5) 所标明的指标与实际不符的商品；(6) 冒充优质或认证标志、伪造许可证标志的商品以及虚假广告；(7) 国家法律、法规明令禁止生产、销售的商品等。

二、各生产企业要严把质量关，严禁不合格产品出厂，严禁生产假冒产品，一经发现，从严查处。各批发企业要采取有效途径，严格报检验收制度，严禁假冒伪劣商品进入流通领域，一经发现，从严查处。各经销单位严禁销售假冒伪劣商品，一经发现，从严查处。各级工商行政管理部门要组织力量深入工商企业和个体工商户严格检查，抓住典型借助新闻媒介曝光。

三、“查禁制售假冒伪劣商品”活动采取宣传发动、自查自报、组织抽查和总结评比的方法进行，各有关单位见报后请于本月30日前到所辖区工商分局领取自查登记表，先进行自查。于9月5日前将自查登记表交所在辖区工商分局。对于不认真自查、弄虚作假者，将予以通报批评并按照有关规定从严处理。

××××年××月××日

【分析与修改】

该文是“×××工商行政管理局　×××消费者委员会”在一定范围内向人民群众公布的关于在武术节期间开展“查禁制售假冒伪劣商品”活动的事项性通告，标题拟制比较规范，问题出在语言文字的运用上。具体如下：

1. 开头第一句话应将上级的指示放在前面，即修改为：“为了认真贯彻落实省、市有关指示精神，维护正常的社会经济秩序，保护消费者利益……”

2. 第一段中的“质量、品种、效益年”应加双引号。

3. “在全市范围内深入开展‘查禁制售假冒伪劣商品’，现将有关问题通告如下。”一句有两处错误：一是应在逗号前加“活动”一词；二是句号应修改为冒号。

4. 第三段中前三句话后均带有“一经发现，从严查处”，既啰唆，又影响语言文字的简洁程度。故应将三句话合为一句，中间用分号隔开。另外，还应将本段中的“途径”一词改为“措施”。正确的叙述应是：“各生产企业要严把质量关，严禁不合格产品出厂，严禁生产假冒产品；各批发企业要采取有效措施，严格报检验收制度，严禁假冒伪劣商品进入流通领域；各经销单位严禁销售假冒伪劣产品，一经发现，从严查处。”

5. 第四段的“‘查禁制售假冒伪劣商品’活动”应改为“这次活动”。

6. 第五段中的“于9月5日前将自查登记表交所在辖区工商分局”这句话未表述完，不能说“将自查登记表”交上去就可以了，在这同时还得接受检查。因此，应修改为：“于9月5日前将自查登记表交所在辖区工商分局，接受检查。”

【改　稿】

×××工商行政管理局　×××消费者委员会
关于在武术节期间开展“查禁制售假冒伪劣商品”活动的通告

为了认真贯彻落实省、市有关指示精神，维护正常的社会经济秩序，保护消费者利益，促进“质量、品种、效益年”活动的深入开展，以崭新面貌迎接×××国际少林武术节，经市政府同意，从现在开始，在全市范围内深入开展“查禁制售假冒伪劣商品”活动，现将有关问题通告如下：

一、检查的范围和内容。检查的范围包括从事生产、经销活动的工商企业、商店和个体工商户。其内容是：(1) 假冒商标、冒牌商品；(2) 掺杂使假、以次充好、以假充真商品；(3) 过期失效、变质的商品；(4) 无厂家、无商标、无出厂日期（食品无保质期）、无产品检验合格证的商品；(5) 所标明的指标与实际不符的商品；(6) 冒充优质或认证标志、伪造许可证标志的商品以及虚假广告；(7) 国家法律、法规明令禁止生产、销售的商品等。

二、各生产企业要严把质量关，严禁不合格产品出厂，严禁生产假冒产品；各批发企业要采取有效措施，严格报检验收制度，严禁假冒伪劣商品进入流通领域；各经销单位严禁销售假冒伪劣商品，一经发现，从严查处。各级工商行政管理部门要组织力量深入工商企业和个体工商户严格检查，抓住典型借助新闻媒介曝光。

三、这次活动采取宣传发动、自查自报、组织抽查和总结评比的方法进行，各有关单位见报后请于本月30日前到所辖区工商分局领取自查登记表，先进行自查。于9月5日前将自查登记表交所在辖区工商分局，接受检查。对于不认真自查、弄虚作假者，将予以通报批评并按照有关规定从严处理。

××××年××月××日

第五节　通告的写作范例

◎工作通告

【范例】

××市总工会关于市区内工会经费由地税机关代征的通告

根据《工会法》《××省实施〈工会法〉办法》和上级工会组织、税务机关的有关文件精神，为将总工会经费收缴工作纳入法制化轨道，从××××年7月1日起，市区内工会经费由地税机关代征。××市总工会、××市地方税务局联合制定的《××市（市区）工会经费代征管理办法》已由市政府批准（《××市人民政府办公室关于印发〈××市（市区）工会经费代征管理办法〉的通知》，邢政办〔××××〕××号）。现将我市地税代征工会经费工作的有关事项通告如下：

一、自××××年7月1日起，××市市区（桥东区、桥西区、开发区）范围内，已建立工会组织的各级各类企业和实行企业化管理的事业单位（财政全额拨款的党政机关、事业单位除外），按照全部职工工资总额的百分之二由地方税务机关代征工会经费。

二、自××××年7月1日起，××市市区（桥东区、桥西区、开发区）范围内，开业满一年仍未依法建立工会组织的企业和实行企业化管理的事业单位，按照全部职工工资总额的百分之二由地方税务机关代征工会筹备金。

三、自××××年7月1日起，缴费人应于每月10日前（遇法定休假日按照《税收征管法实施细则》规定顺延）向其主管地方税务机关报送《企、事业单位拨缴工会经费申报表》。经主管税务机关审核签章后，将费款缴入××市地税代征工会经费征集专户，凭有效缴费凭证到××市总工会、××市地方税务局工会经费收缴服务大厅（地址：××南路××号）开具《工会经费拨缴款专用收据》，凭《工会经费拨缴款专用收据》在税前列支。

××市总工会

××××年××月××日

◎联合通告

【范例】

关于由税务部门代收工会经费的通告

根据《工会法》《民法通则》和中华全国总工会、国家税务总局《关于进一步加强工会经费税前扣除管理的通知》等有关规定，将工会经费收缴工作纳入法制化轨道，经自治区人民政府同意，决定从××××年1月起，由各级地方税务机关负责代收工会经费。自治区总工会和自治区地税局联合下发了《关于由地税部门代收工会经费进一步加强我区工会经费收缴工作的通知》（×工发〔××××〕××号）等有关规定，现将我市地税部门代收工会经费工作的有关事项通告如下：

一、××市地方税务局管辖的各县（区），各直属企、事业单位按规定计提的工会经费，应在每月15日前到所属县（区）地方税务部门申报缴纳。

二、凡没有按照规定申报缴纳工会经费的企、事业单位，自通告之日起，必须立即到所属地方税务部门申报缴纳工会经费，逾期未申报缴纳的将按有关规定处理。

特此通告。

××市总工会
××市地方税务局
××××年××月××日

◎表彰通告

【范例】

关于表彰优秀工会干部和工会积极分子的通告

××××年，资源与信息学院工会再次被评为××大学优秀部门工会，学院工会主席×××同志按照校工会奖惩条例被评为××大学优秀工会干部，其中×××同志被评为校级优秀工会干部；×××、×××等同志被评为校级工会积极分子；×××、×××等被评为资源与信息学院工会积极分子；×××被授予××××年度资源与信息学院工会工作特别贡献奖。

学院工会号召全体工会会员向上述同志学习，为学院工会工作、学院和谐发展及学院建设作出贡献。

资源与信息学院工会
××××年××月××日

◎招聘通告

【范例】

××县人民政府关于公开招聘高中教师的通告

（×通告〔××××〕××号）

根据我县一高、二高、一高分校教师岗位缺编实际，经研究，招聘硕士生和二本以上本科毕业生到高中任教，现将有关事宜通告如下：

一、招聘计划（35名）

一高25名：语文3名、数学5名、英语2名、物理3名、化学2名、生物3名、历史4名、地理2名、信息技术1名。

二高8名：数学2名、物理2名、地理1名、音乐（声乐）2名、美术（动漫设计）1名。

一高分校2名：地理1名、生物1名。

二、招聘条件和范围

1. 热爱教育事业，爱岗敬业，遵纪守法；

2. 全日制普通高等院校未就业的硕士生和二本以上毕业生；

3. 所报专业与所学专业对口；

4. 身体健康；

5. 已被招聘为特岗教师的毕业生不得报考。

三、招聘程序和时间安排

（一）资格审查

由招聘单位、人劳局、财政局、监察局、编办、教体局组成资格审查小组，对照招聘条件，对应聘人员的证件进行审查。招聘单位通知应聘者带身份证、毕业证、学位证、就业协议书、毕业生就业推荐表、其他有关证件原件和近期免冠照片3张到招聘单位进行审核，确认资格。

具体时间：5月13日上午8：00～12：00。

（二）笔试

由县人劳局、财政局、监察局、编办、教体局和各招聘单位共同参与、监督，按高招的有关要求组织考试，于5月13日下午3：00～5：00进行。

（三）初选

按笔试成绩从高分到低分以录用名额一定比例确定参加讲课人员名单。

（四）讲课面试

5月14日初选人员进行讲课面试。由招聘单位在县人劳局、财政局、编办、监察局、教体局的共同参与、监督下随机组织评委对讲课人员进行打分。

（五）预选

按笔试成绩的30%、讲课面试成绩的70%，从高分到低分按招聘名额1：1确定预选人员名单。

（六）体检录用

由招聘单位对预选人员组织体检，体检合格后正式签订就业协议。

四、组织领导

县政府成立由县委常委、常务副县长×××任组长；副县长×××，县政府党组成员、财政局局长×××任副组长；县政府办副主任×××，人劳局局长×××，编办主任×××，监察局局长×××，教体局局长×××为成员的县招聘高中教师工作领导小组，领导小组下设办公室，×××同志兼任办公室主任，具体负责招聘工作。所有招聘信息面向社会公开，发布在西峡政府网、西峡教育网上。对整个招聘工作进行全过程监控，确保招聘工作严格按照“公正、公平、公开”的原则顺利进行。如招聘工作中出现弄虚作假、徇私舞弊等行为，坚决予以查处，情节严重者报纪检部门处理。

五、原县教体局《关于招聘××××年高中教师实施方案》和各高中已发布信息与本通告不一致的，以本通告为准。

特此通告。

××县人民政府

××××年××月××日

◎审计通告

【范例】

关于印发《××省领导干部任中经济责任审计暂行办法》的通告

各市、县、区纪委、组织部、监察局、人事局、国资委、审计局，省委各部门、省直各单位：

为全面贯彻落实省委印发的《××省建立健全教育、制度、监督并重的惩治和预防腐败体系实施意见》，进一步推动全省经济责任审计工作的深入开展，现将《××省领导干部任中经济责任审计暂行办法》印发给你们，请遵照执行。

××省监察厅××省人事厅

××省国有资产监督管理委员会××省审计厅

××××年××月××日

××省领导干部任中经济责任审计暂行办法

第一条　为加强对领导干部履行经济责任情况的经常性监督，预警和防范领导干部违纪违法行为，根据中共中央办公厅、国务院办公厅关于印发《县级以下党政领导干部任期经济责任审计暂行规定》和《国有企业及国有控股企业领导人员任期经济责任审计暂行规定》的通知（×办发〔××××〕××号）、中共××省委关于印发《××省建立健全教育、制度、监督并重的惩治和预防腐败体系实施意见》的通知（×发〔××××〕××号）以及省五部门联合下发的《××省党政领导干部任期经济责任审计实施办法》和《××省国有及国有控股企业领导人员任期经济责任审计实施办法》（×审经责发〔××××〕××号）等规定，结合我省实际，制定本办法。

第二条　本办法所称领导干部包括：

（一）市、县、区、乡（镇）党政主要负责人；

（二）省、市、县、区党委各部门，政府各组成部、工作部门、特设机构、办事机构，以及有关人民团体和事业单位的主要负责人；

（三）市、县、区审判机关、检察机关的主要负责人；

（四）国有及国有控股企业领导人员（法定代表人）；

（五）纪检监察机关、组织部门认为应当进行审计的其他领导干部。

第三条　本办法所称任中经济责任审计（以下简称任中审计）是指受本级党委、政府或经济责任审计工作领导小组（联席会议）的指派，或纪检监察机关、组织部门等的委托，由审计机关依法依规对领导干部任职期内履行经济责任情况进行监督、评价和鉴证的活动。

第四条　逐步建立以任中审计为主，任中审计与离任审计相结合的经济责任审计工作机制。

第五条　领导干部任中审计应当根据其任职时间长短和对其监督管理工作的需要确定，一般任职二到三年审计一次。特殊情况下，可不受任职时间限制。

第六条　任中审计实行计划管理。每年年底，审计机关根据本级党委、政府或经济责任审计工作领导小组（联席会议）下达的审计指令，以及纪检监察机关、组织部门等提出的任中审计委托、建议，将审计项目列入下一年度的审计计划，并按审计计划管理的要求具体负责组织实施。上级部门临时交办或有关部门临时委托的审计项目，可在事后补列审计计划，纳入审计机关年度审计计划统一管理。

……

第十二条　任中审计结果可在一定范围内实行审计公告。经经济责任审计工作领导小组（联席会议）或组织部门同意，在保守有关秘密和遵守有关干部人事纪律的前提下，审计机关可将审计结果在一定范围内公告。

第十三条　本办法由省经济责任审计工作领导小组办公室（省审计厅）负责解释。

第十四条　本办法自发布之日起施行。

◎强制通告

【范例】

关于对犬只实施狂犬病疫苗强制免疫的通告

（××××年××月××日）

为了有效预防和控制狂犬病的发生，切实保障人民群众的身体健康和生命安全，根据《中华人民共和国传染病防治法》《中华人民共和国动物防疫法》和《××省规定动物疫病区管理条例》等有关规定，省政府决定对全省所有犬只实施狂犬病疫苗强制免疫接种。现就有关事项通告如下：

一、各市、县、自治县人民政府要按照属地管理原则，组织农业、公安、畜牧兽医、卫生等有关部门，集中力量，于××××年8月1日前全面完成本辖区内犬只的强制免疫工作，对经强制免疫的犬只由动物防疫监督机构发给动物免疫证明。

二、从××××年起，每年的6月至8月为全省犬只强制免疫时间。

三、各养犬人必须主动配合当地政府做好犬只强制免疫。对没有接受强制免疫的犬只以及饲养者不能出示动物免疫证明的，动物卫生监督机构可以进行隔离处理或者强制捕杀。

本通告自公布之日起施行。

××省人民政府

××××年××月××日

◎法规性通告

【范例】

关于整治违规使用地源热泵行为的通告

（×政布〔××××〕××号）

为创建国家环保模范城市，确保完成节能减排任务，依据《中华人民共和国水污染防治法》《中华人民共和国可再生能源法》《地源热泵系统工程技术规范》等有关规定，市政府决定从本通告发布之日起在全市范围内对违规使用地源热泵行为进行整治。现将有关事宜通告如下：

一、地源热泵使用单位应当于××××年8月30日前完成整改，确保地下水完全回灌地下，禁止将应回灌的地下水排入市政管网。

二、地源热泵使用单位务必于××××年7月30日前自行封堵地源热泵系统与城市下水管网连接管道。

三、地源热泵使用单位按要求，务必于××××年9月30日前完成相关行政审批。审批程序：

（一）建设单位到××市地源热泵规划建设管理办公室（办公室设在市城乡建设局）备案，凭出具的审批联单到相关部门办理审批手续；

（二）建设单位持水文地质勘查和水资源论证审查意见书到环保部门办理环境影响评价审批手续；

（三）建设单位到供热管理部门办理供热许可；

（四）建设单位到水务部门办理打井取水初审意见；

（五）建设单位到城乡建设管理部门办理建设审批手续；

（六）建设单位到质量技术监督部门办理压力容器安装告知手续和检验；

（七）建设单位到××市地源热泵规划建设管理办公室办理整改验收手续。

四、对未按要求封堵地源热泵系统与城市下水管网连接管道的单位，××××年8月15日前由水务部门依法强制进行封堵。

五、对逾期不能完成整改任务的单位，由建设行政主管部门强制关闭地源热泵机组。

特此通告。

××市人民政府

××××年××月××日

◎事项性通告

【范例】

××市人民政府关于印发××市承办××××年秋季全国糖酒商品交易会管理规定的通告

现印发《××市承办××××年秋季全国糖酒商品交易会管理规定》，请认真贯彻执行。

××市人民政府

××××年××月××日

××市承办××××年秋季全国糖酒商品交易会管理规定

第一章 总则

第一条 ××××年秋季全国糖酒商品交易会（以下简称糖酒会）定于今年10月在我市举办。为做好本届糖酒会的承办工作，根据《全国糖酒商品交易会章程》和国家有关规定，结合我市实际，制定本规定。

第二条 本届糖酒会以充分展示糖酒业企业形象，促进工商企业产品交易，搞活商品流通，繁荣活跃市场为宗旨，以“办好糖酒盛会，提升城市形象”为主题，把本届糖酒会办成富有特色、高效圆满的行业盛会。

第三条 本规定适用于本市辖区内宾馆、酒店（饭店）等接待服务单位以及一切与糖酒会有关的单位和个人。

第四条 糖酒会实行统一管理，统一布展，集中交易，统一收费标准。展区设在××国际会展中心和××舜耕国际会展中心。

第五条 为承办好糖酒会，成立××市××××年秋季全国糖酒商品交易会会务工作领导小组（以下简称糖酒会领导小组），全面负责糖酒会会务工作的组织领导。领导小组下设综合组、展场组、广告组和综合治理组，具体承担综合协调、新闻宣传、接待服务，展区规划管理，广告规划管理，市场秩序整治、交通疏导、消防、安全保卫等职责。

糖酒会各项具体工作规定由相关部门按照职责单独或联合发布并组织实施。

第二章 参展参会规程

第六条 按照自愿原则，国内外从事糖类、酒类、饮料、乳制品、调味品和相关食品生产经营以及从事食品包装和机械等相关产业生产经营的企业均可报名参展。

第七条 参加糖酒会的企业及相关代表、会务人员、新闻记者等，分别凭糖酒会领导小组统一制发的参展证、参观证、工作证、记者证及参观券进入展区。

第八条 糖酒会交易实行“集中布展，集中交易”方式。厂商参展，必须持有效证件到指定地点办理展位，并按有关规定布展和交易。参展商品必须是符合规定的合格产品。

第九条 参展企业和参会代表自带车辆进入市区，需到指定地点办理糖酒会通行证和专用车证。运输展品的货车按规定线路直接到展区统一规定地点卸货。糖酒会宣传彩车应按规定的时间和线路行驶。

第十条 糖酒会广告实行“统一管理，统一规划，统一收费，统一发布”的原则，由糖酒会领导小组广告组会同相关部门划定户外广告设置区。参展厂商发布广告，必须到指定地点办理有关手续，广告内容要符合相关法律规定。

第三章　管理规则（略）

第四章　监督管理（略）

第五章　文明服务

第二十条　围绕“办好糖酒盛会，提升城市形象”主题，全市各级、各部门、各行业、窗口单位要弘扬××精神，进一步增强文明意识，共同创造良好的社会环境，积极开展各类精神文明创建活动，展示文明××、和谐××、平安××的良好形象。

航空、铁路、长途客运等部门要提前制定工作预案和代表返程方案，增加航班、运力、车次，全力做好参会人员的往返等工作。

商业、宾馆、餐饮、娱乐、旅游、银行、通信、交通运输等窗口单位要积极开展文明、优质服务活动，为糖酒会提供优质高效的服务。

第二十一条　各新闻媒体要加强对糖酒会的宣传报道工作，坚持正面宣传为主，做好舆论引导和监督，积极营造糖酒会文明、公平、有序、和谐的氛围。

第二十二条　广大市民要大力弘扬××精神，树立东道主意识，做到文明、礼貌、热情，自觉遵守糖酒会各项规定，为塑造我市良好的城市形象作出贡献。

第六章　附则

第二十三条　本规定由糖酒会领导小组各工作组会同相关部门组织实施。

第二十四条　本规定自发布之日起施行，至糖酒会结束时止。

◎公布性通告

【范例】

关于加强市区段长江河道滩地管理的通告

各区人民政府，××新区管委会，市各委办局，各直属单位、企事业单位：

为了切实加强市区段长江河道滩地管理，保障河道工程的完整，确保河势稳定和防洪安全，根据《中华人民共和国防洪法》《中华人民共和国河道管理条例》《××省水利工程管理条例》等法律、法规的有关规定，现发布通告如下：

一、长江河道滩地是指长江主江堤迎水坡堤脚线与长江水域之间的过渡地段，是长江河道堤防工程的重要组成部分。

二、在市区段长江河道滩地上，禁止违法修建围堤、阻水渠道、阻水道路；禁止拆除或者损坏护滩、堤防工程设施；禁止倾倒废液、垃圾、残土或者果皮、烟头、包装物等其他废弃物污染滩地；禁止损毁护滩防浪作物或者砍伐堤防防护林；禁止种植高秆农作物、芦苇和树木（堤防防护林除外）等非防浪作物。

三、在市区段长江河道滩地上新建、扩建、改建的各类工程建设项目以及长江岸线开发、滩涂围垦等活动，建设单位在按照基本建设程序履行审批手续前，必须先经水行政主管部门审查同意。护堤护岸林木，由水行政主管部门营造和管理，其他任何单位和个人不得侵占、砍伐或者破坏。

四、市水行政主管部门应会同市国土资源、规划、环保等部门加强市区段长江河道滩地的管理和保护，对未经有关行政主管部门审批同意，在滩地上违法建设以及从事法律、法规禁止行为的，应当坚决制止并依法予以行政处罚。

五、本通告自××××年××月××日起施行。

××市人民政府

××××年××月××日

◎周知性通告

【范例】

关于公开招考财务总监的通告

××县财务总监管理中心，为全额拨款事业单位。现因工作需要，面向全市公开招考财务总监4名，其中男性3名，女性1名。招考计划数和报名人数的比例不足1:3的，按比例核减招考计划。

一、招考条件、范围、对象

（一）坚持四项基本原则，热爱本职工作，遵纪守法，廉洁奉公，原则性强，具有良好的职业道德和敬业精神，社会信誉和工作业绩良好；具有财会专业知识和现代企业管理知识，熟悉国家财经法律、法规和制度，有较高的政策水平和较强的组织协调能力。

（二）身体健康，年龄为40周岁以下，本市户籍人员。

（三）具有大专以上学历和会计或审计中级以上专业技术任职资格，并符合下述条件之一：

1. 担任过企业总会计师、财务会计机构负责人1年以上；

2. 具有财经类研究生毕业学历，并从事企业管理或财务会计管理工作2年以上；

3. 从事会计或审计工作3年以上。

（四）对于符合上述条件并具有注册会计师、高级会计师资格的可免笔试直接进入面试。

二、招考办法

按照公开、平等、竞争、择优的原则，采取公开报名、统一考试、严格考核、择优录用的方式进行。

（一）报名

1. 报名时间：××××年4月3日。

2. 报名地点：县财政局国资科。

3. 报名材料：本人身份证、户籍证明、职称证书、学历证书、注册会计师全科合格证书的原件及复印件、工作经历证明以及近期免冠一寸照片2张。

4. 经资格审查合格者发给准考证。

（二）考试

1. 笔试：笔试内容为专业知识（考试范围：财务会计、国有资产管理、基本建设、经济法规等相关知识），满分100分。笔试成绩不计入总成绩，仅作为进入面试资格的依据。具体笔试时间、地点见准考证。

2. 面试：参加笔试人员按笔试成绩从高分到低分取男性前6名，女性前2名进入面试；具有注册会计师、高级会计师资格人员直接进入面试。面试成绩满分100分。面试时间、地点另定。

（三）体检、考核、录用。面试后，按面试成绩从高分到低分按1∶1.5比例确定体检对象。体检标准参照《××省国家公务员录用体检标准》，体检合格者组织全面考察后从高分到低分择优录用。

（四）本通告未尽事宜，由××县财政局负责解释（咨询电话：××××××××）。

××县人事劳动和社会保障局

××县财政局

××××年××月××日

第十一章　通　知

第一节　通知概述

一、通知的概念

通知是机关单位向特定的受文对象告知有关事项的晓谕性公文用于批转下级机关的公文、转发上级机关和不相隶属机关的公文、公布规章、传达要求下级机关办理和有关单位需要周知或共同执行的事项、任免和聘用干部。

二、通知的适用范围

通知适用于批转下级机关的公文，转发上级机关和不相隶属机关的公文，传达要求下级机关办理和需要有关单位周知或执行的事项及任免人员。

在现行公文中，可以说通知的用途是最为广泛的。它既可用于批转下级机关的公文，起到批准和指导的作用，如《国务院批转中国人民银行关于调整银行存款、贷款利息的报告的通知》，又可以用于转发上级机关和不相隶属机关的公文，起到传达或联系的作用；既可以用来发布行政规章，起到指挥和约束作用，又可以用来下发本机关起草的计划、意见、会议纪要等文件，起到运载作用；既可以用来提出要求下级机关认真办理或遵照执行的事项，起到法规作用，又可以用来布置工作，安排活动，起到指示的作用，如《××市关于开展全市夏季爱国卫生运动的通知》；既可以用来向下级机关告知事项，起到传达作用，如《国家科委关于召开全国高新技术产业开发区工作会议的通知》，又可以用来宣布干部的任免和聘用事宜，起到传递信息的作用，如《关于×××同志任职的通知》。总之，用途广泛，使用频率高，是通知的一个重要特点。

三、通知的特点

1. 功能的多样性

通知是党政机关公文中功能最多的文种：它可以用来发布法规规章、传达指示、布置工作、批转转发文件、晓谕事项、任免人员，等等。

2. 内容的综合性

大小内容、专题性或综合性内容，都可以发通知，而且篇幅可长可短，通知内容既可以说明一个问题或事项，也可以说明几个问题或事项。

3. 指导性

通知虽然可能用于同级或不相隶属机关的往来，但大多数是下行文，不能用于上行文（需要送往上级机关时可采用抄送的形式），而且，有些不适宜用命令、指示形式安排、布置工作的，多采用通知，因而通知具有一定的指导性。

4. 权威性

大多数通知总是有所要求，有所晓谕，使被通知者了解以便执行，因而也有一定的权威性。

5. 时间性

通知具有明显的时间要求，只能在一定的时间内产生效力。与其他公文相比，通知制发快捷、灵便，它对知办事项的时限要求最具体，也最严格，不能提前或推后。受文机关对需要办理或执行的事项，必须在规定时间内予以完成。一些需要特别强调的事情，还可用“紧急通知”，以增强紧迫感和重要性。

6. 应用的广泛性

与别的下行文相比，通知应用范围更广，特别是能够用于向平级或不相隶属机关行文。有时由于工作需要，两个以上机关还可以联合向各自的下属单位发“联合通知”；有些事项紧急而重大，需要广而告之，还可经过批准，在报纸、电视、广播、互联网上发布，可以不用文件形式下发。

通知在党政机关公文中是一种使用频率最高、适用范围最广的文种，它的广泛性体现在如下四点：

（1）通知的适用范围广泛，不受发文机关级别的限制，任何机关、部门都可以使用通知；

（2）通知的内容涉及面广，可以是国家大事，也可以是具体的工作事项；

（3）通知的作用也很广泛，既可以布置工作、发布指示、传达有关事项，又可以用来批转下级机关的公文或转发上级机关或不相隶属机关的公文；

（4）通知使用频率很高，占各级党政机关下行文总数量的一半以上。

7. 发布形式的灵活性

通知发布形式不受限制，既可以用文件形式印发，也可以载于报纸或以电台、电视台形式广播。

四、通知的种类

1. 告知性通知

告知性通知，又称一般性通知，它多用于上级机关向下级宣布某些应知事项。可以是告知某次会议的召开事项，也可以是宣布某个机构成立与撤销事宜，还可以是人事任免方面的事情，等等。凡上级机关要让下级机关与人员知晓的一般性事务，都可使用这种公文。

一般性通知通常由三部分构成。

（1）标题

一般性通知的标题可以由发文机关、事由和文种类别（通知）组成，也可以只写事由或发文机关与文种类别两项，个别日常小事的告知，仅写文种类别“通知”二字即可。一般性通知标题的写法，应根据内容的重要程度而定。

（2）正文

开头多数先写受文单位，再写通知内容。一般性通知的正文通常不很长，把需要交代的事项交代清楚即可，事项稍复杂的，一般分条陈述。有附件转发的，写清名称与份数。

（3）签署发文机关、日期。

2. 颁发性通知

颁发性通知，是指用来发布行政法规、规章和印发有关文件的通知。

3. 转发性通知

转发性通知是指用来转发上级机关、同级机关和不相隶属机关的公文的通知。

4. 指示性通知

上级机关宣布要求下级机关办理或执行的事项，但限于发文机关的权限，或因其内容不宜用命令（令）或决定的，可用指示性通知。这类通知又称规定性通知或布置性通知。

指示性通知由标题、正文和落款三部分组成。

（1）标题

指示性通知标题的写法，应包含发文机关名称、事由和文种类别（通知）。发文机关名称要用全称或习惯的简称。

（2）正文

指示性通知的正文，开头先顶格写受文单位，再按提出问题、分析问题、解决问题的结构顺序撰写。提出问题部分和分析问题部分要写清发文的原因或目的，用“特通知如下”承接下文；解决问题部分要分列通知的具体事项。

（3）落款

第三部分要写上发文机关和日期。

指示性通知内容带有指令性和规定性，言辞要注意严肃庄重、语气坚定，不容置疑。

5. 批示性通知

批示性通知属通知的一种，是领导机关在发布行政法规制度、领导重要讲话、下级机关的报告，或转发上级机关与同级不相隶属机关的文件时使用的一种公文。

（1）标题

标题中包括发文机关、事由和文种。发文机关即批转机关，事由属于发布、印发、转发的机关，要在标题中分别标明。

（2）正文

批示性通知的正文部分，先须写明受文单位，再分段写通知的缘由和通知的内容。在说明缘由之后，多用“特发通知如下”字样以承上启下。被批转、印发的文件和名称、主要内容必须在正文中明确反映出来，还应写明执行原文件的意义、要求和注意事项。

（3）签署发文机关名称、日期

批示性通知的写作必须在深刻领会原文件的基础上，写清对本机关、本地方工作的指导意义，评价原文要准确，布置任务和步骤要明确，切合实际。附件应标明，附于通知之后或另页附后。

6. 批转性通知

批转性通知是批示转发下级机关发来的公文的通知。

7. 发布性通知

发布性通知是用通知发布规章，以提高规章的法定效力，使执行单位认真贯彻的一种带有命令性和规定性的下行公文。

8. 知照性通知

知照性通知是向有关单位告知某件事情，交代有关事项时使用的一种告知性公文。

9. 事项性通知

事项性通知主要用于安排一般性具体事项，传达信息、交流情况时使用的一种下行公文。

10. 任免性通知

任免性通知是上级机关在任免下级机关的领导人或上级机关的有关任免事项需要下级机关知道时发出的一种下行公文。

11. 会议通知

会议通知，是用于召开某次会议而提前发文通知有关与会人员做好参会准备的公文，其用途仅限于通知会议的召开及有关事项。

12. 紧急通知

紧急通知，是党政机关对所属范围内的下级机关和单位，告知某些紧急事项而作出相应的指示部署时使用的一种公文。紧急通知必须是涉及面确实很广，需要大范围协同办理或者广泛注意的紧急事项，如防火、救灾、防汛，以及一些地方与军队、各级行政管理部门与公、检、法协同办理的紧急恶性犯罪案件等。

紧急通知文体由标题、正文、签署（落款）三部分构成。

（1）标题

紧急通知的标题也多由发文机关名称、事由和文种类别（紧急通知）组成，有时可省去事由和发文机关名称，但“紧急”二字必须标明。

（2）正文

紧急通知正文的结构：首先顶格写出受文单位；其次分段写清发布紧急通知的原因，要突出其紧急和事态的严重；最后写紧急通知的具体事项以及要求落实的措施。

（3）落款发文机关名称、日期

紧急通知的写作，对于缘由部分，既要突出“紧急”二字，可摆事实、数据作证，以引起足够的重视，但又不能夸大其词；措施和要求部分，要具体明确，切实可行。

第二节　通知的写作技能

一、通知的写作格式

通知一般由标题、主送机关、正文、落款和日期构成。

1. 标题：通知标题一般由发文机关名称、事由和文种三部分组成。有的还要根据具体情况写明“联合通知”“紧急通知”“重要通知”“补充通知”等。非正式文件处理的一般性通知，标题可直接标出文种。

2. 主送机关：在标题下、正文前顶格写受文的单位或个人。

3. 正文：通知正文包括通知缘由、通知事项、通知要求三部分。不同种类的通知其正文的写作有所不同，下面分别说明。

发布性通知的正文一般很简短，写明发布的意义和目的，提出执行的要求。如果在题目和正文中已指明所发布的文件名称，也可在正文后不再注“附件”的字样，直接将所发布的文件附在通知后即可。

指示性通知的正文包括两个部分：一是开头部分写明通知的缘由，可以写当前存在的问题，发本通知部分的意义，也可以写：“特发本通知”或“特通知如下”转入通知的内容。二是内容大多采用分条列项法，具体地提出要求和措施、办法。指示性通知一般不单独结尾，以正文的完结而结束。

会议通知的正文要具体全面。一般包括：召开会议的机关、会议名称、会议起止时间、地点、会议内容和任务、参加会议的人员范围和人数、入场凭证、报到时间及地点、与会人员须携带的文件材料、其他要求事项等内容。

任免通知的正文比较简单，只要写清决定任免的时间、机关、会议或依据文件，以及任免人员的具体职务就可以了。

一般性通知所涉及的事项比较具体，正文主要交代要办什么事，什么时间完成和要求等，有的告诉受文单位一些事项，以便工作联系，及时办理。

4. 落款和日期：在正文右下方写上发文机关名称和发文日期。

一般来说，通知是下行文，不能向上级机关、同级机关和不相隶属机关发通知。但在实际工作中，有时通知的事项不需要自己的下级单位知道，同时也需要同级机关或不相隶属机关了解，通知送交上级机关和其他单位，而不必向它们另发通知。

写通知一忌啰唆，二忌条理不清，三忌无谓的客套寒暄。通知是一种简洁明确的公文，决不能用写私函的方式来写通知。

二、写作通知应注意的问题

1. 熟悉通知内容

不同种类的通知，所要表述的内容是不同的，因此，要根据所发通知的类别，记述不同的情况。例如，拟写会议通知，必须熟悉和掌握会议的性质、类别、时间、地点、人数、范围、材料、事项、情况和要求十项内容。拟写规定性通知，必须熟悉和掌握有关规定的基本内容、目的、范围、界限、方法与要求六个方面的情况。拟写批语性通知，必须掌握有关的政策、法律，有关材料（文件）及其理论和实际等方面的内容。

2. 运用适当的表达方式

通知的标题、目的、要求，应以说明式方法表述，按照事物本身所固有的顺序说明，或依照事物性质、类别分条逐一说明，要体现出明白、清晰、顺序严整的特点。批语性通知的正文部分，应进行必要的论证，用高度概括和抽象的语言，指出批语性通知的意义与贯彻的关键所在。

3. 注意通知的语体色彩

通知所使用的语言属事务语体，这种语体有两个特点：一是文书习惯用语较多，如通知的起首语，常常习惯用“根（依）据”“按照”“由于”等词，说明依据和缘由。二是注意语言的准确性，不能产生歧义。如通知中常用“遵照”，需要学习其经验或借鉴其文件精神的用“比照”“参照”等词，这些词在词义的轻重、范围和程度上不完全相同，要严格区别。非常重要的文件执行时用“遵照”，较为重要的文件执行时用“按照”或“参照”。通知的宗旨在于务实和行动，拟写时要详略得当，简明扼要。

第三节 关于通知文种问题的解答

一、"通知"与"通报"有什么不同

通知与通报的区别在于：通知是通过具体事项的安排，要求下级单位执行或办理；通报则是通过典型事例，指导和推动下级工作；通知是有事即通知，通报则具有表彰或批评的作用；通知是下达给特定的一些单位，通报则一般是下发至全体下属单位。

二、向下级询问有关事宜，可否使用"通知"

向下级询问有关事宜不可以使用"通知"。因为不管是上级对下级，还是下级对上级，凡属询问事宜，均应使用"函"这个文种。

因为"通知"是知照性文种，是把上级的工作意图、要求告知下级并要求下级照此办理；而向下级进行询问，只是要下级对某一问题向上级作出说明，不存在贯彻执行的问题，所以要用"函"。

第四节 通知病例的分析与修改

一、对一份发布性通知的分析与修改

【原　文】

转发省人民政府关于学习《中华人民共和国森林法》的通知

各县人民政府，各县直单位：

现将《省人民政府关于学习〈中华人民共和国森林法〉的通知》印发给大家。望认真贯彻执行。

今年入冬以来，我省多次发生森林火灾，这与冬季风高物燥，不少群众意识淡薄的情况关系密切。各县要认真吸取经验和教训，若再发生这类事件，将追究主要领导的责任。

××市人民政府

××××年××月××日

【分析与修改】

此文属于颁发性通知。正文第一段文字要明确简洁；第二段的内容应紧紧围绕发布通知的事项和文章主旨，用于突出事态的严重性，理解并贯彻执行转发的文件的精神。同时还应结合实际问题，全面、有针对性地把学习宣传与客观存在紧密地联系起来，从而作出具体的规定及落实的相关措施。

【改　稿】

转发省人民政府关于学习《中华人民共和国森林法》的通知

各县人民政府，各县直单位：

现将《省人民政府关于学习〈中华人民共和国森林法〉的通知》印发给大家。望认真贯彻执行。

今年入冬以来，我省多次发生森林火灾，从根本上看，都是防火意识淡薄所造成的。各县要认真吸取经验和教训，按省通知的要求，结合实际组织好干部和群众学习宣传《中华人民共和国森林法》。通过学习宣传加强干部和群众的依法治林、护林的观念，制定出切实可行的政策措施，防止此类事故的发生。学习宣传时间，各县自行安排，学习情况必须在××月××日书面报县政府办公室。

××市人民政府

××××年××月××日

二、对一份颁发性通知的分析与修改

【原　文】

关于发布实施旅游发展规划管理暂行办法的通知

旅计财发（××××）××号

各省、自治区、直辖市、计划单列市旅游局，新疆生产建设兵团旅游局：

为加强旅游规划管理，充分发挥旅游规划在旅游开发建设方面的指导作用，促进旅游业健康持续发展，我局制定了《旅游发展规划管理暂行办法》，现下发给你们，请遵照执行。

国家旅游局

××××年××月××日

【分析与修改】

该份颁发性通知存在的问题如下：

1. 标题不规范。标题上的“旅游发展规划管理暂行办法”应加“《》”号。
2. 发文字号年份上的圆括号，应改为六角括号。
3. 有错字。“制定”应改为“制订”。

【改　稿】

关于发布实施《旅游发展规划管理暂行办法》的通知

旅计财发〔××××〕××号

各省、自治区、直辖市、计划单列市旅游局，新疆生产建设兵团旅游局：

为加强旅游规划管理，充分发挥旅游规划在旅游开发建设方面的指导作用，促进旅游业健康持续发展，我局制订了《旅游发展规划管理暂行办法》，现下发给你们，请遵照执行。

国家旅游局

××××年××月××日

三、对一份任免性通知的分析与修改

【原　文】

××省人民政府任免通知

关于任免×××等工作人员职务的通知

×政任××号

各市人民政府，各县（市、区）人民政府，省政府各部门、各直属机构，各大企业，各高等院校：

××省人民政府决定，任命×××为××省乡镇企业局局长；×××为××省环保局局长。

免去×××的××省乡镇企业局局长职务；×××的××省环保局局长职务。

××××年××月××日

【分析与修改】

该文是选自某书中的“任免性通知”。该篇公文字数虽少，篇幅虽小，但是还存在一处问题：

发文字号的年份未标注六角括号“〔〕”。发文字号应改为“×政任〔××××〕×号”。

【改　稿】

××省人民政府任免通知

关于任免×××等工作人员职务的通知

×政任〔××××〕×号

各市人民政府，各县（市、区）人民政府，省政府各部门、各直属机构，各大企业，各高等院校：

××省人民政府决定，任命×××为××省乡镇企业局局长；×××为××省环保局局长。

免去×××的××省乡镇企业局局长职务；×××的××省环保局局长职务。

××××年××月××日

四、对一份会议通知的分析与修改

【原　文】

××市人民政府人事局会议通知

各区（县）人民政府，市政府有关部门：

经市政府同意，定于2月20日在××召开全市人事工作会议。传达贯彻工作会议，总结××××年全市人事工作，研究部署××××年工作。具体事项通知如下：

一、参加会议人员

各区（县）分管人事工作的副区（县）长，人事局局长各1人。

二、会议时间、地点

会议时间：××××年××月××日

会议地点：××大厦

与会人员集体乘车参会，请于2月17日前将与会人员姓名、单位、职务等相关事项报人事局办公室。

电话：××××××××　传真：××××××××

联系人：×××、×××

附件：参加会议的有关单位名单

××市人民政府

××××年××月××日

【分析与修改】

该份《会议通知》存在问题如下：

1. 标题

一般来说《会议通知》的标题，应由“机关名称＋事由＋文种”的形式构成，但本文标题却将“事由”丢掉了。结合全文看，应将原标题改为“××市人民政府人事局关于召开全市人事工作会议的通知”。

2. 正文

(1)“传达贯彻……××××年工作”一句缺少宾语，造成句子成分残缺，正确的修改应是在“工作会议”后加“精神”一词；在“××××年工作”后加“任务”一词。

(2) 正文在第二项“会议时间、地点”时，“会议地点”就说“××大厦”不明确，在大厦的几层？哪个房间？“会议时间”只写年、月、日，也没交代是上午还是下午，太不明确了。

3. 结尾

落款处的“××市人民政府”后应加“人事局”三个字。

【改　稿】

××市人民政府人事局关于召开全市人事工作会议的通知

各区（县）人民政府，市政府有关部门：

经市政府同意，定于2月20日在××召开全市人事工作会议。传达贯彻工作会议精神，总结××××年全市人事工作，研究部署××××年工作任务。具体事项通知如下：

一、参加会议人员

各区（县）分管人事工作的副区（县）长，人事局局长各1人。

二、会议时间、地点

会议时间：××××年2月20日上午9：00

会议地点：××大厦五层第二会议室

与会人员集体乘车参会，请于 2 月 17 日前将与会人员姓名、单位、职务等相关事项报人事局办公室。

电话：×××××××　传真：×××××××

联系人：×××、×××

附件：参加会议的有关单位名单

××市人民政府人事局

××××年××月××日

第五节　通知的写作范例

◎颁发性通知

【范例一】

关于颁发××市防治职业性危害管理办法（试行）的通知

第一章　总则

第一条　为了控制和消除我市工业生产中粉尘、毒气、噪声、射线等各种职业性危害，防止发生职业病和职业中毒，保护广大职工在生产过程中的健康和安全，提高经济效益，特制定本办法。

第二条　本办法由各区、县人民政府，各级经济管理部门、主管部门和企事业单位（包括中央、省属企事业单位，乡镇、街道企业及校办工厂，中外合资经营和外资经营企事业单位）贯彻执行。

第三条　各级劳动、卫生部门和工会组织负责监督检查。

第四条　本办法中所指生产作业场所内尘毒等有关数据，以各级卫生防疫站或劳动、卫生部门认可单位的检测报告为准。

第二章　防治（略）

第三章　经费（略）

第四章　项目审查（略）

第五章　管理（略）

第六章　奖惩

第二十三条　主管部门和企事业单位，应把防治职业性危害的工作列为经济考核内容之一，对有下列表现之一的单位或个人可给予市一级的奖励。

1. 凡采用新技术、新工艺、新材料或新设备，推广或应用先进科学技术，对防治职业性危害作出贡献并有显著的经济效益或社会效益的。

2. 在防治某种职业性危害方面作出显著成绩，生产作业场所全部达到国家卫生标准并取得合格证的单位。

3. 发现事故预兆，及时采取果断措施，避免了尘毒大量外溢、严重危害和污染作业场所或急性中毒发生的。

4. 奖励分为表扬、记功、晋级、授予荣誉称号或发给一次性奖金。市里的奖励经费从罚款中列支；主管部门对企业的奖励费用可从企业罚款的返回款中开支；单位自行奖励的从奖励基金中列支。凡达到市以上水平的劳动保护技术项目，可申请科技成果奖或国家科学技术进步奖，也可以申请专利。

第二十四条 凡采用新技术、新工艺、新设备、新材料，生产用于劳动保护方面的产品，并经市一级鉴定认为在防治职业性危害方面有较好成效的，可视同新产品申请享受减免税。

第二十五条 对有下列情况之一的单位及责任者，给予必要的经济制裁。

……

××市人民政府

××××年××月××日

【范例二】

关于颁发《××市市区经营性建设用地规划容积率调整管理办法》的通知

各辖市、区人民政府，市各委办局，市各公司、直属单位：

现将《××市市区经营性建设用地规划容积率调整管理办法》颁发给你们，望认真贯彻执行。

××市人民政府

××××年××月××日

××市市区经营性建设用地规划容积率调整管理办法

第一条 为进一步规范经营性建设用地规划容积率的调整管理，维护建设市场的公开、公平、公正，创优服务发展环境，提高依法行政水平，根据国务院《关于加强国有土地资产管理的通知》、建设部《城市国有土地使用权出让转让规划管理办法》和××省建设厅、监察厅《关于切实加强经营性用地容积率规划管理和监督检查的通知》等有关规定，结合本市实际情况，制定本办法。

第二条 本办法适用于本市市区进行招标、拍卖、挂牌的经营性建设用地。

第三条　经营性建设用地出让前，市规划行政主管部门应根据有关规范要求和地块的实际情况，科学确定容积率和其他开发强度指标。

第四条　对同一地块的建设用地规划许可、规划方案审定、建设工程规划许可、建设项目竣工验收，核定的容积率指标及相应的总建筑面积应当一致。建筑面积的计算口径统一执行国家标准《建筑工程建筑面积计算规范》。

分期开发的建设用地，各期建设工程规划许可证确定的建筑面积的总和，不得突破规划设计条件和建设用地规划许可证的规定。

第五条　规划设计条件是政府出让土地的约定条件，其中容积率指标是规划设计条件的核心内容之一。土地一经出让，任何单位和个人都无权擅自更改规划设计条件确定的容积率。确需调整规划设计条件确定的容积率的，必须符合以下条件之一：

（一）城市总体规划（分区、专业）调整或修编造成地块发展条件变化的；

（二）因城市基础设施、公益性公共设施建设需要导致已出让地块的大小及相关建设条件发生变化的；

（三）国家和省的有关政策发生变化的。

符合以上条件的，在不影响国家利益和公众合法权益的前提下，市规划行政主管部门可以按照本办法规定的程序重新核定经营性用地的容积率指标。

第六条　容积率增幅在5%以内（含5%）的，按以下程序办理调整手续：

（一）建设单位向市规划行政主管部门提出调整容积率申请，陈述调整理由，并附规划建筑设计方案。

（二）市规划行政主管部门对调整容积率申请进行初审，并组织专家和市发改委、国土、建设、财政等相关部门对规划建筑设计方案调整的必要性和合理性进行论证，并向社会公示，必要时应组织听证；经专家论证、社会公示（听证），市规划行政主管部门认为确须调整容积率的，应提出调整建议并附论证、公示（听证）结论等相关材料报市人民政府批准。

（三）经市人民政府批准调整容积率的，建设单位必须与国土部门签订《国有土地使用权出让合同》补充协议，补交土地出让金差价和相关建设规费后方可办理后续的规划审批手续。

（四）规划设计条件的容积率调整突破控制性详细规划的，应当依法先行调整控制性详细规划。

第七条　容积率增幅在5%以上的，按以下程序办理调整手续：

（一）建设单位向市规划行政主管部门提出调整容积率申请，陈述调整理由，并附规划建筑设计方案。

（二）市规划行政主管部门对调整容积率申请进行初审，并组织专家和市有关部门对规划建筑设计方案调整的必要性和合理性进行论证，并向社会公示，必要时应组织听证；经专家论证、社会公示（听证）、市规划行政主管部门认为确须调整容积率的，应提出调整建议并附论证、公示（听证）结论等相关材料报市人民政府批准。

（三）市人民政府批准前，要组织市规划、发改委、建设、国土、财政、监察等相关部门和项目所在地区人民政府的主要负责人论证研究，决定是否予以批准。

（四）经市人民政府批准调整容积率的，建设单位必须与国土部门签订《国有土地使用权出让合同》补充协议，补交土地出让金差价和相关建设规费后方可办理后续的规划审批手续。

（五）规划设计条件的容积率调整突破控制性详细规划的，应当依法先行调整控制性详细规划。

第八条　提高容积率须补交土地差价。超出原规定容积率5%以内（含5%）的，其超出部分的土地出让金按常国土资发〔2005〕139号明确的补缴土地出让金标准执行补交；超出原规定容积率5%以上的，其超出部分的土地出让金按上述标准的2倍补交。

第九条　出现本办法第五条规定的情况，使得地块容积率的调减严重影响地块开发的，受让方可以退出土地，政府将全额退还土地出让金，并支付该期间的银行同期贷款利息。

第十条　市规划行政主管部门和市行政监察机关应当把经营性用地容积率规范管理纳入城乡规划效能监察的工作内容，加强督察。

第十一条　市规划行政主管部门进行建设项目竣工规划验收时，应当对建设项目规划审批档案的完整性、一致性进行检查，并重点审查建设用地范围内的总建筑面积是否符合规划许可确定的容积率和建筑面积。总建筑面积超过建设工程规划许可证核定的总建筑面积的，应当依法查处并抄告国土、建设、房管等相关部门。对于没有按规定整改到位、行政处罚未完成的建设项目，房产主管部门不予房屋产权登记。

第十二条　对市规划行政主管等部门工作人员在经营性用地容积率规划管理中玩忽职守、滥用职权、徇私舞弊、收受贿赂的，由其所在单位或者上级主管机关给予行政处分；构成犯罪的，移送司法机关依法追究刑事责任。对不按规定程序调整经营性用地容积率的，将依法追究有关人员的行政责任。

第十三条　本办法自颁布之日起施行。原《××市市区经营性建设用地规划容积率调整管理办法》（×政发〔××××〕××号）同时废止。

◎转发性通知

【范例】

××市××区教育局文件

×教发〔××××〕××号

××市××区教育局、卫生局
转发有关做好学校卫生保健工作文件的通知

区教育学院，各中、小学，卫校：

现将××市教育局、卫生局《关于做好学校卫生保健工作的通知》转发给你们，请遵照执行。当前，对学校卫生保健工作要引起高度重视，尤其是对保护学生视力、预防近视的工作，各校必须切实加强领导，下大决心采取各种有效措施，使学生的患近视率有所控制和下降。

××××年××月××日（印章）

◎指示性通知

【范例】

关于下达中国残联贫困残疾儿童抢救性康复项目
××××年救助指标的通知

各市残联、省直康复定点机构：

根据各市、各康复定点机构中国残联贫困残疾儿童抢救性康复项目××××年度实施情况，结合我省实际，经研究对国家抢救性康复项目康复定点机构做部分调整，按调整后结果将××××年度救助指标下达各市及各康复定点机构，并就有关问题通知如下：

一、各市、各康复定点机构要严格按照省残联、省财政厅《关于印发〈贫困残疾儿童抢救性康复项目××省实施方案及配套实施办法〉的通知》（×残联〔××××〕53号）和省残联《关于进一步加强对贫困残疾儿童康复救助项目管理工作的通知》（×残联〔××××〕××号）文件规定，认真组织项目实施。

二、各市、各康复定点机构要指导县级残联，充分利用社区康复服务网络，加大对0~6岁残疾儿童摸底调查和康复转介工作。各市特别是没有项目定点机构的市级残联，要积极向省直康复定点机构转介康复救助对象，协助做好救助对象审批工作，努力使当地符合救助条件的残疾儿童能够享受到国家项目的资助。

三、各市残联、省直各康复定点机构要于××××年11月15日前将经县、市残联审批盖章，拟确定为项目救助对象的《项目审批表》、户口本及家长身份证（复印件）、家庭贫困证明、医院诊断证明报省残联进行公示备案。公示无异议的正式确定为救助对象，由省残联通知各市和省直定点机构签订责任书，并进行康复训练。

四、各市、省直各康复定点机构要于××××年12月15日前开始将确定的救助对象相关信息及时录入《贫困残疾儿童抢救性康复项目数据库管理系统》，并于××××年7月31日前完成项目救助工作。

五、各市、各康复定点机构要通过举办项目启动仪式、新闻报道等多种方式，切实加大项目实施的宣传力度，及时上报救助对象典型案例、项目实施信息和活动图片、影像资料。要求各市每类救助项目上报的典型案例不少于1个，省直定点康复机构每类救助项目上报的典型案例不少于2个。项目宣传和信息报送将作为下一年度救助指标分配的重要依据。

××省残联康复部

××××年××月××日

◎发布性通知

【范例】

××公司紧急发布灾害性天气预警通知防范暴雨

8月9日，××公司紧急发布暴雨黄色预警通知，要求××公司所属各供电、基建单位立即通知所属有关单位，启动相关应急机制，加强灾害性天气监测和预警，及时掌握气象和地质灾害预报信息，安排好抢险队伍、救援装备、工器具、应急物资和交通后勤保障措施，认真做好各项应急准备工作，同时做好交通安全防护措施。这是今年××公司第一次发布灾害性天气预警通知。

8月9日6时50分，××省气象台发布暴雨黄色预警，8月8日20时至9日6时，鲁西北西部和鲁中西部已有8个县市出现50毫米以上的暴雨，其中4站降雨量在100毫米以上，聊城最大为215.6毫米。今天白天到夜间，德州、聊城、东营、滨州、济南、菏泽、济宁、泰安、莱芜、淄博、潍坊、烟台、威海有中到大雨，部分地区有暴雨或大暴雨，并伴有雷电，其他地区有雷雨或阵雨，雷雨时阵风7~8级。

通知要求××公司所属各单位要合理安排电网运行方式，做好事故预想，落实灾害预防、预警措施，确保电网安全稳定运行。加强低洼、河道和易冲刷、易滑坡区域输变电设施的巡查、监测和维护，利用远程图像系统加强对无人值班变电站的巡视检查，必要时采取加固、封堵措施，防止电力设施损毁和电力通信中断。一旦发生因暴雨、雷电、滑坡等灾害造成的输变电设备受损，要立即采取措施，确保党政机关、通信、防汛机构、煤矿和非煤矿山、交通等重点单位和重要、高危用户的可靠供电。切实加强配网和农网的防灾抗灾工作，暴雨时切断低洼地带有危险的室外电源。

通知要求××公司所属电建施工单位，要做好防洪、防淹、防滑坡等措施，雷雨期间停止室外工作。切实落实各项安全措施，加强抢修安全管理，确保抢修工作人身安全。加强抢修值班和95598客户服务力量，准备好应急发电车、发电机和油料，做好应急供电准备。按照《××电力集团公司灾害性天气应急预警管理办法（试行）》采取相应的预警行动，加强应急值班和信息报告工作，执行每天16时零报告制度，发生异常情况和突发事件，按规定立即报告集团公司。此次降雨已造成部分地区积水和城市内涝，请做好防暴雨、防雷电、防大风和防地质灾害工作，做好次生灾害的防范应对工作。

××电力集团公司

××××年××月××日

◎批转性通知

【范例】

市人民政府批转市科委关于加快我市软件产业发展实施意见的通知

各区、县人民政府，各委、局，各直属单位：

市人民政府同意市科委《关于加快我市软件产业发展的实施意见》，现转发给你们，望遵照执行。

市人民政府（公章）

××××年××月××日

◎批准性通知

【范例】

关于印发××省省级批准的行政事业性收费项目目录的通知

省直各部、委、办、厅、局，各州、市财政局、发展和改革委员会：

为加强行政事业性收费项目管理，促进依法行政，根据相关法律、行政法规，以及国务院、省人民政府及其财政、价格行政主管部门新增、调整、取消行政事业性收费的相关规定，现公布《××省省级批准的行政事业性收费项目目录》，并就有关事项通知如下：

一、根据《财政部国家发展改革委关于公布取消和停止征收100项行政事业性收费项目的通知》（财综〔××××〕××号）和《××省人民政府关于公布第八批取消省级批准的行政事业性收费项目的通知》（×政发〔××××〕××号）规定，取消驾驶员培训结业证工本费等73项省级批准的行政事业性收费。

二、根据《××省财政厅××省发展和改革委员会关于将部分行政事业性收费转为经营服务性收费的通知》（×财综〔××××〕××号）规定，将电化教育服务费等10项省级批准的行政事业性收费转为经营服务性收费。

三、根据《××省财政厅××省发展和改革委员会关于××市征收养犬管理费有关问题的通知》（×财综〔××××〕××号）、《××省财政厅××省发展和改革委员会关于事业单位应聘人员资格考试收费有关问题的通知》（×财综〔××××〕××号）和《××省财政厅××省发展和改革委员会关于批准收取从业人员卫生法律法规及相关知识培训费的通知》（×财综〔××××〕××号）等规定，新设养犬管理费、事业单位应聘人员资格考试费、卫生法律法规及相关知识培训费3项行政事业性收费。

四、根据《国务院关于加强预算外资金管理的决定》（国发〔××××〕××号）、《中共中央国务院关于治理向企业乱收费、乱罚款和各种摊派等问题的决定》（中发〔××××〕××号）等规定，行政事业性收费由国务院、省人民政府及其财政、价格行政主管部门审批。

今后，省级批准的行政事业性收费项目目录的增减调整，按照省财政厅、省发展和改革委员会的规定执行。

◎知照性通知

【范例】

清偿债务通知书

××公司：

××公司已于××××年××月××日被××中级人民法院依法裁定宣告破产。经审核，你单位尚欠××公司债务计人民币××××元。根据《中华人民共和国企业破产法（试行）》第二十五条、最高人民法院《关于审理企业破产案件若干问题的规定》第七十三条的规定，你单位应在收到本通知书后30日内向破产清算组清偿债务。如有异议，可在收到本通知之日起7日内请求××中级人民法院进行裁定，逾期既未清偿又未提出异议的，破产清算组将依法申请该人民法院强制执行。

特此通知。

××清算组

××××年××月××日

◎事项性通知

【范例】

××市人民政府关于加强××高速公路设施保护的通告

根据《中华人民共和国公路法》《××省实施〈中华人民共和国公路法〉办法》的有关规定，为保护国家财产安全，确保××高速公路在建和已建工程设施不受损害，现通告如下：

一、××高速公路征地红线内的一切公路设施属于国家公共财产，受法律保护，任何人不得以任何理由损害高速公路设施，破坏国家重点工程建设。

二、任何单位和个人不得损坏、擅自移动、涂改公路附属设施。高速公路管理机构要加强路政管理，对损坏、移动、涂改公路附属设施的行为，依法给予行政处罚，并追究民事赔偿责任；公安交通管理部门应当协调公路管理机构处理损害公路及附属设施的行为。

三、强拿硬要或者任意损毁、占用高速公路财产的，由公安机关按《中华人民共和国治安管理处罚法》第二十六条第（三）项予以处罚；情节严重，构成犯罪的，依法追究刑事责任。

在高速公路建设期间出现的有关水系路系的其他合理诉求，村民要通过村镇干部、协调指挥部等正常渠道反映情况，解决问题，不得阻工或损害公路设施。各级政府及协调指挥部要及时做好群众工作，协调化解矛盾，保障和谐的施工环境。

××××年××月××日

◎任免性通知

【范例】

关于×××同志任职的通知

院属各单位、院机关各部门：

经研究，决定×××同志任××科学院副秘书长兼国际合作局局长（其国际合作局局长的任期与院机关改革后首批任命的局长任期相同，至××××年××月届满）。

××科学院
××××年××月××日

◎公布性通知

【范例】

关于公布××区初中语文优质课评比结果的通知

各中学：

经过各学校推荐、片初赛、区决赛，××区初中语文优质课评比结果揭晓，具体公布如下：

一等奖

名单（略）

二等奖

名单（略）

三等奖

名单（略）

××区教师进修学校教研室
××××年××月××日

◎会议通知

【范例】

关于召开县（市）、区教育工会主席会议的通知

各县（市）、区教育工会，××开发区、××旅游度假区教育工会：

经研究，决定于××月××日召开县（市）、区教育工会主席会议。现将有关事项通知如下：

一、会议地点：××市××大酒店××楼××号会议室；

二、会议时间：××月××日上午9：00正式开始，会期一天；

三、参加对象：各县（市）、区教育工会主席或常务副主席一名；

四、会议内容：总结上半年工作经验，交流下半年工作思路，部署下阶段工作。

请安排好工作，准时与会。

××市教育工会

××××年××月××日

◎紧急通知

【范例】

××市粮食局关于加强防汛工作的紧急通知

各区县粮食局、局直各单位：

据中央气象台和××市气象台联合预报，受南方热带低气压的影响，预计明、后两天××市将有一个强降雨过程，降雨量可达200毫米以上，并伴有8级大风，局部有冰雹。按照市委、市政府有关通知精神，为加强全市粮食系统防汛工作，现将有关事宜通知如下：

一、要高度重视。一是领导要高度重视。各处室负责人、各单位主要领导要充分认识做好本次防汛工作的重要性，加强对本次防汛工作的领导，确保安全度汛。二是要制订好防汛工作预案。各单位要根据自身工作实际制订本单位防汛工作的预案，落实工作措施，做好防汛准备。市粮食局的防汛工作预案由局办公室负责制订。三是要建立统一协调的领导机制。市粮食局建立由局长为组长，各单位负责人为副组长以及有关人员参加的防汛工作领导小组（名单附后），领导小组设在市粮食局办公室。由市粮食局办公室统一做好防汛期间的协调调度工作。

二、要采取有力措施。一是要认真做好隐患排查。各单位要认真将本单位防汛工作隐患排查一遍，各仓储企业要彻底排查各个粮仓安全情况，做好预防大风和降雨的有关准备工作，做到预防为主，防患于未然。二是要落实防汛工作相关保障。各单位都要成立防汛工作队伍，确保防汛期间的通信畅通，落实好防汛车辆安排，做好充足的防汛物资储备。三是要做好应急抢险准备。各单位要做好出现险情后的应急抢险准备工作，出现险情后立即组织抢险，并迅速上报有关情况，确保将损失降到最低限度。

三、要落实责任。一是要建立防汛工作责任网络。各单位务必于6月23日12时以前上报本单位防汛工作预案，落实好责任人员，建立防汛工作责任网络体系。二是各单位要层层传达防汛工作通知精神。要通过各种形式，将防汛工作通知精神传达给每个干部职工，统一大家对防汛工作重要性的认识，将防汛工作责任落实到人。三是建立责任追究制度。对在本次防汛工作中因个人问题而造成人员伤亡和财产损失的，要追究有关人员责任。对于出现事故隐瞒不报的，要按照有关规定追究个人和单位的责任。

附：××市粮食局防汛工作领导小组名单（略）

××××年××月××日

第十二章　通　报

第一节　通报概述

一、通报的概念

通报，是党政机关和部门用以表彰先进、批评错误、传达重要精神或交流重要情况时使用的一种公文文种。这类文种比较灵活，使用频率颇高。

二、通报的适用范围

通报适用于表彰先进，批评错误，传达重要精神或者交流重要情况。

三、通报的特点

通报的特点在于“五性”，即典型性、教育性、指导性、针对性和事理性。

1. 典型性

典型性是通报最主要的特点。也就是说通报的事项，不论是正面还是反面的，它必须具有一定的典型意义。

2. 教育性

通报的作用重在通过提供典型，使下级机关及员工提高思想认识，自觉地有所依循，有所为和有所不为。通报的内容是属于知照性的，它将某一正、反典型或重要情况向有关单位发布，使其有所了解，这一特点与通知、通告有相似之处。所不同的就是通报告知的内容侧重在教育性方面，目的是树立榜样或提出鉴戒，以希望、号召的形式提出要求，使下级机关和有关人员提高思想认识，行动有所依循；而通知、通告的内容则侧重在知照性、法规性上面，所以，通报注重其内容的教育性，提出的各项规定或要求，具有一定的指导性。

3. 指导性

通报对引用的事例要加以评论，但仅限于对事例本身作出是与非、褒与贬的判断。通报一般就典型人物或事项表明上级机关的态度，对下级机关提出指导性意见和要求。

4. 针对性

通报的内容着眼于当前形势，选取工作中具有典型意义的事件和人物或具有普遍意义的重要情况，有针对性地总结经验教训，加以宣传推广，改进和推动各项工作。所以，为了达到通报的目的，通报必须具有很强的针对性。

5. 事理性

通报以叙述事实为主，辅以议论，这是通报写法上的突出特点，也是通报与类似文种如通知、通告的主要区别。通报的内容无论是社会实践中的先进经验、反面教训或者是情况反映，都要对事件进行完整的叙述，以事实说话，同时，还要进行一定的分析评论，指出问题的实质。只有这样，才能起到启发、引导、教育人们的作用。

四、通报的种类

1. 事故通报

事故通报常用于报道重大事故，对事故的来龙去脉和前因后果，作综合分析，着重于找出原因，讲清危害，使更多的单位或个人引以为戒，防止此类事件的再次发生。

2. 情况通报

情况通报是一种常用的通报形式，其作用在于及时通报工作的重要情况。

情况通报多数由三部分构成。

（1）标题

情况通报的标题包括三个组成部分，即发文机关名称、事由和文种类别（情况通报）。但有时仅写事由、文种类别或直接写“情况通报”。

（2）正文

情况通报的正文一般分三步来写：首先介绍情况；其次分析原因，指出意义或者危害；最后提出要求，使成绩进一步巩固和提高，对于失误与不良情况，则要改正和纠偏。

（3）签署发文机关和日期。但很多时候发文机关见于标题，或与日期一同标示于标题之下。

情况通报在撰写过程中，必须充分地叙述情况，把摆事实与分析问题结合起来，使受文机关和个人能通过通报认识形势或问题的利与弊、意义或严重性。有明确的指导思想、很强的针对性，摆事实讲道理，是情况通报的写作要点。

3. 表彰性通报

表彰性通报是用于对先进人物、先进事迹进行表扬，推广其经验，树立学习榜样，激励人们的工作热情和积极性的一种下行公文。

4. 批评通报

批评通报是党政机关为批评某种严重错误或带有普遍性的不良风气与行为而使用的一种公文。比如，对某项重大责任事故作出处理、对违纪案件作出处分等，都基本采用这一公文种类。

批评通报也由标题、正文和落款三部分构成。

（1）标题

批评通报的标题多数由发文机关名称、事由和文种（通报）三要素组成，但有时也可省略发文机关名称。同时，批评通报标题中事由的写作，常使用“批评”“处分”等字样，以表明其性质与种类。

（2）正文

批评通报的正文写作，要看是属于“直述式通报”还是“转述式通报”。“直述式通报”一般先介绍错误事实，然后作出处理，再分析原因，最后提出要求。“转述式通报”则将主要内容作为附件随文转发。

（3）落款

批评通报的落款应写明发出通报的单位及时间。

批评通报的目的是要对严重错误作出处理、找出原因、以儆效尤。因此，写作时要求叙述事实真实、准确、简要；处理意见明确、具体；分析原因实事求是，评断准确，能抓住问题的本质；提出的要求有针对性。

第二节 通报的写作技能

一、通报的写作格式

1. 标题

有规范的完整标题，也有不完整的、由事由加文种组成的标题，如《关于纠正省政府机关建房分房中不正之风的情况通报》。有时也可以只写“通报”二字。

2. 主送单位

一般通报都有主送单位，少数普发性通报可以不写此项。

3. 正文

一般由四部分组成：

（1）引言部分

主要是概括通报的内容、性质、作用和要求。

（2）事实部分

表扬性通报写先进事迹；批评性通报写错误事实。写作这部分内容时，既要把主要事实写清楚，又要写得概括精练。

（3）分析及处理部分

此处对先进事迹的先进性或错误事实的本质，进行恰如其分的分析，有的还写出先进事迹或犯错误的原因，并且提出处理意见；表扬性通报写出给予精神或物质奖励的决定；批评性通报写出处分决定。根据通报的精神要求如何去做，或者号召为实现什么目标而奋斗。

（4）结尾部分

此处写发文单位和日期。如果发文单位在标题前已加上去，此处可以只写日期。

下发或张贴的通报要加盖公章。

二、写作通报应注意的问题

1. 事例要典型

通报所选择的事件、问题、经验等，一定要具有普遍的教育意义和指导作用，也就是一定要注意典型性，避免一般化。

通报所据应当是真人真事，不能有半点虚假，否则不但影响教育效果，还会有损发文单位的声誉。因此，写通报前，一般要调查、核对事实，做到准确无误。

此外，还应注意事例的典型性。无论表彰或批评，其事例应让人感到确实值得学习或引以为戒。如果某人犯了一点小错误，就将其通报批评，就会给人以小题大做的印象。

2. 材料要真实

对通报的事实一定要核对清楚，实事求是，措辞、判断要准确、恰当。要注重说理的准确性。通报以叙述为主，用事实说话，但要分析原因，有叙有议，分析情况应观点鲜明，评价要恰如其分。

3. 行文要及时

通报的时间性极强，写作要及时迅速，以指导当前工作，否则，就不能起到很好的教育作用。

4. 详略要得当

通报的事例是写作重点，固然要多用笔墨，但要注意详略得当。若过于简单，变成抽象的概念，人们难以受到教育，产生不了爱憎之情。若过于详细，将“通报”写成近似通讯或报告文学，又会让人难以把握要领。

5. 要突出教育性，注意掌握政策

通报与决定不同，它不是一种行政命令，它最主要的特点是教育性，在写作中要注意突出这一特点。在写通报中的处理意见时，必须注意政策，把握好分寸，使处理决定与事实、政策相一致，做到合情合理，否则，既对当事人不利，又难以服众。

第三节　关于通报文种问题的解答

一、通报的使用应注意什么问题

通报的使用要注意以下几个问题：一是通报既能表彰先进，也能批评错误；二是通报的内容要有一定的典型性，不要将所有的好人好事或错误都写成通报；三是通报以对群众有教育启发用途为主，所以写进通报的人或单位要突出一两点事迹。

二、通报和通知的区别有哪些

1. 通报和通知适用范围不同

通报仅限于表彰先进、批评错误、传达重要精神或交流重要情况，范围明显小于通知。

2. 通报和通知传达的事项不同

通报小于通知，但却突出了“重要精神或情况”。

3. 通报和通知的目的和作用不同

通知强调做什么和怎样做，一般要求处理，有的具有较强的强制力和约束力；而通报主要使受文单位了解某一典型或某一重要精神或情况，多起引导、启发、告诫和沟通信息的作用。

4. 通报和通知的内容时态不同

通知多具“未然性”（即还没有成为事实的典型、情况等），通报多具“已然性”（即已经成为事实的典型、情况等）。

三、通报和通知不分而错用的表现是什么

1. 习惯性地认为通报只是批评错误而缩小了其适用范围，不适当地让通知取代通报。

2. 把握不准通报和通知的区别，需要传达重要精神或交流重要情况时也用通知行文。

3. 将指示性通知错用通报行文。

4. 将批转性通知错用通报行文。

四、通报和决定不分而错用的表现是什么

通报和决定不分主要指用于奖励时混淆错用的情况。

“命令”和“通报”都可用于奖励，关于如何区分问题，“各级行政机关应

当依据法律的规定和职权，根据奖励的性质、种类、级别、公示范围等具体情况，选择使用相应的文种”。可见，通报和决定同样用于奖励，但其性质、种类、级别等是有区别的。因此，通报和决定不可错用。

第四节 通报病例的分析与修改

一、对一份批评通报的分析与修改

【原 文】

××省纪委关于××县交通局挪用公路建设巨资的通报（摘要）

××县交通局利用承担建设××公路之机，挪用国家重点建设巨额资金，为局负责人更换轿车、请客送礼的通报。

从去年×月至今年×月，××县交通局先后挪用××公路建设资金212.3万元，其中挪用85万元为局负责人更换轿车。××县交通局局长×××由原来乘坐的桑塔纳轿车换乘奥迪车，副局长×××由原来乘坐的切诺基吉普车换乘桑塔纳轿车。××县“高指”（高速公路指挥部）乱支乱用公款问题严重，××县“高指”在征地拆迁工作中，还多报多领拆迁补偿费42.9万多元。××省纪委和省监察厅决定：给予××县交通局局长×××、×××、副局长×××行政降级处分；××县多领的征地拆迁补偿费，由省“高指”从拨款中扣除；县交通局购买的车辆由县政府作价收回后按规定处理；送出的礼金、礼物由送出部门收回，收受礼金、礼品人员依据违纪事实分别给予纪律处分。

【分析与修改】

此文属于批评性通报，正文内容结构由概述、评价事实、说明决定、提出建议组成，主要作用是提高认识，宣传教育。

此文存在两个问题：一是落款处要写明发出通知的日期。二是正文内容缺少对具体事实的概述，结尾时建议提出希望。所谓“前事不忘，后事之师”。这样写出来的通报才具有时效性。

【改 稿】

××省纪委关于××县交通局挪用公路建设巨资的通报（摘要）

××县交通局利用承担建设××公路之机，挪用国家重点建设巨额资金，为局负责人更换轿车、请客送礼的通报。

从去年×月至今年×月，××县交通局先后挪用××公路建设资金212.3万元，其中挪用85万元为局负责人更换轿车。××县交通局局长×××由原来乘坐的桑塔纳轿车换乘奥迪车，副局长由原来乘坐的切诺基吉普车换乘桑塔纳轿车。××县“高指”（高速公路指挥部）乱支乱用公款问题严重，仅吃喝招待就用去了7万多元，送礼用去了2.4万元。另用1.85万元购储蓄贺卡，用6400元购买皮衣、高档烟酒等，分别送给有关人员，共有73人收受储蓄贺卡、礼品，其中处级干部21人。××县“高指”在征地拆迁工作中，还多报多领拆迁补偿费42.9万多元。×××省纪委和省监察厅决定：给予××县交通局局长×××、×××、副局长×××行政降级处分；××县多领的征地拆迁补偿费，由省“高指”从拨款中扣除；县交通局购买的车辆由县政府作价收回后按规定处理；送出的礼金、礼物由送出部门收回，收受礼金、礼品人员依据违纪事实分别给予纪律处分。

为此国家机关工作人员应以此为鉴，全面提升自己的思想道德素质，牢固树立正确的社会主义价值观，努力做好人民的公仆，多为国家作贡献。

××××年××月××日

二、对一份情况通报的分析与修改

【原　文】

××省人民政府办公厅关于今年一至八月全省物价情况的通报

各市、县人民政府、各地区行政公署，省政府各部门：

今年以来，我省物价在较高水平上保持相对平稳，物价指数上涨幅度逐月下降，但物价涨幅仍然较大。经查，一至八月全省零售物价指数比去年同期上升百分之二十四点三，其中，城镇上升百分之二十三点七，农村上升百分之二十四点八。与去年物价总水平上涨百分之二十比较，今年一至八月高出4.3个百分点。有些地方今年八月的蔬菜价格还比去年高出百分之三十～百分之四十，这表明工作确有问题。现对各地一至八月物价指数上升情况随文附发，请对照检查一下。

实现今年物价控制目标的任务仍十分艰巨，需要进一步加强物价管理，特别对物价上涨较多的农村，要采取切实有力的措施，坚决控制物价上涨；在物价上涨幅度回落较多、完成和物价控制目标把握较大的地方，工作也不能有丝毫懈怠。绝不允许擅自出台任何涨价措施，各地要为实现全省物价控制目标作出贡献。

今年年初，省政府确定的各地有关部门和省级有关部门控制物价的目标，是考核政绩的主要指标之一。今年后几个月，各地和各有关部门都要加强物价控制。一至八月物价上涨幅度已经低于去年全年上涨幅度的地方，要保证今年物价上涨比去年降低3个百分点；一至八月与去年持平的地方或略高的地方，要保证今年物价上涨比去年降低3个百分点；一至八月物价上涨幅度较高的地方，要确保今年物价指数上涨低于去年。省级有关部门，要按省政府的要求，在最后一个季度从严控制物价，做好本职工作，确保全省物价控制目标的实现。

附：××××年一至八月全省及部分市、县、乡零售物价指数表（略）

××××年××月××日

【分析与修改】

此文标题和内容尚可，主要问题在语言文字方面。

1. 词语使用不确切

(1)“经查”易产生误解，可改为“据统计”。

(2)“现对各地的蔬菜价格一至八月物价指数上升情况随文附发”，介词“对”可改为“将”。

2. 文字详略不当

“今年年初……”一段第一句话中的“各地有关部门和省级有关部门”和第三句话中的“一至八月持平的地方或略高的地方”两处，前后词语出现了不必要的重复。前者可将前面的“有关部门”删去，后者可将前面的“的地方”删去。

3. 数字表述应简化

“今年以来……”一段中，凡是用汉字表示百分比的地方均应用阿拉伯数字表示。如“百分之二十四点三”修改为“24.3%”。

【改　稿】

××省人民政府办公厅关于今年一至八月全省物价情况的通报

各市、县人民政府、各地区行政公署，省政府各部门：

今年以来，我省物价在较高水平上保持相对平稳，物价指数上涨幅度逐月下降，但物价涨幅仍然较大。据统计，一至八月全省零售物价指数比去年同期上升24.3%，其中，城镇上升23.7%，农村上升24.8%。与去年物价总水平上涨20%比较，今年一至八月高出4.3个百分点。有些地方今年八月的蔬菜价格还比去年高出30%~40%，这表明工作确有问题。现将各地一至八月物价指数上升情况随文附发，请对照检查一下。

实现今年物价控制目标的任务仍十分艰巨，需要进一步加强物价管理，特别对物价上涨较多的农村，要采取切实有力的措施，坚决控制物价上涨；在物价上涨幅度回落较多、完成和物价控制目标把握较大的地方，工作也不能有丝毫懈怠。绝不允许擅自出台任何涨价措施，各地要为实现全省物价控制目标做出贡献。

今年年初，省政府确定的各地和省级有关部门控制物价的目标，是考核政绩的主要指标之一。今年后几个月，各地和各有关部门都要加强物价控制。一至八月物价上涨幅度已经低于去年全年上涨幅度的地方，要保证今年物价上涨比去年降低3个百分点；一至八月与去年持平或略高的地方，要保证今年物价上涨比去年降低3个百分点；一至八月物价上涨幅度较高的地方，要确保今年物价指数上涨低于去年。省级有关部门，要按省政府的要求，在最后一个季度从严控制物价，做好本职工作，确保全省物价控制目标的实现。

附：××××年一至八月全省及部分市、县、乡零售物价指数表（略）

××××年××月××日

三、对一篇事故通报的分析与修改

【原　文】

关于转发××市和××地区商业仓库发生重大火灾事故调查处理报告的通报

×××：

为深入贯彻落实××××年中共中央《关于加强安全生产的通知》，发动和依靠广大职工群众参加安全管理，建立义务消防组织，定期进行群众性的安全大检查，总结推广了一批十几年、二十几年无火灾事故的先进典型，在安全工作上取得了一定成绩。但也有一些地区和单位存在不少问题，去年在××和××就发生两起损失×万元以上的大火，使国家受到重大损失。现将××省商业局和××地区商业局关于火灾事故的调查处理报告（业经××市委、××地委批准）摘要发给你们，请组织所属单位领导和职工进行讨论，结合检查本单位和安全工作，从中吸取教训。

当前，梅雨季节到来，希望你们抓好思想政治工作，加强安全工作领导，注意与水文、气象部门联系，发动和依靠群众，及早采取有力措施，切实做好以防霉、防洪、防雷击为主要内容的雨季安全防范工作，确保国家财产安全。

附件：1. ××市商业局《关于××，××公司××仓库火灾事故调查处理的报告》（摘要）

2. ××省××地区商业局、公安局《关于××地区××仓库发生重大火灾事故的调查处理报告》(摘要)

商业部

××××年×月××日

【分析与修改】

此《通报》是某书选用的范文，语言比较简洁，但仍存在如下问题：

1. 标题缺少发文机关名称，且拟制啰唆

应将“转发”和“调查处理报告”删去，保留“通报”文种即可。因此，应将标题拟为“商业部关于××市和××地区商业仓库发生重大火灾事故的通报”。

2. 内容写法欠妥

转发的是“火灾事故”，但正文强调的是“以防霉、防洪、防雷击为主要内容的雨季安全防范工作”。“防火”和“防洪”虽然都属安全工作范畴，但由于此文写法欠妥，加之强调的角度和侧重点失当，以致有些题文不符。

3. 宾语搭配不当，引用公文不规范

“为深入贯彻落实××××年中共中央《关于加强安全生产的通知》”后边应加上与“贯彻落实”相搭配的宾语，同时将引用公文改规范，即改为“为深入贯彻落实《中共中央关于加强安全生产的通知》(中发〔××××〕×号精神)”。

4. 表意不明

“发动和依靠广大职工群众参加安全管理，建立义务消防组织，定期进行群众性的安全大检查，总结推广了一批十几年、二十几年无火灾事故的先进典型，在安全工作上取得了一定成绩”一句，让人搞不清在安全工作上取得一定成绩的是“先进典型”，还是针对整个商业系统而言。因此，改为“各地发动和依靠广大职工群众参与安全管理，建立义务消防组织，定期进行群众性的安全大检查，总结推广了一批十几年、二十几年无火灾事故的先进典型，在安全工作方面取得了一定成绩”。

5. 语序要做适当调整

“请组织所属单位领导和职工进行讨论，结合检查本单位和安全工作，从中吸取教训”有语病，应调整语序，改为“请组织所属单位领导和职工进行讨论，从中吸取教训，并结合检查本单位工作搞好安全检查，及时消除火灾隐患”。

6. 有些词语欠准确。如“参加安全管理”可改为“参与安全管理”；“地区和单位”不应这样并列；“××省商业局”应改为“××市商业局”。

【改　稿】

商业部关于××市和××地区商业仓库发生重大火灾事故的通报

×××：

为深入贯彻落实《中共中央关于加强安全生产的通知》（中发〔××××〕×号）精神，各地发动和依靠广大职工群众参与安全管理，建立义务消防组织，定期进行群众性的安全大检查，总结推广了一批十几年、二十几年无火灾事故的先进典型，在安全工作方面取得了一定成绩。但也有一些单位乃至地区还存在不少问题，××××年在××和××就发生两起重大火灾事故，均使国家遭受了×万元以上的损失。现将××市商业局和××地区商业局关于火灾事故的调查处理报告摘要通报给你们，请组织所属单位领导和职工进行讨论，从中吸取教训，并结合检查本单位工作搞好安全检查，及时消除火灾隐患。

当前，梅雨季节已至，望全面加强安全工作领导，在搞好防火安全教育的同时，注意与水文、气象部门联系，发动和依靠群众，及早采取有效措施，切实做好以防霉、防洪、防雷击为主要内容的雨季安全防范工作，确保国家财产安全。

附件：1. （略）

2. （略）

××××年×月××日（印章）

第五节　通报的写作范例

◎事故性通报

【范例】

铁道部关于××行车险性事故通报

××××年××月××日9时44分，由××机务段SS4型0502号机车牵引的××次货物列车运行至××线××县车站Ⅱ道通过时，列车错误进入站内4道停车，构成行车险性事故。

发生事故的原因是：××铁路局××县站电务值班员×××在电力故障、提速电源屏停电、10号道岔失去表示的情况下，盲目处理，违章蛮干，使用两根封连线封连提速道岔组合定位表示继电器接点，在10号道岔反位的情况下错误沟通定位表示，导致甩开连锁条件开放了Ⅱ道接车信号，造成××次货物列车进入4道停车。

××铁路局对此次事故进行了调查分析和处理：列××电务段责任事故；××电务段段长和段党委书记就地免职；××车间主任和党支部书记行政记大过处分；××车间主管副主任解聘；××县站信号工长撤职；××县站电务值班员×××由公安机关行政拘留审查。

铁道部在《事故通报》中指出，这起事故性质十分严重，违章使用封连线曾导致车毁人亡的惨痛事故，后果是不堪设想的，所幸列车运行速度不高，4道停留车在事故发生前8分钟进行了转线作业，司机发现道岔开通侧向位后及时采取制动措施，避免了更为严重的后果。

为及时吸取事故教训，铁道部要求，各单位要立即将此次事故通报传达到每一名职工，组织职工认真学习《铁路运输安全保护条例》，开展安全警示教育，教育职工进一步牢固树立安全第一的思想。

铁道部强调，要全面开展安全大反思活动，特别是电务部门要认真对照安全生产的基本规章制度，全面开展一次对多起违章封连电气接点造成重大事故教训的深刻反思，查找违章作业的深层次问题，彻底遏制人为造成连锁失效的惯性违章。铁道部要求各级干部深入一线，强化现场作业控制，及时发现和消除安全隐患，纠正各类违章违纪行为，确保运输安全形势的稳定。

◎表彰性通报

【范例一】

××市人民政府关于表彰
“8·15”抢劫案中英勇斗争先进个人的通报

今年8月15日，××市商业银行遭到一伙歹徒袭击抢劫。在国家财产安全受到严重威胁时，银行值班人员、当地民警和公安干警奋勇当先，临危不惧，精神可嘉，在全市引起强烈反响。为了表彰在“8·15”抢劫案中有英勇斗争行为的先进个人，××市人民政府决定：

一、给予××区公安分局×××、×××等各记大功一次。

二、授予××市商业银行职工×××、×××“英勇斗争先进个人”称号，并给予奖励各1000元。

希望受到表彰的个人能牢记为人民服务的宗旨，不断进取，为人民再立新功。

市政府号召全市人民向他们学习，学习他们临危不惧和英勇斗争的大无畏精神，在今后的工作中为维持社会稳定，推动社会发展作出更大的贡献！

××市人民政府
××××年××月××日

【范例二】

关于表彰廉洁征兵先进单位和先进个人的通报

各市人民政府、省政府各部门、各军分区：

在××年冬季征兵工作中，各级政府、兵役机关认真贯彻国务院、中央军委和省征兵命令，以确保兵员质量为核心，以坚持廉洁征兵、抵制不正之风为重点，加强领导、密切配合，圆满地完成了冬季征兵任务。为表彰先进，省政府、省军区决定对大洼县等14个廉洁征兵先进单位和×××等16个廉洁征兵先进个人予以通报表彰。

希望受表彰的单位和个人戒骄戒躁，争取更大成绩。其他单位和个人要向先进典型学习，在今后的征兵工作中确保新兵质量，廉洁征兵，为加强人民军队建设，维护国家长治久安作出更大贡献。

附件：廉洁征兵先进单位、先进个人名单（略）

××省人民政府

××省军区

××××年××月××日

◎批评性通报

【范例一】

关于××系××级同学晚归问题的通报

5月8日晚，××系××级同学在上完晚自习后，又在运动场及大草坪两处自发聚谈，超过学生宿舍熄灯一小时后才陆续回到宿舍就寝。其中××、××两位同学在23点50分，××、××等同学在次日零点整才回到宿舍就寝。这些同学违反了学生宿舍管理规定及有关规章制度，严重影响了学生宿舍其他同学的休息。经研究，对以上同学违规晚归提出通报批评。

希望全校学生引以为戒，自觉遵守学校的各项规章制度。

××大学学生处

××××年××月××日

【范例二】

国务院办公厅关于××省××市××县擅自停课组织中小学生参加迎送活动的通报

××××年××月××日，××省××市××县举行××高速公路在本县通车仪式，××县主要领导擅自决定，让本县部分中、小学校停课参加通车仪式，近千名中小学生在风雪天等候长达两小时，致使部分中小学生生病，学生家长和群众极为愤慨，致信中央要求坚决制止此类现象。中小学校依照国家规定建立有严格的教育教学秩序，这是教育教学质量的保证，任何单位和个人都不能随意破坏。现在一些地方的个别领导利用自己的权力，动辄调用中小学生为各种会议、考察、参观、访问甚至商业性典礼搞迎送或礼仪活动，有些地方还因此发生了严重的安全事故，造成极其恶劣的社会影响。

××县发生的问题，已不只是一般的形式主义，而是官僚主义，严重脱离群众，此类不良风气必须坚决予以制止。各地区、各部门以及各级领导干部要高度重视这一问题并从中吸取深刻的教训，切实增强群众观念，杜绝此类事件再度发生。中小学生是祖国的未来，他们的学习和活动安排，要有利于他们的学习和身心健康。今后各地区、各部门都必须严格执行国家的有关法规和规定，不得擅自停课或随意组织中小学生参加各种迎送或礼仪活动，如确有必要组织的，须报经省级教育行政部门批准。

国务院办公厅（盖章）
××××年××月××日

第十三章　函

第一节　函概述

一、函的概念

函是平行机关或不相隶属的机关之间，商洽和联系工作、询问和答复问题时经常使用的一种公文文体。这种平行公文一般不具有指挥或指示的作用。但实际工作中，上下机关之间联系工作，询问、答复或通知某些政策性问题时，也往往使用函。这种函件则具有一定的指示性和指挥性。

二、函的适用范围

“函适用于不相隶属机关之间商洽工作，询问和答复问题，请求批准和答复审批事项”。函的答复功能仅仅适用于不相隶属的机关之间。

在公文的应用中，函的用途是比较广泛的。不相隶属机关之间商谈公务、接洽工作，询问事情、征求意见，答复问题、请求帮助及告知情况、催办事务，等等，都可以使用函；向归口管理部门请求对某一事项予以批准，也可以使用函。函既可以在平行机关及不相隶属的机关之间使用，也可以在上下级机关之间使用。

三、函的种类

按函件的内容和作用分，函可以分为以下五类：

1. 商洽性函：商洽性函为机关（部门）之间联系和商洽工作时使用。这类函的正文一般有两部分：

（1）商洽缘由。写明发函的原因。

（2）商洽事项。明确提出所要联系和商洽事项的具体内容，要注意写清对对方的要求和希望。

2. 询问性函：这类函为向对方询问有关问题，有时也可在简述某一事项，提出处理意见，请求对方给予答复时使用。正文一般包括两个方面：

（1）询问原由。说明询问的目的或原因，也可叙述有关情况，以使对方了解所询问问题的由来。

（2）询问内容。明确而具体地写明所询问的问题。

3. 答复性函：这类函为答复对方来函所询问的问题时使用。上级机关对下级机关一般性的请示，除批复外，也可用函给予答复。正文分为三个层次：

（1）告知情况。说明对方来函收悉，并在简要复述对方所询问问题或所提要求后，常用“经……研究，现答复如下”等语来承上启下，过渡到下文。

（2）答复意见。针对来函内容，给予明确、具体的答复。

（3）结尾。最后以“此复”“特此函复”或“谨作答复”作结。如果告知情况部分用了“现答复如下”，则可不写结尾。

4. 委托性函：这类函是在委托有关部门（单位）代办某些事项时使用。如各地人民法院经常用它委托有关部门代办一般性案件，或代查与一般性案件有关的某一情况。正文通常有以下三部分：

（1）委托原由。说明委托的目的以及所要委托代办或代查等项的基本情况。

（2）委托内容。说明委托代办或代查的具体要求及应注意的问题，包括时间限制、质量要求或数量指标等详细内容。

（3）结尾。一般写“以上事项，希大力协助办理（或查清）并请尽快回复”等语。

5. 告知性函：这类函是将某一事项或某些情况（包括办理受托代办事项的情况等）告知有关部门（单位）时使用的。

它与答复性函非常接近。它们的根本区别是：答复性函是答复对方所询问的问题，而告知性函则是告知对方代办或代查事项的情况。

这类函的正文通常有两部分：

（1）告知原因。说明制发本函的原因。

（2）告知事项。简要叙述告知对方有关事项的具体内容及应注意的问题。

无论写哪类函，都必须注意以下两点：

第一，一函一事，突出中心，有的放矢，及时准确。

第二，直述原由，行文简洁，语言明快，措辞得体。

四、私函与公函的区别

私函的文字基本上较为随意，大多是怎么想就怎么写，直抒胸臆，较少人为地修饰。相对于私函的口语化，公函的语言显得更为书面化。公函一般不使用口头语言而较多使用诸如“均”“系”“暨”“特此函复”“收悉”等文言词和公文专用语。

公函中除了较少使用口语化的文字之外，一般也不能使用针对个人的寒暄用语。公函是谈论公务的信件，对所谈的问题要力求开门见山，不能绕圈子，更不能在讨论公务的文字中加入诸如“身体好吗”“工作顺利吗”之类的私人之间的寒暄用语。这类文字非但无助于工作的开展，相反还会使严肃的公文庸俗化。另外，在正式的公函中也不能用“此致敬礼”等私函常用的礼貌用语来结尾，而要用“特此函告”“特此函复”之类的公函专用语来收尾。如果是便函则可以用“此致敬礼”来收尾。

明白了公函与私函的区别之后，在拟写公函时就不能随意在公函中加入一些“热情洋溢”的文字，在阅读公函时，也不能因为来函的文字缺少私函式的“温情”，就因此断定发文者不近人情、难以合作。

第二节　函的写作技能

一、函的写作格式

1. 标题

函的标题通常为“发文机关＋事由＋文种”的形式，如“××××关于联系临时借房问题的函”。如属回复问题的函，则多在“函”字前加“复”字。如“关于建设单位为动迁户建房问题的复函”。

2. 发文字号

函要有正规的发文字号，其写法与一般公文相同，由“机关代字＋年号＋顺序号”组成。大机关的函，可以在发文字号中显示“函”字。

3. 主送机关

一般来说，由于函的行文对象是明确、单一的，所以多数函的主送机关只有一个。但有时内容涉及部门多，也有排列多个主送机关的情况。

4. 正文

需写明下述三部分内容。

（1）制发函的根据与理由

如:“根据国务院国发〔××××〕××号文件关于凡新建（包括统建和自建）、扩建宿舍，都应把必需的生活服务设施包括进去，遵守商业服务网点应占新建扩建面积的7%左右的规定，请你局……”

（2）商洽或询问（答复）以及请求批准的具体事项

要求中心明确、内容具体，方便对方办理或答复。

（3）结尾

通常适宜使用致意性的词语，如“致以敬礼”“谨致谢忱”，或以“特此函告”“特此申请”“为盼”“为荷”等专用语结束上文。

二、函的写作要求

函的写作，除了要注意格式的规范化外，还要注意以下几点：

1. 行文要直陈事项、言简意明

这是为了提高办事效率，对函的内容表达提出的要求。受文单位和有关的其他单位可照做无误。要达到如此要求，写作时就要坚持开门见山、直陈事实，以简要的文字，将需要商洽、询问（答复）、申请、知照的事项（问题）明确具体地交代清楚。

2. 用语谦和，讲究分寸

函可以多向行文。行文关系的多样和复杂，要求其更要注意语言的得体。因此，用语要讲究礼节，不使用告诫、命令性的词语，语气应委婉得体。涉外公函或不相隶属机关之间的公函，必要时还要使用尊称与致意性词语。但是公函与私人信件有严格区别，机关之间的诚恳致意是必要的，但不要形成客套；尊重对方是应当的，但不可过分，形成恭维奉迎。用语应当适度，掌握分寸。比如，对方在工作中给予了充分的支持和合作，在函中说声“感谢”或“感激”是需要的、恰当的。

3. 函主要用于说明有关事项与提出要求

事项部分内容单一，一函一事，行文要直陈其事。要用简洁得体的语言把需要告诉对方的问题、意见叙写清楚。

4. 函是正式公文的文种，必须行文郑重

必须具备正式公文的规范格式，使用印有发文机关名称的信纸，拟定标题，编制发文字号，结构要求完整。

三、写作函应注意的事项

1. 函是正式公文，必须具备公文的规范格式，公文的组成部分也要求完整。不要把函当成公务信件。

2. 扭转轻视“函”的倾向。函是国家党政机关的正式公文，有它的法定权威性。发文单位要郑重其事，不能因其是“函”而轻率发出；收文单位要郑重对待，要公事公办，一丝不苟，不能因其是“函”而不予理睬。尤其是向主管部门请示批准的函，它代行请示职能，不能因其不使用“请示”而置之不顾。如果平行机关或不相隶属机关向主管部门请求批准而用了“请示”，反而是错用了文种。

第三节 关于函文种问题的解答

一、“函”是唯一的平行文吗

就“函”的本质来讲，在党政两大公文法规中所规定的主要文种中，可以将“函”视为唯一的一个平行文。

二、“来函”和“复函”的正文写法有什么不同之处

来函和复函的正文写法略有不同。来函是主动地向有关机关商洽、询问事情。开头交代发函的原因、目的。中间写询问或商洽的内容，要写得具体、清楚。一般一函一事。结尾提出希望，用语要得体，常用“即请函复”“请函复为盼”等习惯用语。

复函的开头类似批复，先引述来函。然后用“经研究，函复如下”过渡到下文。中间针对来函所商洽或询问的事项，作出明确的答复。结尾常用“此复”“特此函复”结束全文，也可以不用。

三、“公函”和“便函”不分的情况有哪些

“公函”和“便函”不分大体有两种情况：

1. 将“便函”按法定公文“函”行文。
2. 将法定公文“函”按“便函”行文。

四、“函”和“呈”不分而错用文种的表现是什么

公文中的“函”指公函，“呈”代表报告和请示两种上行文。一般来说，函和报告、请示在行文目的和主送对象以及公文内容等方面的区别是很明显的。然而，函呈不分的问题一直相当普遍，错用文种的表现如下：

1. 不相隶属机关之间商洽工作、询问和答复问题不用函而错用“请示”或“报告”。

2. 向无隶属关系的有关主管部门请求批准不用函而滥用“请示”和“报告”。

3. 答复上级机关的询问不用报告而误用“函”。

4. 向上级机关请求指示不用请示而误用“函”。

五、“函发”不分而错用文种的表现是什么

“函发”不分主要表现在通知和函不分而错用上。通知和函的适用范围以及各自所体现的行文关系本来是很明确的。通知的发文对象一般是自己的下级机关，不相隶属机关之间则用函行文。但在实际工作中却常常出现两者错用的情况。

1. 某些单位出于自己业务工作需要，把本属于商洽性的函错用成“通知”，其中一些业务主管部门往往超越职权范围给不相隶属的单位滥发通知，有的甚至不分上下左右随便向各单位发“通知”，而且要求对方遵照办理和执行。这明显

违反了有关公文管理法规的规定。

2. 上级机关把向下级机关发的指示性或事项性通知错用成函。如，×××省供销社主送各地、市、县供销社的一份公文“关于不再受理为个人申请建房款的函”，应改成“关于不再受理为个人申请建房款的通知”为宜。

个别也有把“通告”或“通报”错用成“函”的。如“中国科学院关于通报中国科学院学部委员增补结果的公函”，可视主送或发送范围修改为“中国科学院关于学部委员增补结果的通报（或通告）”。

第四节 函的病例的分析与修改

一、对一份询问函的分析与修改

【原　文】

××日报社公函

××函（××××）×号

××日报社关于联系青年记者学习事宜的函

××大学：

为了提高我社青年记者的业务能力，我们决定从现有记者中抽出十五名青年记者，到贵校中文系新闻进修班脱产进修一年。从××××年××月××日开始，到××××年××月结束。有关进修费用按上级有关文件规定缴纳。如果同意，希尽快函告我们。

××××年六月三十日（印章）

××日报社人事处　　　　××××年××月××日（印发）

【分析与修改】

本文存在的问题如下：

1. “公函”行文时，可不加“公”字，版头亦不用写“公函”二字。在公务活动中使用的“函”，无“公函”和“私函”之分。

2. 发文字号上的圆括号应改为六角括号。

3. 发文字号与标题之间缺少一条红色反线。

4. 正文第一句应删掉一些不必要的文字，修改为：“为提高我社青年记者的业务能力，我们拟选 15 名同志，到你校中文系新闻进修班脱产学习一年。”

5. 最后一句："如果同意，希尽快函告我们。"会使人产生疑问：如果不同意，是否就不必函告了呢？实际上，这类函对方无论同意与否，都是应该复函的。所以，"如果同意"几个字用得不准确，应改为"同意否"。

【改　稿】

××日报社文件

××函〔××××〕×号

××日报社关于联系青年记者学习事宜的函

××大学：

为提高我社青年记者的业务能力，我们拟选15名同志，到你校中文系新闻进修班脱产学习一年。从××××年××月××日开始，到××××年××月结束。有关进修费用按上级文件规定缴纳。同意否，希尽快函告我社。

××××年××月××日（印章）

××日报社人事处　　××××年××月××日印发

二、对两份问答函的分析与修改

【原　文】

××市人民政府办公室

××办函〔××××〕××号

★

关于清缴各类机密文件的函

××各委，办，处（局），公司：

根据省政府办公厅×办函（××××）××号文件精神，为了加强保密工作，严防文件遗失，保证文件的安全，××决定对××××年度中央、省、××等上级各类机密文件进行彻底清缴。望各部门接此通知后，立即组织人员，将××××年度中央、省、××等上级各类机密文件进行认真彻底清缴。并将清理出的文件列出清单，务于三月十五日前交办公室文档室，以便尽快归档立卷。

××市人民政府办公室

××××年××月××日

××市人民政府办公室　　××××年三月四日印发

【分析与修改】

本文存在的问题如下：

1. 版头不规范

版头横线中间的五角星应去掉。

2. 正文结构不规范

主要是层次安排不当，开头两个介词词组后面应紧接着说干什么，然后再提出具体要求。

3. 语言文字不规范

（1）主送标点有误，主送机关“××各委，办，处（局），公司”中，“委”“办”后的逗号应改为顿号。

（2）“根据省政府办公厅×办函（××××）××号精神”一句，引文不合要求，应先引标题后引发文字号。

（3）“望各部门接此通知后”。“各部门”应改为“各单位”；“通知”应改为“函”。

（4）“望……清缴”。“清缴”应改为“清理”。

（5）日期除成文时间用汉字外，其他均应改为阿拉伯数字。

【改　稿】

××市人民政府办公室

××办函〔××××〕××号

关于清缴各类机密文件的函

××各委、办、处（局），公司：

根据省政府办公厅《关于……》（×办函〔××××〕××号）精神，为了加强保密工作，严防文件遗失，保证文件的安全，××决定对××××年度中央、省、××等上级各类机密文件进行彻底清缴。望各单位接此函后，立即组织人员认真清理，并将清理出的文件列出清单，务于3月15日前交办公室文档室，以便尽快立卷归档。

××××年××月××日（印章）

××市人民政府办公室　　××××年3月4日印发

【原　文】

××省体育运动委员会关于询问比赛的函

××市体委：

全省农民运动会各项目的比赛分散在各地举行，拟让你委承办篮球、田径两项目的比赛。能不能承办，请于8月5日前答复。

××省体育运动委员会
××××年××月××日

【分析与修改】

本文虽简短，但问题很大。具体如下：

1. 标题中缺少完整事由，从正文看，标题应为“××省体育运动委员会关于询问举办全省农民运动会有关项目比赛的函”。

2. “能不能承办，请于8月5日前答复”一句，语气生硬，不够谦和。本句话应改为“能否承办，希于8月5日前答复”。

【改　稿】

××省体育运动委员会
关于询问举办全省农民运动会有关项目比赛的函

××市体委：

全省农民运动会各项目的比赛分散在各地举行，拟让你委承办篮球、田径两项目的比赛。能否承办，希于8月5日前答复。

××省体育运动委员会
××××年××月××日

三、对一份批答函的分析与修改

【原　文】

中国××银行关于建设单位为动迁户建房问题的复函

××省分行：

××××年建字××号函收到。关于为动迁户建房问题，经与国家计委研究，答复如下：

一、因新建工程拆迁场地房屋后，建设单位需要为动迁户新建房屋时，其投资和建筑面积应按照设计文件规定的指标纳入基本建设计划。

原有企业拆除房屋后，按原有规模进行建设，经当地计委同意后，可以不列入基本建设计划。但应按照有关规定，加强计划管理。

二、用建设单位支付的迁移补偿费重建房屋时，是否按原规定再编制基建计划，可由省计委根据具体情况决定。但这部分基建投资应通过建设银行拨款，按照指定用途使用。

中国××银行

××××年×年××日

【分析与修改】

该份答复问题的函标题内容尚可，情况叙述清楚，理由说明充分，但也有如下两处小问题：

1. 语句表达不通顺。“一、因新建工程拆迁场地房屋后，建设单位需要为动迁户新建房屋时……”应修改为“一、建设单位因新建工程拆迁场地房屋后，需要为动迁户新建房屋时……”

2. 公文成文时间的“年”与“日”之间的“年”，应改为“月”。

【改　稿】

中国××银行关于建设单位为动迁户建房问题的复函

××省分行：

××××年建字××号函收到。关于为动迁户建房问题，经与国家计委研究，答复如下：

一、建设单位因新建工程拆迁场地房屋后，需要为动迁户新建房屋时，其投资和建筑面积应按照设计文件规定的指标纳入基本建设计划。

原有企业拆除房屋后，按原有规模进行建设，经当地计委同意后，可以不列入基本建设计划。但应按照有关规定，加强计划管理。

二、用建设单位支付的迁移补偿费重建房屋时，是否按原规定再编制基建计划，可由省计委根据具体情况决定。但这部分基建投资应通过建设银行拨款，按照指定用途使用。

中国××银行

××××年××月××日

四、对一份商洽函的分析与修改

【原　文】

关于商洽×××同志调动工作事宜的函

××××制造厂：

我校××学院××系××教研室×××同志，××××年从××工业大学××专业本科毕业，分配到我校任教师以来，工作认真负责，教学、科研都取得了显著成绩，于××××年被聘为讲师。

该同志一人单身在我校工作，家庭的其他成员全部住在你市，其妻×××同志在贵厂工作。该同志不但夫妻分居两地，且上有体弱多病的母亲、下有不满周岁的儿子需要照顾。经该同志多次申请，我校领导研究，为解决×××同志夫妻两地分居并照顾其家庭存在的特殊困难，我校同意该同志调往贵厂工作的要求。现特致函与你们商洽，并请尽快函复。若贵厂同意考虑×××同志的这一要求，接到你们复函后我们即将该同志的档案寄给你们审查。

××大学人事处

××××年××月××日

【分析与修改】

该份商洽函情况叙述清楚，理由说明充分，语句比较通顺，但文中的问题很可能会导致该函无人受理。这一问题是标题没有机关名称。该文属于平行机关之间的行文。相应地，行文机关是处级机关，主送机关也应为处级机关，即主送机关应为“××××制造厂人事处”。

【改　稿】

××大学人事处关于商洽×××同志调动工作事宜的函

××××制造厂人事处：

我校××学院××系××教研室×××同志，××××年从××工业大学××专业本科毕业，分配到我校任教师以来，工作认真负责，教学、科研都取得了显著成绩，于××××年被聘为讲师。

该同志一人单身在我校工作，家庭的其他成员全部住在你市，其妻×××同志在贵厂工作。该同志不但夫妻分居两地，且上有体弱多病的母亲、下有不满周岁的儿子需要照顾。经该同志多次申请，我校领导研究，为解决×××同志夫妻两地分居并照顾其家庭存在的特殊困难，我校同意该同志调往贵厂工作的要求。现特致函与你们商洽，并请尽快函复。若贵厂同意考虑×××同志的这一要求，接到你们复函后我们即将该同志的档案寄给你们审查。

××大学人事处

××××年××月××日

第五节　函的写作范例

◎去函

【范例】

×××市人民政府关于扩建×××火车站候车室的函

×政〔××××〕××号

×××铁路分局：

×××市火车站候车室始建于××××年，建筑面积1545m^2，其中旅客候车室面积为1100m^2，最大容量为900人。因其站房布局不合理，交通线不通畅，旅客出入站乘降流程互相干扰。改革开放以来，随着经济、社会的不断发展，出行旅客迅速增多，客运列车不断增加。近年来，先后增加了丹东至北京、沈阳至承德、大连至赤峰、叶柏寿至大连、沈北至包头5对列车10个车次。目前，×××市火车站日接送旅客列车16个车次，日均上车旅客达3500人左右，高峰时每日上车人数超过5000人，加上送站旅客，日出入候车室的旅客超过万人以上。节假日和旅游“黄金周”期间客流大幅度增长，还要增加临时旅客列车。与20世纪80年代初相比，×××市火车站日常客流增长已达1倍多。现有火车站候车室的使用功能和技术要求均不能适应和满足客流量的需要。另外，火车站是一个城市的窗口，也代表一个城市的风貌与形象。随着我市城市建设的迅猛发展，×××市火车站与周边建筑群已极不相称，从城市总体规划和布局来看，与×××城市的规模也不协调，扩建候车室已迫在眉睫。为了能够给旅客提供方便、舒适的候车条件，使我市大交通格局科学合理，有利于提升×××市的城市形象，发展招商引资，促进全市经济发展，急需对×××市火车站候车室进行改造扩建。

我市经论证，拟新建×××市火车站候车室建筑面积4500m^2，三层结构，立面造型宏伟壮观，候车室宽敞明亮、功能合理、设施完善，最大候车容量2500人。并同时完成站前广场改造工作。

市委、市政府对扩建候车室工程非常重视，在财力十分困难的情况下，决定自筹资金200万元，并给予一些必要的政策，恳请×××铁路分局立项并投资。

请函复。

××××年××月××日

◎合作函

【范例】

循环农业友好合作函

朋友：

您好！

党中央、国务院支持和扶持三农的政策有目共睹。特别是《中华人民共和国农产品质量安全法》《中华人民共和国循环经济促进法》《中华人民共和国食品安全法》先后实施，涌现出了多次关注三农、投资三农的高潮。

农业部副部长×××同志在××××年的回答记者问中指出：发展循环农业，实际上是实现人口、资源、环境相互协调发展的新的农业经济增长方式。全国高科技农业循环产业发展中心按照“政府行为推动、市场行为实施”的指导思想和“动态联盟、平等协作、龙头带动”的基本模式，邀请您和您的朋友及您的单位来加盟，共同为振兴我国新的农业经济出力，相伴在循环农业的战线上。

欢迎有良策良技和投资循环农业意向者来电来函联系！

全国高科技农业循环产业发展中心

××××年××月××日

◎商洽函

【范例】

商洽函

敬启者：

我方在《××杂志》上得到贵公司名称和地址，盼与贵公司建立商务关系，特函奉告。

本公司系中国化学产品最大的出口商之一，具有五十年的商务经验，商誉驰名。我方的服务和产品品质保证会使贵方满意。

对我方的信用，如需作进一步的了解，请向中国银行深圳分行直接查询。

盼尽速回音。

敬上

××公司

××××年××月××日

◎问答函

【范例】

法院向上级请求回答的函

××市中级人民法院：

我院受理徐××诉其妹×××遗产纠纷一案，她们的父亲×××生前有××汽水厂股票××××号户名×计一百股。现股票遍寻无着。经本市××汽水厂查询，据称：××汽水厂已迁××市，由××市食品总厂所属人民食品厂接管，为此特函请你院代为查明下列情况：

一、该厂接受的××汽水厂股东中有无×××或×户名××××号股票一百股？

二、该厂对原××汽水厂股票如何处理？×××所持股票是否有人登记或支付定息？

三、如已有人登记或领取定息，请查明领息情况，包括领息人、领息金额，何年何月开始，领至何年何月？

以上三项希大力协助查清，并请尽快见复。

××市××区人民法院（公章）

××××年××月××日

◎批答函

【范例】

国务院办公厅关于××文字博物馆冠名问题的复函

××省人民政府：

你省《关于设立中国文字博物馆的请示》（×政文〔××××〕××号）收悉。经商有关部门并报国务院领导同志同意，现函复如下：

拟在××建设的文字博物馆名称可定为“××中国文字博物馆”。

国务院办公厅

××××年××月××日

◎回复函

【范例】

信访回复函

××市劳动和社会保障局信访处：

接到贵处于××××年11月12日转来的〔××××〕××号×劳社访调函后，我司高度重视并由我司工会主席×××等同志组成专班，具体处理×××等五位同志就有关劳动争议诉我司的涉访事宜。

现经与×××等同志协商、所涉全部争议均已妥善解决。×××等同志已于今日上午向贵处撤回了对我司的全部涉访要求（相关事宜可向×××本人核实，其电话是×××××××××）。

我司将在以后的工作中更加注重与员工的沟通，切实保障员工权益，以实际行动为××特区的经济建设作出我们应有的贡献！

此复！

××局第二建设××设备有限公司

××××年××月××日

◎指定函

【范例】

指定成立清算组函

（发文号）

本院于××××年××月××日受理了申请破产一案，并于××××年××月××日依法宣告破产还债。现指定×××、××……组成公司清算组，负责本案的破产清算工作，其中×××任清算组组长。清算组职责如下：

1. 全面接管企业、负责保管破产企业的财产、账册、文书、资料和印章。
2. 刻制并负责保管、使用公司清算组印章。
3. 负责破产财产的清算、估价、变卖和分配，并向本院提交财产分配方案。
4. 接受破产企业的债务人和财产持有人清偿债务或交付财产。

5. 组织召开债权人会议（第一次债权人会议由本院主持召开）。

6. 法律赋予清算组的其他职权。

7. 破产程序终结后，向破产企业原登记机关办理注销登记。

8. 对清算中的重大问题，应及时报告本院。

××人民法院

××××年××月××日

第十四章　会议纪要

第一节　会议纪要概述

一、会议纪要的概念

会议纪要是在会议后期，根据会议记录、会议文件等材料所撰写的，传达会议议定事项和主要精神，需要与会单位共同遵守执行的公文。这些会议一般没有作出决定或决议，会议纪要起到传达会议精神、交流情况、指导工作的作用。

二、会议纪要的适用范围

会议纪要适用于记载和传达会议情况和议定事项。就其基本特征而言，会议纪要应当算是一种实录性公文，是在对会议讨论的事项加以归纳、整理的基础上，将其反映出来的公文文种。除了能够起到通报会议精神的作用，上报上级机关的会议纪要往往还能起到反映情况、汇报工作的作用；下发下级机关的会议纪要，往往具有统一认识、指导工作的作用；抄送平行机关或不相隶属机关的会议纪要，则能起到交流信息、沟通情况、知照事项的作用。会议纪要是会议文件，但并非所有的会议都要形成会议纪要。通常只有大中型会议或比较重要的会议，才要求写会议纪要。特别是尚未形成正式决定，而讨论事项又要求有关人员了解的会议，则更需要写会议纪要了。

三、会议纪要的特点

会议纪要的特点：

一是具有较强的提要性。会议纪要的依据是会议材料和会议记录，但它又不同于会议记录，它不能事无巨细，有闻必录，而是对会议主要精神、要点的提炼和概括。

二是具有决议的性质。它是对会议议定事项的概括和归纳，一经下发，便对有关单位和人员产生一种指示作用和约束力，实际上起着决议的某种作用。

三是具有存查备案的作用。有些会议纪要并非一定要贯彻执行，只是为了通报会议情况，让有关人员周知，在必要时查阅，这种会议纪要成文传阅后应存档，以备查用。

四、会议纪要的类型

会议纪要一般可分为两种类型：

1. 办公会议纪要

办公会议纪要，也叫例行会议纪要。主要用来反映党政机关、人民团体、企事业单位的领导机关开会研究问题、部署工作的情况，其作用是为机关单位工作的开展提供实在的指导和具体的依据。

2. 专项会议纪要

专项会议纪要包括各种各样的交流会、座谈会、研讨会等，它是通过对涉及有关工作的重要方针、政策和理论原则问题的交流、讨论情况的纪实，给人们以深刻的启发，给工作以宏观的指导。根据实际需要阐述理由，便于上级部门了解会议情况。

第二节 会议纪要的写作技能

一、会议纪要的组成部分

会议纪要一般由标题、开头、主体、结尾四部分组成。

1. 标题。例会、办公会议纪要的标题，要求标明是何单位、何种性质的会议。其他会议纪要的标题一般由会议召开单位、会议名称和文种组成，也有只由会议名称和文种两项组成的标题。

2. 开头。简要介绍会议的基本情况，叙述召开会议的根据、目的、会议的起止时间、地点、参加会议的人员、会议的基本议程、主要活动和会议的结果。

3. 主体。紧承开头，具体阐述会议讨论的问题和意见、结论和决定以及对今后工作所提出的要求，从而把会议的主要精神和成果全面、具体、详尽地反映出来。常见的写法有两种：

（1）概括叙述式。就是把会议的发言、讨论的情况加以综合分析，围绕中心内容，归纳概括成几个部分，分条分段用“一、二、三……”的形式或冠以小标题进行排列，标明层次，然后对各个部分作完整系统的说明和阐述。这种写法的优点是：拟写灵活，纲目清晰，层次分明，便于将问题讲深讲透。

（2）发言记录式。既可按会议的发言顺序，把握发言要点，将发言者的观点、论据如实记录整理；也可按会议讨论的问题，分别列出小标题，然后在小标题的下面写出重点发言。这种写法较概括叙述式更简便，一般小型会议、专业性会议或座谈会的纪要多采用此种写法。

4. 结尾。一些会议纪要不单独写结尾，主体部分的最后一个问题写完即结束全文。有些会议纪要要单独写一段结尾，或是写会议主持人或其他领导人的总结讲话；或是对会议作出一些基本评价，发出号召，提出希望。

二、会议纪要正文的几种写法

会议纪要的正文主要有三种写法。

1. 条项式写法

即把讨论的问题和决定的事项分条分项写出。会议讨论了几个问题，纪要就以几个问题各自成一点写出。工作会议纪要大多都采用这种写法。这种写法，条条项项井然有序，便于理解、记忆、执行。

2. 综合式写法

即把会议内容按性质综合为若干部分，然后逐一写出。工作经验交流会纪要、学术问题研讨会纪要一般都用这种写法。这种写法有一定的难度，但有利于概括丰富的内容，有利于从原则高度上把问题讲深讲透。

3. 摘录式写法

即摘要只记会上发言内容，按发言顺序或按内容性质归类写出。这种写法，通过摘录发言人的话，反映发言人的观点，使人觉得客观、真实。先写发言者的姓名，然后再记其发言。记发言者的第一次发言时，在姓名后可注明单位、职务。要注意不要全文、原话尽录，要摘其要点。

三、写作会议纪要应注意的事项

1. 要占有大量丰富的感性材料，主要是做好会议记录，这是撰写会议纪要的基础工作，也是会议纪要的材料来源。

2. 在对基本材料进行整理、筛选的基础上，要进行精心构思，理出会议纪要的基本框架结构，列出各部分的简要写作纲目，并注意将会议进行中的新情况及时列入有关纲目内。在构思、酝酿成熟之后再进行起草，一气呵成，然后反复修改、定稿。

3. 要突出会议的主题，不能有多个中心，不能面面俱到。要抓主题、抓主流、抓实质。要善于整理、归纳出会议的中心内容，写清会议所明确和解决的主要问题，不能主次不分，写进一些与会议中心无关的内容或意见。

4. 会议纪要的写作要有条理，逻辑性要强，观点要鲜明，对于问题的概括要完整，不能以偏概全。要抓观点、抓结论、抓落实。对于具体的方法措施要详写，以便于指导工作。会议纪要用语要简练，用词要精当，不能写得烦琐冗长，不能用“大概”“可能”等表述不精确的词语。

5. 切忌将会议纪要写成会议决议，也切忌将会议纪要写成会议记录。

6. 会议纪要的写作必须忠于会议实际。表达准确，突出重点，简明精练，条理清晰。

第三节　关于会议纪要文种问题的解答

一、"工作会议纪要"与"协商交流会议纪要"有什么区别

工作会议纪要与协商交流会议纪要的区别在于：

工作会议纪要的适用范围比较广泛，既适用于专业性的会议，也适用于一般性的会议；既适用于较长时间的会议，也适用于一般的座谈会。

协商交流性会议纪要侧重于汇集、交流工作情况和经验体会。主要起协调、交流、促进的作用。

二、"会议纪要"的行文方式与一般公文有哪些不同

通知型的"会议纪要"，由于有固定的"中共××市委第×次常务会议纪要""××省人民政府第×次常务会议纪要"等红色版式，所以它们大都是单体直接行文，且不加盖印章。

指示型的"会议纪要"，在上报或下发时，分别使用"报告"或"通知"作为"文件头"，"会议纪要"则作为其附件。

三、"会议纪要"的核心部分是什么

会议的主要精神部分，是对会议主要精神和议定事项的系统整理和集中反映，也是会后要求有关单位贯彻落实会议精神的法定依据。因此，它是会议纪要的核心内容。概括会议的主要精神，实际上就是要传达与会者的共识，可以用"与会代表认为……""代表们指出……"等，也可以采用拟人的写作手法，以会议为第三人称概括传达会议精神，如"会议指出……""会议认为……""会议决定……"等。对会议精神的概括必须忠实于会议实际，不可随意增减，不能借题发挥，更不能将执笔者的见解加入纪要之中。同时还应注意，既要反映会议精神，特别是领导人重要讲话内容，又必须综理其要，提炼概括，不应成为会议记录的"副本"。

有些会议纪要将出席会议的人员名单放在结尾之处，以便减轻纪要开头部分篇幅上的压力，这种做法也值得借鉴。

第四节　会议纪要病例的分析与修改

一、会议纪要的分析与修改

【原　文】

××集团期货公司财务会议纪要

适逢×××期货经纪有限公司成立十周年之际，为了有效提高整个公司财务管理效率，提升服务质量和水平，增强风险控制和创新意识，格林××期货财务部于××××年6月20日至21日在××度假山庄召开了由各地财务人员参加的期货公司财务工作会议。会议始终在民主、和谐的气氛中进行。

会议首先由百忙之中抽空赶来的集团总裁×××先生致开幕词。×总对本次会议的召开表示充分肯定，同时对顶着烈日来自天南海北的财会人员表示感谢。他特别强调公司财务工作应尽快向现代会计职能转换，财务工作要有前瞻性，财务人员要有超前意识，积极参与日常管理，当好领导的参谋。他还叮嘱大家在日常工作中要特别细心，指出期货从业人员是“在风口浪尖上跳舞的人”，而财务人员就是“拉缆绳的人”，是掌握金钥匙的人，是整个公司风险控制的最后一道闸门，希望大家能够牢牢掌控好这把金钥匙。会议随后由集团副总裁兼财务总监×××主持，他在简要回顾了××期货公司十年坎坷历程后，指出××期货能在全国同行业激烈的竞争中取得优势，并保持在行业前列的辉煌成绩，其中凝聚着财务人员的心血和汗水，但随着业务的发展，发现工作中还存在很多问题，亟须通过加强管理，堵塞漏洞，以利公司的持续健康发展。希望这次会议要开细、开实，通过大家认真讨论，发现问题，解决问题，切实做好风险防范工作，开拓创新，提升服务层次，进一步提高公司效益。

在接下来的议程里，大家集中认真学习了营业部财务管理制度、保证金封闭管理办法、出入金制度、报销流程、佣金软件操作、财务法律有关问题等，进一步丰富了业务理论知识，提高了操作技能。在随后的讨论会上，大家畅所欲言，能结合各自工作实际，从服务客户，提高服务质量、效率和风险控制出发，对目前执行的各项规章制度情况进行了认真热烈的讨论。通过认真的剖析，查找工作中的不足和问题，互相交流学习，取长补短，达到提高工作质量的目的。并对大家工作中遇到的需要解决的问题一一给予明确的答复。

【分析与修改】

该文篇幅较长，在写作格式上较规范，文字简要而精确。但该文在结尾处缺少本次会议中所作出的决定，并且应当详细写出其总结的发言，这是会议的一个重要部分。

【改　稿】

××集团期货公司财务会议纪要

适逢×××期货经纪有限公司成立十周年之际，为了有效提高整个公司财务管理效率，提升服务质量和水平，增强风险控制和创新意识，格林××期货财务部于××××年6月20日至21日在××度假山庄召开了由各地财务人员参加的期货公司财务工作会议。会议始终在民主、和谐的气氛中进行。

会议首先由百忙之中抽空赶来的集团总裁×××先生致开幕词。×总对本次会议的召开表示充分肯定，同时对顶着烈日来自天南海北的财会人员表示感谢。他特别强调公司财务工作应尽快向现代会计职能转换，财务工作要有前瞻性，财务人员要有超前意识，积极参与日常管理，当好领导的参谋。他还叮嘱大家在日常工作中要特别细心，指出期货从业人员是“在风口浪尖上跳舞的人”，而财务人员就是“拉缆绳的人”，是掌握金钥匙的人，是整个公司风险控制的最后一道闸门，希望大家能够牢牢掌控好这把金钥匙。会议随后由集团副总裁兼财务总监×××主持，他在简要回顾了××期货公司十年坎坷历程后，指出××期货能在全国同行业激烈的竞争中取得优势，并保持在行业前列的辉煌成绩，其中凝聚着财务人员的心血和汗水，但随着业务的发展，发现工作中还存在很多问题，亟须通过加强管理，堵塞漏洞，以利公司的持续健康发展。希望这次会议要开细、开实，通过大家认真讨论，发现问题，解决问题，切实做好风险防范工作，开拓创新，提升服务层次，进一步提高公司效益。

在接下来的议程里，大家集中认真学习了营业部财务管理制度、保证金封闭管理办法、出入金制度、报销流程、佣金软件操作、财务法律有关问题等，进一步丰富了业务理论知识，提高了操作技能。在随后的讨论会上，大家畅所欲言，能结合各自工作实际，从服务客户，提高服务质量、效率和风险控制出发，对目前执行的各项规章制度情况进行了认真热烈的讨论。通过认真的剖析，查找工作中的不足和问题，互相交流学习，取长补短，达到提高工作质量的目的。并对大家工作中遇到的需要解决的问题一一给予明确的答复。

最后，集团副总裁×××作了总结发言，要求各营业部会计在实际工作中处理好六个方面的关系：

1. 处理好原则性与灵活性的关系。
2. 处理好总部垂直管理与营业部经理横向管理的关系。
3. 处理好前台与后台的关系。
4. 处理好服务、创新与管理、监督的关系。

5. 处理好税务、银行、特办的业务关系。

6. 处理好个人、营业部与公司之间的利益的关系。

二、工作会议纪要的分析与修改

【原　文】

××× 学会会议纪要

时间：××××年×月××日

地点：××××学会会议室

参加人员：常务副会长×××，副会长×××、×××、×××，办公室主任×××、副主任×××，活动中心主任××。

会议内容：

一、确定了学会的办公地点。根据××××年×月××日会议决定，×××、×××同志对学会办公地点进行了考察，经过比较，认为×××大学办公条件优越，适合作为学会的办公地点。会议决定，从即日起××××学会迁到××大学，挂牌办公。通信地址：××市××区×××路××号。联系电话：××××××××。

二、学会与××大学商定，由××大学给学会提供办公室、办公桌椅、电话和必要的办公费用。利用××大学的教学条件，双方共同组织举办秘书培训班等。

三、增补了学会副会长。为便于开展工作，建议增补××为学会副会长，负责学会的后勤保障和日常管理，先开展工作，以后提请×月份常务理事会确认。

四、研究了今年学术会议和常务理事会安排（详见通知）。

××××学会

××××年×月××日

【分析与修改】

这篇会议纪要存在的问题是格式设置不够统一。

会议纪要共分为四条，其中第一条、第三条、第四条均采取“篇前提要”的表述方法，先用一句结论性的语言概括该条的中心内容（段旨），开门见山，起句立意。然后紧紧围绕中心内容进行阐述，条理清楚，脉络分明。唯独第二条直接采用了叙述的表达方式。从总体上看，显得不够协调，有损于行文的整体美。同时，也不便于读者准确及时地把握该条内容的实质。因此，也应提炼概括出一句结论性的语言，并将其冠于段首。这样，就能使通篇纪要的格式设置更为协调、匀称。

【改　稿】

××× 学会会议纪要

时间：××××年×月××日

地点：××××学会会议室

参加人员：常务副会长×××，副会长×××、×××、×××，办公室主任×××、副主任×××，活动中心主任××。

会议内容：

一、确定了学会的办公地点。根据××××年×月××日会议决定，×××、×××同志对学会办公地点进行了考察，经过比较，认为×××大学办公条件优越，适合作学会的办公地点。会议决定，从即日起××××学会迁到××大学，挂牌办公。通信地址：××市××区×××路××号。联系电话：××××××××。

二、确定了学会的出资要求。学会与研修大学商定，由××大学给学会提供办公室、办公桌椅、电话和必要的办公费用。利用××大学的教学条件，双方共同组织举办秘书培训班等。

三、增补了学会副会长。为便于开展工作，建议增补××为学会副会长，负责学会的后勤保障和日常管理，先开展工作，以后提请×月份常务理事会确认。

四、研究了今年学术会议和常务理事会安排（详见通知）。

××××学会

××××年×月××日

三、研讨会会议纪要的分析与修改

【原　文】

第三届家庭问题学术研讨会会议纪要

（××××年××月××日）

××杂志社于××××年××月××～××日在××举办了“第三届家庭问题学术研讨会”。约四十余名理论工作者和学者就我国改革开放十年来婚姻家庭领域里精神文明建设的现状及未来，进行了广泛深入的探讨。

一、关于现阶段我国社会主义伦理道德建设问题

与会同志一致认为，在家庭文化建设的范畴中，建设适应现阶段经济与文化发展的伦理道德应是十分重要的内容，它不仅直接关系家庭文明和睦，而且在一

定程度上影响着社会稳定，是社会主义精神文明建设的重要组成部分。

与会同志强调指出，现代化建设使我国经济和文化结构发生了变化，改革开放十年来西方文化的大量渗入，不可避免地带来了一些资产阶级腐朽没落的思想和意识形态，又由于新中国成立后我们一直倡导的社会主义伦理道德规范尚未完全确立，在客观上导致现阶段伦理道德观念上的某些混乱。我们的任务是站在马克思主义立场上，从我国国情出发，对我国传统伦理道德进行认真梳理，取其精华；同时，有针对性地批判西方文化中腐朽、没落的资产阶级思想意识，把中外文化的先进成分有机地结合起来，进一步确立和弘扬社会主义的伦理道德规范。

二、关于家庭结构和家庭功能变化问题

与会同志一致认为，当前我国的家庭结构与家庭功能同样也发生着变化。现阶段，我国家庭结构的总趋势是向小型化发展，但主干家庭仍占相当比例。与西方小型化家庭不同的是，我国的家庭实际是网络型，纵向上与上下代人、横向上与同辈人关系都十分密切，血缘亲情仍然非常牢固，分中有合，极少出现西方家庭的孤独感。今天的主干家庭与传统的主干家庭也有质的不同。过去的主干家庭伦理上是家长制，经济上的一体化。今天，由于家庭成员经济上相对独立，家庭的管理更趋民主化，合而有分。因此，现阶段我国家庭结构的状况，既表现出经济发展后家庭生活的民主气氛逐渐浓厚，又表现出我国家庭继承了中华民族传统的血缘亲情，这些都是应当充分肯定的。在家庭功能方面，与会同志认为，今天的家庭功能正从传统的生育、生产、生活等基本功能向多内容、高层次发展，如越来越多的家庭开始重视家庭成员的科学文化教育和审美情趣的培养以及情感满意的实现，这对提高人的素质有着积极的作用，同时也是改革开放后社会主义精神文明建设的重要成果之一。

三、关于家庭社会学研究问题

家庭社会学是近十年在我国发展较快的一门学科。与会同志一致认为，我国的家庭社会学理论，必须以马克思主义为指导，从我国国情出发，对现阶段婚姻家庭领域里出现的新风尚和新问题进行多种类多层次的研究，特别是对如何提高妇女地位，如何更好地解决独生子女教育问题，如何有效地贯彻计划生育政策以及如何赡养老人等问题进行多视角探讨；对卖淫，赌博，贩毒吸毒，拐卖妇女儿童等社会丑恶现象的根源进行分析，从而为各级政府制定科学决策提供参考依据。

【分析与修改】

这篇纪要从总体上来看，观点明确，条理清楚，语言顺畅，结构布局也比较规范、得体。

1. 表达不准确，如第一段中的“约四十余名理论工作者”应改成“约四十名理论工作者”或“四十余名理论工作者”。

2. 标点符号使用有误。文中最后一段话中“如何提高妇女地位，如何更好地解决独生子女教育，如何有效地贯彻计划生育政策以及如何赡养老人等问题进行多视角探讨”和“对卖淫，赌博，贩毒吸毒，拐卖妇女儿童……”中的几个逗句均应改为顿号。

【改　稿】

第三届家庭问题学术研讨会会议纪要

（××××年××月××日）

××杂志社于××××年××月××～××日在××举办了“第三届家庭问题学术研讨会”。四十余名理论工作者和学者就我国改革开放十年来婚姻家庭领域里精神文明建设的现状及未来，进行了广泛深入的探讨。

一、关于现阶段我国社会主义伦理道德建设问题

与会同志一致认为，在家庭文化建设的范畴中，建设适应现阶段经济与文化发展的伦理道德应是十分重要的内容，它不仅直接关系家庭文明和睦，而且在一定程度上影响着社会稳定，是社会主义精神文明建设的重要组成部分。

与会同志强调指出，现代化建设使我国经济和文化结构发生了变化，改革开放十年来西方文化的大量渗入，不可避免地带来了一些资产阶级腐朽没落的思想和意识形态，又由于新中国成立后我们一直倡导的社会主义伦理道德规范尚未完全确立，在客观上导致现阶段伦理道德观念上的某些混乱。我们的任务是站在马克思主义立场上，从我国国情出发，对我国传统伦理道德进行认真梳理，取其精华；同时，有针对性地批判西方文化中腐朽、没落的资产阶级思想意识，把中外文化的先进成分有机地结合起来，进一步确立和弘扬社会主义的伦理道德规范。

二、关于家庭结构和家庭功能变化问题

与会同志一致认为，当前我国的家庭结构与家庭功能同样也发生着变化。现阶段，我国家庭结构的总趋势是向小型化发展，但主干家庭仍占相当比例。与西方小型化家庭不同的是，我国的家庭实际是网络型，纵向上与上下代人、横向上与同辈人关系都十分密切，血缘亲情仍然非常牢固，分中有合，极少出现西方家庭的孤独感。今天的主干家庭与传统的主干家庭也有质的不同。过去的主干家庭伦理上是家长制，经济上的一体化。今天，由于家庭成员经济上相对独立，家庭的管理更趋民主化，合而有分。因此，现阶段我国家庭结构的状况，既表现出经济发展后家庭生活的民主气氛逐渐浓厚，又表现出我国家庭继承了中华民族传统的血缘亲情，这些都是应当充分肯定的。在家庭功能方面，与会同志认为，今天的家庭功能正从传统的生育、生产、生活等基本功能向多内容、高层次发展，如越来越多的家庭开始重视家庭成员的科学文化教育和审美情趣的培养以及情感满

足的实现，这对提高人的素质有着积极的作用，同时也是改革开放后社会主义精神文明建设的重要成果之一。

三、关于家庭社会学研究问题

家庭社会学是近十年在我国发展较快的一门学科。与会同志一致认为，我国的家庭社会学理论，必须以马克思主义为指导，从我国国情出发，对现阶段婚姻家庭领域里出现的新风尚和新问题进行多种类多层次的研究，特别是对如何提高妇女地位、如何更好地解决独生子女教育问题、如何有效地贯彻计划生育政策以及如何赡养老人等问题进行多视角探讨；对卖淫、赌博、贩毒吸毒、拐卖妇女儿童等社会丑恶现象的根源进行分析，从而为各级政府制定科学决策提供参考依据。

四、交流会会议纪要的分析与修改

【原　文】

××物理学会X射线专业委员会会议纪要

由××科技大学、××电讯工程学院组织筹办，经××市科学技术委员会批准，于××××年××月××日在××市召开了物理学会X射线专业委员会第三届学术交流会。参加会议的有本市的大专院校、科研所、厂矿企业等58个单位，86名代表。

会上，××市物理学会常务理事××同志首先向大会宣布：××市物理学会X射线委员会第三届学术交流会会议开始。××市科委主任×××同志传达了中国物理学会X射线专业委员会第二次会议精神以及省、市有关文件，××市X射线衍射荧光分析协作组组长、××科技大学教授××同志总结了三年来协作组的工作并讲了今后的打算和努力方向，××市科学交流中心主任××同志讲了话，他希望各位代表回到原单位后，加倍努力，提高X射线分析的工作，为"四化"建设作出更大的贡献。

会议邀请了××大学物理系固体物理教研室主任×××副教授作"非晶态结构的X射线衍射测定"的专题报告；中国科学院××分院×××助理研究员作"晶体结构测定方法及其进展和EXAFS原理及其进展"的专题报告。××仪表厂、××仪表元件厂的代表分别就单色四聚焦照相机的原理和结构特点及各种X射线照相机和防护罩、X射线管的使用和维护等进行了介绍，受到代表们的欢迎和好评。

会议收到了论文资料40多篇，其内容丰富，涉及面广，针对性强。既有基础理论、基本方法和实验技术的研究，又有结合我省自然资源的地理、采矿、冶金、建材、化工、电子和国防等重大科研课题的探讨。如电子元器件生产过程的检测、煤石的应用等。其中25位代表在会上宣读了论文，其余的论文进行了书面交流。会议认为，这些论文是宝贵的科学性的经验总结，对今后的工作定会起到积极的指导和推动作用。

会议决定：

一、定于××××年下半年举办一次“荧光分析”专题讨论会。由××医学院、××地质矿产研究所负责筹办。

二、定于××××年举办一次“计算机在X射线分析中的应用”讲习班，由××电子计算机科研所、科学院××化学研究所筹办。

三、××××年在××市举行第四届学术交流会，由科学院物理所、××大学筹办。

为了迎接第四届X射线衍射分析会的召开，会议要求各单位抓紧时间积极开展工作，写出高质量的学术论文参加全国学术年会。

会议经过与会代表的共同努力，收到了预期效果，取得了圆满成功。

××物理学会X射线专业委员会

××××年××月××日

【分析与修改】

该会议纪要内容比较具体，正文结构基本合理，是近期一些公文写作书选用的例文之一。但这样内容单一的公文，却存在不少问题。

1. 标题拟制不规范。标题中的事由不完整、不准确，虽提到了会议，但未明确写出是什么性质或名称的会议，结合全文来看，该会议纪要的标题应拟为“××物理学会X射线专业委员会第三届学术交流会会议纪要”。

2. 缺少定语，造成句子成分残缺。如第二段最后一句话中“他希望各位代表回到原单位后，加倍努力，提高X射线分析的工作，为‘四化’建设作出更大的贡献”，“工作”后应加上“效率”一词；又如第三段最后一句话“受到代表们的欢迎和好评”，应在“受到”后加上助词“了”，即改为“受到代表们的欢迎和好评”；再如第四段最后一句中的“指导和推动作用”应在指导后加上“作用”，改为“指导作用和推动作用”。

3. 语意重复。如“会议决定”和下面的“定于”意思相近、重复。故应将下面的“定于”改为“于”即可。

4. 语言表达不清。文中如“××化学研究所筹办”“××大学筹办”。“研究所”和“大学”不能筹办会议。因此，在筹办前应加上“负责”一词。

【改　稿】

××物理学会X射线专业委员会第三届学术交流会会议纪要

由××科技大学、××电讯工程学院组织筹办、经××市科学技术委员会批准，于××××年××月××日在××市召开了物理学会X射线专业委员会第三届学术交流会。参加会议的有本市的大专院校、科研所、厂矿企业等58个单位，86名代表。

会上，××市物理学会常务理事××同志首先宣布：××市物理学会X射线委员会第三届学术交流会会议开始。××市科委主任×××同志传达了中国物理学会X射线专业委员会第二次会议精神以及省、市有关文件，××市X射线衍射荧光分析协作组组长、××科技大学教授××同志总结了三年来协作组的工作并讲了今后的打算和努力方向，××市科学交流中心主任××同志讲了话，他希望各位代表回到原单位后，加倍努力，提高X射线分析的工作效率，为“四化”建设作出更大的贡献。

会议邀请了××大学物理系固体物理教研室主任×××副教授作“非晶态结构的X射线衍射测定”的专题报告；中国科学院××分院×××助理研究员作“晶体结构测定方法及其进展和EXAFS原理及其进展”的专题报告。××仪表厂、××仪表元件厂的代表分别就单色四聚焦照相机的原理和结构特点及各种X射线照相机和防护罩、X射线管的使用和维护等进行了介绍，受到了代表们的欢迎和好评。

会议收到了论文资料40多篇，其内容丰富，涉及面广，针对性强。既有基础理论、基本方法和实验技术的研究，又有结合我省自然资源的地理、采矿、冶金、建材、化工、电子和国防等重大科研课题的探讨。如电子元器件生产过程的检测、煤石的应用等。其中25位代表在会上宣读了论文，对其余的论文进行了书面交流。会议认为，这些论文是宝贵的科学性的经验总结，对今后的工作定会起到积极的指导作用和推动作用。

会议决定：

一、于××××年下半年举办一次“荧光分析”专题讨论会。由××医学院、××地质矿产研究所负责筹办。

二、于××××年举办一次“计算机在X射线分析中的应用”讲习班，由××电子计算机科研所、科学院××化学研究所负责筹办。

三、××××年在××市举行第四届学术交流会，由科学院物理所、××大学负责筹办。

为了迎接第四届X射线衍射分析会的召开，会议要求各单位抓紧时间积极开展工作，写出高质量的学术论文参加全国学术年会。

会议经过与会代表的共同努力，收到了预期效果，取得了圆满成功。

××物理学会X射线专业委员会
××××年××月××日

第五节 会议纪要的写作范例

◎信访会议纪要

【范例】

××信访领导小组会议纪要

××××年××月××日，县委常务副书记、县信访工作领导小组组长××主持召开了今年第二季度县信访领导小组会议，现纪要如下：

会议通报了××县第一季度来访情况、集体访情况、案件查办情况以及信访工作存在的问题。对第二季度信访动态进行了分析，排查了村务公开、退耕还林、企业改制、清退代课教师、交通治理等群众关心的热点问题。

会议认为，第一季度我县信访工作由于各级各部门高度重视，采取了积极有效措施，加大了案件查办力度，一些多年缠访问题、一些影响投资环境问题、一些久拖未决的经济纠纷均得到妥善解决，保证了县域经济的健康发展。但与去年同期相比，信访总量明显增大，集体访批次人数成倍增长，信访形势不容乐观。这些问题的存在与少数单位不重视信访工作，不讲原则、不讲大局、遇事推诿扯皮；与部分干部工作作风漂浮、工作方法简单粗暴有直接关系。因此，各级各部门要端正认识，增强责任意识，改进工作方法，化解矛盾，维护社会稳定。

会议强调，信访工作是一项长期性的工作，随着经济社会的发展，会不断产生新的矛盾，引发新的信访。但只要我们努力工作，牢固树立“权为民所用，情为民所系，利为民所谋”的思想，不断改进工作作风、工作方法，主动化解矛盾，信访是可以减少的。会议指出，第二季度信访工作要以化解矛盾、减少集体访、解决长期缠访为核心，以第二季度信访总量比去年同期下降为目标，认真履行职责，按“分级负责，归口办理”原则，各自做好工作，确保一方平安。

会议要求：

一要抓“热点”，维护群众利益。群众反映的“热点”问题，实际上也是党和政府工作的难点。切实解决好群众反映的“热点”“难点”问题，是我们各级各部门义不容辞的责任。因此各乡镇各部门要带着对人民群众的深厚感情，处理好群众关心的“热点”“难点”问题。一是认真关注“热点”，认真排查本单位本辖区内的“热点”“难点”，采取措施，制定预案。二是及时处理“热点”，不回避矛盾，不一拖了之，及时予以解决，坚决杜绝激化矛盾引发集体访或越级访。三是避免引发新的“热点”，进一步改进工作作风，改善工作方法，坚持依法行政，按政策做好群众思想工作，处理好干群关系，决不能因工作不到位等原因引发新的“热点”问题。

二要抓领导，落实责任。信访问题落实得实不实，信访工作水平高不高，单位领导是关键。一是信访机构要健全。落实分管领导和专兼职信访干部，保证来访有人接，案件有人查。二是工作责任要落实，要把信访工作作为一项重要工作抓实抓好，尤其是重点涉访单位至少每季度专题研究一次信访工作，排查本辖区本部门职能权限内可能触及群众利益、引发信访的问题，并制定解决问题的措施，把矛盾解决在基层。三是加大案件查办力度，严格按照“五定”原则进行落实，即定责任单位、定包案领导、定办案责任人、定办结时限、定办案质量。一定要做到办结一案，解决一事，减少一访，稳定一方。

三要抓协调，讲大局。一是加强同上级主管部门的联系，尤其是涉及政策法规等相关问题的答复上要统一，要及时向上级汇报本县信访工作情况，争取主动。二是加强部门之间的团结协作，在涉及下岗职工、清退计划外用工、安置职工、工资待遇等热点问题上，各相关部门要相互通气，耐心答复上访人，做好政策解释、思想疏导工作，减少群众上访。三是加强对乡镇部门信访室的业务指导，加强信息沟通，掌握信访动态，发现苗头及时超前化解。四是要发挥治保调解组织的作用，积极化解矛盾，报告信息，齐抓共管，构筑大信访格局。

四要抓制度，严明纪律。严格按“分级负责，归口办理”的原则解决信访问题。一是要纠正怕负责任的思想，要敢于负责，正视信访问题，不推诿扯皮，确保一方稳定。二是要纠正不负责任的做法，牢固树立责任意识，切实履行信访工作职责，不回避矛盾，把问题解决在基层。三是严肃工作纪律，对重大会议、重大节庆期间的集体上访、越级上访，需要接人的，涉访单位在接到通知后必须无条件服从，在规定时间内赶到指定地点，做好接人工作。

五抓督察，促工作。县信访局要切实履行部门职能作用，按照县信访领导小组的要求，抓好各级各部门的信访指导和督察工作。县信访局对信访工作建立信访督察通报制度，对信访工作重视不够、工作不力，信访增加、信访问题久拖不决的乡镇和部门要通报批评，严重的追究主要领导责任。对重视信访工作，化解矛盾及时，稳定工作做得好的乡镇和部门进行表彰奖励。

会议决定：

1. 于6月中旬对信访工作进行半年检查，检查结果将在全县进行通报，并纳入年终考核。

2. 林业局要加强对退耕还林信访问题的研究，建立健全退耕还林监管处理工作机制，并迅速拿出工作方案报信访领导小组。

××××年××月××日

抄报：县委、县人大、县政府、县政协、市信访局

抄送：县信访领导小组成员单位，重点涉访单位

◎指示性会议纪要

【范例】

房屋使用权问题的会议纪要

××××年××月××日上午，市政府办公厅×××主任主持召开会议，协调解决××大街××号首层房屋使用权问题。参加会议的有省政府办公厅交际处、××宾馆、市商委、市国土房管局、二商局、市××公司等有关部门的负责同志。

会议认为，××大街××号首层房屋使用权的问题，是在过去计划经济和行政决定下形成的历史遗留问题。早几年曾多次协调，虽有进展，但未有结果。最近，按照省、市领导同志“向前看”“了却这笔历史旧账”的批示精神，在办公厅的协调下，双方本着尊重历史、面对现实、互谅互让的原则，合情合理地提出解决这宗矛盾的方案。

经过协商、讨论，双方达成了一致的认识。会议决定如下事项：

一、市××公司应将××大街××号房屋的使用权交给××宾馆。

二、考虑到市××公司在××号经营了30多年，已投入了不少资金，退出后，办公地方暂时难以解决，决定给予其商品损耗费、固定资产投资和搬迁费等一次性补偿费用共95万元。其中省政府办公厅和××宾馆负责80万元；考虑到省政府领导曾多次过问此事和省、市关系，另15万元由××市政府支持补助。

三、省政府办公厅和××宾馆的补偿款于××××年××月××日前划拨给市××公司。市政府的补助款于××月××日左右划拨，市××公司应于××月××日开始搬迁，××月××日前搬迁完毕并移交钥匙。

四、市××公司原搭建的楼阁按房管部门规定不能拆迁。空调器和电话等××月××日前搬迁不了的，由××宾馆协助做好善后工作。

会议强调，双方在房屋使用权移交中要各自做好本单位干部群众的工作，团结协作，增进友谊，保证移交工作顺利进行。

××市政府办公厅
××××年××月××日

◎工作会议纪要

【范例】

救灾救助组工作会议纪要

（××××年××月××日）

××月××日下午，×××同志主持召开会议，安排救灾救助和教育灾后恢复重建工作。市民政局、市劳动局、市教育局负责人出席会议。会议听取了各部门关于灾后重建项目进度、资金落实情况的汇报以及存在的困难和问题，并对下一步工作进行了部署。

一、民政部门灾后重建情况

会议对前期社会福利院建设、敬老院建设、社区居委会重建项目、防灾减灾项目、救助管理站、殡仪馆、军休所、婚姻登记机构等重建项目按计划有序推进给予充分肯定，对近期工作，会议要求：

（一）“6·30”地震造成农房重建新增的户数指标问题，市民政部门要高度重视，积极争取省民政厅支持，尽快落实新增农房重建核定户数。

（二）农村五保户集中供养标准问题，市政府常务会议专题研究并通过，民政部门要督促检查标准的落实情况，结合福利院的恢复重建，不断改善五保老人的生活环境。

（三）农房重建困难户贷款担保基金数量大，社会关注度高，市、县两级民政部门积极配合金融部门加强对困难户建房情况和贷款资金的使用情况进行跟踪、监督，确保专款专用。

（四）市民政局要加强对“特殊党费”资金使用的协调、指导和检查督促。按照“统一标准，注重指导，借鉴经验，加强交流”的原则，做好村级综合公共服务设施建设。

（五）市民政局配合市发改委协调民政市本级建设项目，尽快实施建设；按照省防震减灾办对救灾指挥体系建设的具体标准要求，配合市应急办共同做好防灾减灾项目建设。

二、教育部门灾后重建情况

会议听取了市教育局灾后重建有关情况的汇报，肯定了前期工作，对近期工作，会议要求：

（一）加强项目跟踪，落实目标责任。市教育局及时掌握全市592所学校的建设进度、工期和资金使用等情况，有针对性地督促学校恢复重建，确保完成今年的省目标任务。

（二）注重建设质量，严格监督管理。市、县教育部门要不断强化监督管理意识，加强监督检查，确保工程质量和资金安全，绝不允许出现工程质量问题和违法、违纪、违规事件。

（三）教育部门对“特殊党费”资金安排的八所学校重建项目要给予特殊关注，必须保质保量、按时建成，并适时向社会公示，宣传报道项目进展情况，接受社会、党内监督。

（四）校舍安全工作，要按照要求，做好摸底、鉴定、规划、方案，实施加固维修工作。工作往前排，不等不靠，资金问题专题研究解决。

三、劳动部门灾后重建情况

全市就业和社会保障公共服务设施、技工院校重建项目共584个。其中：258个基层劳动保障工作平台建设项目，完成投资82万元，占总投资额4422万元的1.85%；312个就业和社会保障公共服务信息系统、市级数据中心（省直管项目）正在进行前期工作；7所技工学校（含省厅直管的西南安装高级技工学校和四川省邮电技工学校2个项目）均未开工。

会议要求：

（一）市劳动保障部门要督促县（市、区）尽快落实就业和社会保障公共服务设施重建资金，抓紧县级综合服务中心建设项目的开工。督促县（市、区）对基层劳动保障工作平台纳入街道（乡镇）、社区综合规划建设的，应按照重建规划规定落实所需的场地及设备设施，以满足功能要求。加强监督，确保今年重建任务的完成。

（二）技工学校重建要督促县（市、区）落实项目资金，加快前期准备工作。部分技工学校项目资金的调整由劳动部门商市发改委共同提出意见，符合项目规划调整规定的，报市政府审定。

◎座谈会会议纪要

【范例】

××自治区财贸系统加强工会工作座谈会会议纪要

××自治区财贸工会

（××××年××月××日）

××××年××月××日下午，自治区财贸系统加强工会工作座谈会在自治区总工会大楼东一会议室召开。会议由自治区总工会副主席×××主持。自治区总工会党组书记、副主席×××出席会议并作了重要讲话。自治区商务厅、粮食局、供销合作联社、旅游局等自治区财贸系统有关厅局的领导参加了会议。

一、会议听取了自治区财贸工会主任×××就工会工作情况汇报和财贸系统有关厅局领导就当前工作情况介绍。会议肯定了财贸系统近年来的工会工作，认为近年来财贸系统各级工会坚持以经济建设为中心，认真履行工会的职能，主动与各级党政联系和沟通，积极开展具有产（企）业特色的群众性经济技术创新活动，加大源头参与力度，维护职工合法权益，积极主动抓好组建工会工作，为构建和谐稳定的新型劳动关系和促进本产（企）业的经济发展发挥了应有的作用。

二、会议对财贸工会提出的拟以自治区总工会的名义与自治区商务厅、粮食局、供销合作联社、旅游局联合下发《关于发挥财贸系统工会组织在建立稳定协调的劳动关系构建社会主义和谐社会中作用的意见（讨论稿）》和拟与自治区商务厅联合下发《关于在全区商贸流通企业开展创品牌活动的意见》，并继续开展创“诚信企业”“服务品牌示范岗”“服务品牌”活动；拟与财贸系统有关厅局合作，联合开展职工技能比赛；配合财贸系统有关厅局就职工关心的热点、难点问题开展联合调查等问题进行审议。会议对拟联合下发的文件和拟联合开展活动的内容进行了认真讨论，提出了具体的修改意见，并建议开展创品牌活动的意见也要以自治区总工会的名义与自治区商务厅、粮食局、供销合作联社、旅游局联合发文，联合检查，上下联动。

三、会议要求：财贸系统各级工会要认真贯彻落实全国总工会十四届六次主席团（扩大）会议审议通过《关于坚持走中国特色社会主义工会发展道路的决议》的精神，要站在巩固党的阶级基础和执政地位的高度，进一步认识新时期工会工作的重要性，从构建社会主义和谐社会的高度，进一步发挥工会在推动经济发展和维护职工合法权益中的作用，在促进发展上要有新贡献，在加强工会组织建设上要有新突破，在维护职工合法权益上要有新作为。财贸系统各级党政领导一如既往地重视和支持工会工作，积极为工会工作创造条件，使工会组织在党委的统一领导下，进一步发挥各自优势，形成合力，共同抓好财贸系统的工会工作。

◎交流性会议纪要

【范例】

中国社会科学院研究生重点教材编写经验交流会会议纪要

（××××年××月××日）

××××年××月××日上午，“中国社会科学院研究生重点教材编写经验交流会”在社科院学术报告厅召开。出席会议的有社科院研究生重点教材工程领导小组成员、社科院研究生重点教材编审委员会委员、已批准立项研究生重点教材编写主持人、社科出版社负责人以及研究生院相关人员。会议由社科院研究生重点教材工程领导小组副组长、研究生院院长×××主持。社科院研究生重点教材工程领导小组组长、社科院副院长×××出席了会议。

会议首先由社科院研究生重点教材工程领导小组秘书长、编委会主任×××介绍了重点教材工程的实施和进展情况。他说，重点教材工程自正式启动以来，在社科院领导特别是在×××院长的关怀和重视下，在院属各职能部门、各研究所和研究生院各教学系的共同努力下，总体进展顺利。通过各教学系积极申报、教材编审委员会严格评审和本工程领导小组审批，××××年和××××年两年总共立项73部。××××年立项的重点教材，相关主持人已全部按要求与研究生院签订了教材编写协议。目前，已有三部教材正式出版，两部教材书稿正在进行验收和进入专家鉴定阶段，其他各项正处于紧张的研究和编写过程之中。××××年立项的重点教材，项目主持人正在陆续与研究生院签订教材编写协议。接着×××着重分析指出，本项工程进展也显现出需要引起高度重视的一些问题。一是重点教材的定位。这套教材不是一般意义上的科研项目和个人探索，而是在传承学科共识基础上充分反映学术前沿、体现学术创新的研究生教材。不仅如此，这套教材也不是一般意义上的普通研究生教材，而是社科院组织编写的面向全国乃至于世界的院级研究生重点教材。这就要求我们编定的这套教材至少要达到“门类较为齐全、结构较为合理”“国内同行认可、学生比较满意”的要求，成为国内最具权威性和系统性的研究生教材。二是教材主持人要进一步提高对这套教材研究与编写的重视程度。据了解，有的教材主持人虽然积极申请立项，但立项后将教材研究与编写排在了一个相当靠后的位置。这种现象应当引起我们的重视并努力加以纠正。三是重点教材的字数、结构、编写规范和体例的统一。一定要统一到《中国社会科学院研究生重点教材工程实施与管理办法》的要求上来。最后，他还进一步明确指出了重点教材工作的近期目标，即争取在××××年年底，最迟明年初院工作会议前后，组织编写和正式出版20～30部重点教材，然后与出版社联合召开首发式和研讨会，将这套教材推向社会。为达到这一目标，教材主持人一定要统一认识，深入研究，努力工作，加快速度，提高质量，保证进度。

……

社科院研究生重点教材工程领导小组副组长、研究生院院长×××最后对会议作了简要小结。她指出，通过此次会议，至少在三个层面统一认识：一是在认识层面，社科院研究生重点教材工程的实施结束了我院研究生教学没有系统、规范的教材的局面，这对我院研究生教育乃至全国的研究生教育都具有重大现实意义。这一工程的实施，将继院重点课题、国情调研之后，为社科院科研主阵地开辟第三个舞台，“三个舞台同时上演精彩剧目”将对繁荣和发展社会科学，落实中央政治局“五一九”精神提供强大的推动力；二是在操作层面，明确了教材组织、编写的规范和要求；三是在技术层面，明确了教材在编写体例和编辑技术等方面的要求。对此，×××副院长做了深刻分析和阐述，并进一步明确指出重点教材建设工作的指导方针和具体要求；要求大家会后要认真领会，狠抓落实；相信通过各方面的共同努力，一批高品位、高质量、符合研究生教学规范的教材一定会按时推出，为我院乃至全国哲学社会科学研究生培养工作作出应有贡献。

◎研讨会会议纪要

【范例】

××、××地区政协第八次文史工作协作研讨会会议纪要

××、××地区政协第八次文史工作协作研讨会于××××年××月××日在××市开幕。在会议主办单位××市政协的精心组织和与会者的共同努力下，会议圆满完成了预定的议程，于××月××日胜利闭幕。

××、××地区各省、自治区、直辖市、副省级市、省会城市政协和特邀的××自治区政协领导和文史工作者共××人出席会议。全国政协文史和学习委员会副主任×××应邀莅临会议，并作了重要讲话。会议由××市政协副主席×××主持，××市政协副主席×××致欢迎词，下届会议承办方××市政协副主席×××作了发言。五位省、市政协同志介绍了经验。

会议认真学习了《中共中央关于加强人民政协工作的意见》（以下简称5号文件）精神，各地政协总结、交流和研讨新中国成立后文史资料的征编、出版工作经验，探讨在新形势下文史工作如何为现实服务的新途径。与会代表一致认为，5号文件是以胡锦涛同志为总书记的中共中央从党和国家事业发展的全局出发，加强人民政协工作的一项重要部署，是指导新世纪新阶段人民政协事业发展的纲领性文件。学习贯彻好5号文件，对于加强和改善中国共产党对人民政协的领导、提高党的执政能力，对于坚持中国共产党领导的多党合作和政治协商制度、发展社会主义民主政治，对于最广泛最充分地调动一切积极因素、构建社会主义和谐社会，对于全面建设小康社会、加快推进社会主义现代化，对于巩固和发展最广泛的爱国统一战线、促进祖国统一和中华民族伟大复兴，都具有十分重要的意义。

会议认为，文史资料工作是人民政协工作的重要组成部分，各地政协的文史工作要认真学习贯彻《中共中央关于加强人民政协工作的意见》这一纲领性文件，以文件精神统领政协文史工作，不断创新工作思路，拓展工作领域，力求更

大发展，进一步开创政协文史工作的新局面，肩负起历史赋予我们的光荣使命。

会议期间，与会单位相互交流了文史工作的新经验，其中重庆、广东、河南、武汉、成都等省市代表在大会上作了交流发言；对《政协全国委员会关于加强文史资料工作的意见》进行了讨论，并提出了具体的建设性修改意见。

会议强调，政协文史工作是一项有益当代、惠及后世的社会主义文化事业，在统一祖国、振兴中华的伟大事业中具有独特的优势和重要作用。各地政协应重视做好文史资料工作，加强文史资料专门工作机构的建设，积极征集、编辑和出版文史资料，争取把政协文史工作做得更好。同时，要不断适应新形势，探索新路子，将文史资料工作与履行政协职能相结合，选准具有文史特色的切入点，积极组织专题协商、专题调研、专题视察、专题研讨、撰写提案和反映社情民意等活动，拓宽文史工作领域。

会议组织全体代表参观考察了××市的历史文化资源和人文自然景观。会议对××市政协为开好会议所付出的努力、所给予的热情服务，表示诚挚的感谢。

会议商定，西南、中南地区政协第九次文史工作协作研讨会议于××××年在武汉市召开，由××市政协承办。会议议题由××市政协与西南中南地区政协文史委协商确定。

◎例会纪要

【范例】

审批例会会议纪要

××××年××月××日上午，我局召开审批例会。局领导×××、×××等，以及审批窗口×××，规划管理办公室×××，建设管理办公室×××、×××、×××，市政管理办公室×××，法制监察办公室×××、×××，办公室×××、×××参加了会议。××××年××月××日下午，我局再次召开审批例会，主要对××月××日审批例会部分议定事项进行补充，局领导×××、×××等，以及审批窗口×××，规划管理办公室×××，村镇办×××、×××，办公室×××、×××、×××参加了会议。会议首先听取了相关科室对提交讨论事项的介绍，与会人员进行了认真的研究和讨论。现将两次会议内容合并纪要如下：

一、关于××服饰有限公司综合楼、厂房项目审批问题（略）

二、关于××房地产开发有限公司“××”商住项目竣工验收问题（略）

三、关于××集团有限公司××分厂老厂房改造审批问题（略）

四、关于××一小地块、××饭店地块商住楼审批问题（略）

五、关于××发动机配件制造有限公司厂房拆建问题（略）

六、关于××二小新联校区一期教学楼、办公楼、食堂审批问题（略）

七、关于县公路段路政二中队业务用房拆扩建审批问题（略）

八、关于县地税局××分局（原财税所）危房拆建审批问题（略）

九、关于××集团××塑料包装厂老厂房改造审批问题（略）

十、关于××镇××村铁路安置房1号、3号工程要求竣工验收问题（略）

十一、关于××镇××村安置房1号、2号楼要求更正用地性质问题

鉴于目前各分局所只能审批6层以下（含6层）的纯住宅，如该项目符合规划、质量、容积率等各方面要求，同意由××分局给予纠正。今后，此类问题需与几个大镇进行协商后予以明确。

十二、关于××分局要求“平改坡”问题

同意继续按（平规建发〔××××〕××号）文件执行。

十三、关于××镇“××小区”要求办理审批手续问题

鉴于该问题的复杂性，同意由××镇政府牵头，上报县政府解决。

十四、关于统一审批和验收建筑面积计算规则问题

同意由×××副局长报告县政府，要求县政府召集房管、国土、规划建设部门将房开工程审批和验收遇到的问题统一协调并形成一致意见，各相关部门按统一意见执行。

十五、关于××化工有限公司营业房补办建设工程许可证问题

同意由×××副局长负责核实市政府相关文件，明确该公司营业房是否属于市政府文件规定的禁止办理相关手续的范畴，同时请××镇政府出具影响疏港大道实施的书面说明。下次提交审批例会讨论。

十六、关于××房地产开发有限公司××项目B1、B2、C1、C2幢未批先建处罚问题

（1）××项目B1、B2幢未办理建设工程证违法建设处罚幅度为建设工程造价的8%，处罚计费基数以建设单位提供并经造价咨询部门核准的实际工程造价数额为准（1129.3万）。

（2）建设单位处罚后，规划建设审批窗口凭监察大队处罚联系单、县政府签署的意见及县国土部门C1、C2幢用地手续补办B1、B2幢规划工程许可手续。

十七、关于××镇城北示范小区北区块A03、A04地块建筑高度调整问题

经×××同志与县府办联系沟通，鉴于县委常委会、县政府常务会议已研究同意，例会同意××镇城北示范小区北区块A03、A04地块建筑高度调整方案，按县委常委会会议记录和县政府第14次常务会议精神给予办理相关手续。

十八、关于××镇环城西路道路调整问题

考虑到环城西路系中心城区总体规划确定的××镇东西走向的次干道，如要调整，应履行总体规划调整程序，先对环城西路道路调整进行专题论证研究。

十九、关于部分乡镇商住地块出具规划条件问题

根据县政府××××年第××号县长办公会议纪要精神，经研究，对于部分乡镇所在区域未编制控规的地块先给予出具规划条件。

二十、××污水处理厂二期污水收集主管网工程审批问题

鉴于工程的特殊性，同意在没有规划方案的情况下，由窗口予以审核、审批。

二十一、××泵站和××泵站用地问题

鉴于该工程的特殊性，例会同意该地块在未办理“农转用”手续的情况下，由审批窗口先给予办理相关审批手续。

二十二、××县良种繁育场职工集资联建房问题

同意按中共××县委维护稳定工作领导小组办公室〔××××〕××号会议纪要执行。

××××年××月××日

第四编

报请类公文写作

第十五章　报　告

第一节　报告概述

一、报告的概念

报告是下级向上级汇报工作、反映情况、提出建议、回答上级询问的上行公文。

报告属于上行公文，它的应用范围相当广泛。可以用来向上级机关反映本部门、本单位各项方针、政策、指示的情况，也可以用来反映实际工作中遇到的问题。

二、报告的适用范围

“报告适用于向上级机关汇报工作，反映情况，答复上级机关的询问。”行政机关与党的机关均使用报告这一文种，而且适用范围也基本相同。

报告是下级机关呈送上级机关的上行文种，中下级机关特别是基层单位和部门常会用到这一文种。

报告的用途十分广泛，具体地说，报告可以用来向上级机关汇报工作，例如，《大兴安岭恢复生产重建家园工作总结报告》是国务院大兴安岭恢复生产重建家园领导小组写给国务院的报告，其作用是使国务院全面掌握大兴安岭火灾之后恢复生产重建家园工作进行的状况；报告也可以用来向上级机关反映情况，比如，《铁道部关于193次旅客快车发生重大颠覆事故的报告》是铁道部写给国务院的报告，其作用是使国务院及时了解193次旅客快车发生重大颠覆事故的原因、损失及应吸取的教训和对责任者的处分等有关情况。此外，报告还可以用来答复上级机关的询问，比如，《关于×××同志提职的报告》就是就上级机关对某一事项的询问，告知上级机关本单位对这一事项的安排的报告。

三、报告的种类

从性质和内容上划分，报告可以分为以下五类。

1. 工作报告

这类报告在向上级机关汇报例行工作或临时性工作情况时使用。工作报告的目的主要是让上级了解下级的工作情况和动向，掌握全局、指导工作，建立上下级之间的正常工作关系。

工作报告又可分为例行工作报告和专题工作报告。例行工作报告主要用于定期向上级机关汇报本机关、本部门职权范围内的工作情况，最常见的是年度工作报告和工作总结报告等。专题报告则是在一项重要临时性工作完成之后或正在进行之中，专门就这项工作的情况向上级机关汇报时使用的。

2. 情况报告

情况报告在向上级机关汇报工作中发生或发现某些情况和问题时使用的。情况报告和专题工作报告的作用差不多，不同的是，情况报告的内容比工作报告更具体、更有特定的意见。情况报告往往是就某一突发情况、某一问题或某一项工作、某一次会议的一部分事项向上级提出报告。情况报告突出工作中的“情况”，工作报告则注重工作的“全过程”。

3. 建议报告

这种报告的侧重点在今后工作的意见和建议上，所以其性质与请示接近。所不同的是建议性报告中提出的意见是供上级机关参考和研究的建议，而不是请求，上级机关对这些建议可以答复，也可以不答复。

4. 答复报告

从内容上看，也属于工作报告或情况报告。这类报告和前面介绍的报告不同，它是被动报告，即答复上级的询问，汇报有关情况，答复内容要有针对性，不能答非所问。

5. 递送报告

这类报告在递送文件、物件时使用，因为是下级对上级行文，习惯上用“报告”而不用“函”行文。它的写法较为简单，写清楚报送材料（文件、物件）的名称、数量，结尾用“请审阅”“请收阅”收束。

第二节　报告的写作技能

一、报告的写作格式

报告由标题、主送机关、正文、落款和日期等部分构成。

1. 标题

报告的标题有两种写法：一是“事由 + 文种”的形式；二是“发文机关 + 事由 + 文种”的形式，如“××分行关于××××××的报告”。有的报告内容紧急，则在标题中的“报告”前冠以“紧急”字样。

2. 主送机关

行政机关的报告，主送机关尽量要少，一般只送一个上级机关即可。但行政机关受双重领导的情况比较多见，只报送其中一个上级机关显然不妥，因此，有时主送机关可以不止一个。

作为党的机关公文的报告，要按《中国共产党机关公文处理条例》第十二条的规定执行："向上级机关行文，应当主送一个机关；如需其他相关的上级机关阅知，可以抄送。"

3. 正文

报告的正文分引据、主体、结语三部分。

（1）引据

概括说明全文主旨，可用起句立意法。即一开始就简明扼要地将一定时间内工作的有关情况如依据、目的、总的行动及对整个工作的估计、评价等作一概述，以点明全文主旨。通常用"现将有关情况报告如下"承上启下，领起下文。

（2）主体

即报告事项部分，也是正文的核心，要叙述报告的具体内容。如果内容多、篇幅长，可采用分题式、分条式或两者相结合的方法进行叙述。对于工作报告，应将各方面工作的主要情况并列分段地一一加以表述，即阐明各方面工作的进展情况、主要做法、取得的效果等。再写明存在的主要问题和下一步工作意见，然后概括出基本经验。要以数字和事实说话，内容既翔实又概括。对于问题报告，侧重写明问题状况及其来龙去脉，分析问题产生的原因，说明其后果，并提出解决问题的方法和措施。对于答复报告，则应强调针对性，紧紧围绕上级的询问和要求，写清问题，表明态度，提出意见。

（3）结语

报告的结语应根据报告的不同内容采用与之相应的不同结语。常用的有"特此报告""专此报告""请审核""请审示""以上报告，如有不妥，请指正"等。

4. 落款

即写上发文单位印章和成文日期。

二、报告的写作要求

1. 要总结出有规律的东西

写报告要用正确的立场、观点、方法对事实进行分析，从中总结出一些带有规律性的东西。这些规律性的东西，无论是成功的经验，还是失败的教训，对今后的工作都具有重要的指导意义。

2. 注意个体材料和整体材料的配合使用

报告的容量大，涉及的材料众多，因此，在写作时一定要注意个体材料和整体材料的配合使用。尤其是综合报告，涉及的方面多，内容复杂，更要注意个体材料和整体材料的配合使用。有个体材料没有整体材料，会使报告零碎，缺乏整体印象；反之，有整体材料没有个体材料，则会使报告内容空泛，缺乏力度和深度。

3. 报告所反映的情况要真实、具体

报告的用途是帮助上级机关了解下情，从而作出正确的决策。因此，写报告要做到如实地反映情况。如果报告反映的情况失实，就有可能影响上级机关决策的准确性和科学性。真实性是对公文写作的普遍要求，但鉴于目前有些报告存在着弄虚作假的现象，所以特别需要引起重视。起草报告的人员要深入调查研究，尽可能亲自调查了解，掌握第一手材料，然后进行分析归纳，去伪存真。材料要具体，要有概括性的材料，也要有典型的具体事例。

4. 写作报告的立意要新

提炼主题，应该在占有大量材料的基础上进行分析研究，归纳出新颖的观点，从而形成主题。主题即报告的主旨。在提炼主题和观点的过程中，要有敏锐的眼光，发现新的有价值的材料，从新的角度、新的立足点去分析取舍材料，这样才能提炼出立意新的主题，反映出本质的、带规律性的问题。

5. 写作报告的重点要突出

报告的内容要根据主题的要求来安排，分清主次轻重，重点的、主要方面的内容，要安排在前面，详细写；非重点的、次要方面的内容简略写；可写可不写的内容就不写。同时，要注意处理好点和面的关系，比如，有典型的事例，也要有面上的综合性的情况，做到点面结合、眉目清楚、说服力强。

6. 报告中不得夹带请示事项

上级机关对报告不负答复责任，因此，报告中夹带请示事项会影响事项的处理。如有请示事项，宜另用请示文种行文。

7. 尽量把报告写短些

要想将报告写得简短，就要做到以下几点：

（1）应突出重点；

（2）要毫不犹豫地舍弃那些不能说明问题实质的一般材料；

（3）要善于综合归纳，从宏观着眼，总体上把握，把问题表述清楚；

（4）语言表达要做到简洁、凝练。

第三节　关于报告文种问题的解答

一、如何准确写答复报告

答复报告正文的写法分为三部分。

开头写清针对何种问题进行答复，内容要有概括性。

主体要针对问题详细答复，问题多的要分列条目来回答，特别是对上级要了解的相关情况应仔细、认真地调查研究后准确回答。

结尾习惯用“特此报告”“以上报告请审阅”等用语。

二、“报告”与上行的“意见”有什么区别

“报告”与上行的“意见”区别如下：

“报告”侧重于汇报工作、反映情况，多数情况下不涉及今后具体工作意见，也不要求上级作出批示，只有所反映的情况涉及工作中一些带有普遍性的问题时，往往顺势针对问题提出今后的解决办法，要求上级加以批转。而“意见”（上行的）虽然也陈述情况，但这里的情况具有特定的内容，它通常是对工作中遇到的某一重要问题作出分析，提出见解，而不像“报告”那样是对工作情况的综合与归纳，“意见”陈述情况的目的在于给意见的提出作铺垫，所提的意见，不是要求上级给以批示，就是要求上级加以批转，不像“报告”在多数情况下对上级没有批示或批转的请求。

三、“报告”与上行的“意见”有什么共同之处

“报告”与上行的“意见”的共同之处如下：

1. 行文方向完全一致；
2. 行文内容很近似；
3. 二者均含有陈述性的内容；
4. 二者在陈述情况的基础上均有相应的今后工作意见。

四、“报告”与“请示”有什么区别

“报告”与“请示”虽属上行文，但两者之间却有着严格的区别。比如，“报告”对上级没有肯定性的批复要求，而“请示”则相反；在行文时间上，“报告”是事中或事后行文，而“请示”是事前行文；上级对下级报送的“报告”，可作批示也可以不作批示，一切全由上级酌情处理，如确需批示时，只能使用“批示”这个文种来批，而“请示”则不然，不论所请示的事项上级同意

与否，按理都应及时作出批示，但批示时所使用的文种是“批复”而不是“批示”。

五、报告和请示不分而错用的表现有哪些

1. 应该用请示的却用了报告，应该用报告的却用了请示。

比如：有的正文是报告，标题却是请示；有的正文是请示，标题却是报告；有的在报告正文中夹带请示事项等。

2. 把请示和报告两个文种合并在一起同时使用。

关于什么什么的“请示报告”，是经常见到的公文标题。

六、报告中能不能写请示事项

报告中不能写请示事项。报告通常不需要答复，因此，报告中不宜提出请示事项，否则很容易耽误工作。

七、写“报告”如何“避繁就简”

“繁”主要是指现象拼凑、事实罗列，也就是通常讲的“流水账”；“简”，是指注意综合分析、寻求规律、讲究提炼、显示本质。写“报告”如何避繁就简呢？一是要多占有材料。占有材料多，这样写起“报告”来才能“以一当十”，言简意赅、一语中的。二是要舍得删削。草稿写成后，要通过修改，把那些可用可不用的字、词特别是句子删掉；化冗长的句子为短小精悍的句子。

八、必须在“报告”的结尾写上“特此报告”吗

可写、可不写。不过写上似乎显得更庄重一些。

对于报告内容涉及总结工作经验、做法的专题报告，一般要写上“以上报告如有不妥，请指示”字样。

第四节 报告病例的分析与修改

一、对一份调查报告的分析与修改

【原 文】

××统计局关于××××年×月份经济形势的报告（摘录）

我国实施的宏观调控措施已初见成效，经济生活中的一些方面发生了积极变化，总体形势逐渐向好的方向转化。

——过高的工业增长速度有所回落。

——固定资产投资新开工项目减少，房地产、开发区热开始降温。7月固定资产投资出现三个变化：一是新开工项目减少，新建投资比重下降；二是商品房投资有所降温；三是在地方项目投资增长放慢的同时，中央项目投资增长有所加快。

——消费品市场继续繁荣、稳定，生产资料市场出现新变化，流通领域中的投机行为有所收敛。

——外贸出口由降转升。

——居民储蓄大幅度回升。

由于加强宏观调控措施的出台时间尚短，目前所见到的积极效应只是初步的，存在问题仍较突出：基本建设战线长、固定资产投资规模过大的问题没有得到切实解决；物价继续攀升，全国社会零售物价总指数比去年同期有所上涨，职工生活费用价格上涨；伴随银根紧缩，企业资金普遍吃紧，相互拖欠现象加剧。

××××年××月××日

【分析与修改】

该篇关于经济形势的情况报告，缺少事实和数据作论证。

【改　稿】

××统计局关于××××年×月份经济形势的报告（摘录）

我国实施的宏观调控措施已初见成效，经济生活中的一些方面发生了积极变化，总体形势逐渐向好的方向转化。

——过高的工业增长速度有所回落。7月全国乡及乡以上工业企业完成产值2863亿元，比去年同月增长25.1%，增幅比6月回落5.1个百分点；平均日产值比上月下降15.4%。1月至7月累计完成工业总产值19510亿元，增长25.1%。其中国有工业增长9.7%，集体工业增长44.5%，其他经济类型工业增长69.6%。产销衔接较好，1月至7月累计工业产品销售率为94.46%，比上年同期提高1.61个百分点。

——固定资产投资新开工项目减少，房地产、开发区热开始降温。7月固定资产投资出现三个变化：一是新开工项目减少，新建投资比重下降，全月基本建设和更新改造新开工项目比上月减少6372个，新建投资所占比重由上月的36.6%下降为31.6%；二是商品房投资有所降温；三是在地方项目投资增长放慢的同时，中央项目投资增长有所加快。

——消费品市场继续繁荣、稳定，生产资料市场出现新变化，流通领域中的投机行为有所收敛。7 月实现社会商品零售总额 1087.6 亿元，比去年同月增长 26.5%。消费品市场整体上供大于求的格局依旧。随着人民币调剂汇价上升，居民购买“热点”商品的热度下降，由争购转为观望。集团消费有所控制。生产资料购销速度减缓，交易量下降，主要物资供求矛盾有所缓和，价格下降，库存继续回升。

——外贸出口由降转升。据海关统计，7 月，出口总额 76.27 亿美元，与去年同月比较，由上月下降 9.1% 转为上升 6.5%；进口总额 87.62 亿美元，增长 39.6%。

——居民储蓄大幅度回升。7 月城乡居民新增储蓄存款 405 亿元，比去年同月增多 269 亿元，扭转了下降的趋势。

由于加强宏观调控措施的出台时间尚短，目前所见到的积极效应只是初步的，存在问题仍较突出：基本建设战线长、固定资产投资规模过大的问题没有得到切实解决；物价继续攀升，1 月至 7 月，全国社会零售物价总指数比去年同期上涨 10.8%，职工生活费用价格上涨 14% 左右；伴随银根紧缩，企业资金普遍吃紧，相互拖欠现象加剧。

××××年××月××日

二、对一份综合报告的分析与修改

【原　文】

关于开展××××年人口计划执行情况抽样调查工作的报告

省人民政府：

为了反映我省各地（市）人口增长变动情况，加强人口计划管理，根据中共中央、国务院《关于加强计划生育工作严格控制人口增长的决定》（中发〔××××〕×号）以及国家计生委等七个部门《关于印发〈人口计划管理暂行办法〉的通知》（国计生统字〔××××〕×号）的精神，现对××××年人口计划执行情况抽样调查工作提出以下安排意见：

一、××××年人口计划执行情况抽样调查工作，要在各级政府的统一领导下，由统计部门牵头配合计划生育、公安、财政等部门共同完成。在抽样调查力量的组织上，由统计、计划生育、公安部门抽人。各级计划生育部门要全力以赴，安排足够人员投入这项工作。

二、××××年人口抽样调查方案由省统计局负责制定。各级统计部门和计划生育部门在调查中要以保证调查工作质量为核心，严格按照普查办法的规定和要求，采取领导负责、逐级把关、分片包干、责任到人的办法，确保调查工作顺利完成。

三、必须坚持实事求是的原则进行人口抽样调查工作，严格按照《中华人民共和国统计法》的规定办事。各地在调查中要加强宣传，排除干扰，如实申报。对于弄虚作假，一经发现，瞒报、漏报出生和死亡人口的，要严格处理。

四、××××年人口抽样调查工作所需经费采取省、地（市）按照费用项目分级负担的办法解决。省负担调查方案、各种调查汇总表格的印刷费、培训费、会议费，数据处理以及资料编印费等；地（市）负担各抽样县（市、区）调查员的培训、调查、手工汇总等项费用。

五、××××年全省人口抽样调查工作从××月××日开始，××月××日前结束。

以上报告如有不妥当的地方，请批转各地（市）、各有关部门执行。

省统计局

省计划生育委员会

××××年××月××日

【分析与修改】

该份综合报告的问题主要是语句叙述前后倒置，有的语句用词啰唆。

1. 如第一段话，本应是写成“根据……精神，……”的形式，而文中却将事由先提到前面来说。

2. 第二段中的“由统计部门牵头配合计划生育、公安、财政等部门共同完成”一句话读来让人迷惑不解。统计部门也能干计划生育、公安、财政等部门的工作？本句话应修改为：“由统计部门牵头，计划生育、公安、财政等部门配合，共同完成”。

3. 第四段中的第一句话，遵循公文写作文字精简原则，应将第四段的第一句话改为：“人口抽样调查工作必须坚持实事求是的原则，严格按照统计法的规定办事。”第三句话应将“一经发现”放在后面，并将“严格”改成“严肃”。

4. “以上报告如有不妥当的地方”可修改成“以上报告如无不妥”。

【改　稿】

关于开展××××年人口计划执行情况抽样调查工作的报告

省人民政府：

根据中共中央、国务院《关于加强计划生育工作严格控制人口增长的决定》

（中发〔××××〕×号）以及国家计生委等七个部门《关于印发〈人口计划管理暂行办法〉的通知》（国计生统字〔××××〕×号）的精神，为了反映我省各地（市）人口增长变动情况，加强人口计划管理，现对××××年人口计划执行情况抽样调查工作提出以下安排意见：

一、××××年人口计划执行情况抽样调查工作要在各级政府的统一领导下，由统计部门牵头，计划生育、公安、财政等部门配合，共同完成。在抽样调查力量的组织上，由统计、计划生育、公安部门抽人。各级计划生育部门要全力以赴，安排足够的人员投入这项工作。

二、××××年人口抽样调查方案由省统计局负责制定。各级统计部门和计划生育部门在调查中要以保证调查工作质量为核心，严格按照普查办法的规定和要求，采取领导负责，逐级把关，分片包干，责任到人的办法，确保调查工作顺利完成。

三、人口抽样调查工作必须坚持实事求是的原则，严格按照《中华人民共和国统计法》的规定办事。各地在调查中要加强宣传，排除干扰，如实申报。对于弄虚作假，瞒报、漏报出生和死亡人口的，一经发现，要严肃处理。

四、××××年人口抽样调查工作所需经费采取省、地（市）按照费用项目分级负担的办法解决。省负担调查方案、各种调查汇总表格的印刷费、培训费、会议费，数据处理以及资料编印费等；地（市）负担各抽样县（市、区）调查员的培训、调查、手工汇总等项费用。

五、××××年全省人口抽样调查工作从××月××日开始，××月××日前结束。

以上报告如无不妥，请批转各地（市）、各有关部门执行。

省统计局

省计划生育委员会

××××年××月××日

三、对一份情况报告的分析与修改

【原　文】

××县××高速公路筹资工作情况报告

我县的××高速公路筹资工作，在县委、县政府的领导下，在县人大、县政协的大力支持下，按照地委、委署的要求，行动快、效果好，截至12月11日，全县45个乡镇已有10个乡镇完成××××年农民两项集资任务。××镇率先完成任务。从全县总的情况来看，××高速公路筹资工作有三大特点：一是宣传发动声势浩大，思想动员广泛深入。二是责任明确、措施得力。三是领导带头，率先垂范。但是，这项工作发展还很不平衡，不少乡镇进展迟缓，个别乡镇现在还是零，为此县委、县府要求各地进一步抓紧、抓好以下几个方面的工作。

一、各乡镇要进一步搞好宣传发动工作，为今年的筹资工作打下结实的基础。同时要把工作中出现的问题和矛盾解决在基层，确保筹资工作的顺利开展。

二、各乡镇要加快工作进度，目前，全县的筹资工作时间紧张，任务差距还很大，各地一定要按县委、县府的要求千方百计地完成下达任务，特别是任务完成较差的乡镇，要加大领导力度和工作力度，不得拖全县的后腿。筹资款必须及时上缴县上。

三、要严格按照县府（××××）××号文件规定，该负责的要加强领导，积极支持。不得互相推诿、扯皮而影响筹资工作，各相关部门要紧密配合，粮食、金融部门一定要各负其责，以保证粮食及时入库，资金及时到位。

附各乡镇××××年农民完成情况排位表（略）

××县××高速公路筹资办公室

××××年××月××日

报：地区筹资办、县委、县人大、县府、县政协。

【分析与修改】

该份《×县××高速公路筹资工作情况报告》，结构层次安排合理，语句通顺，叙述事项明确，不足之处在于标点符号的使用和词语的运用上。

1. 第一段最后一句话“零”后的逗号应改为句号，“为此”后应加逗号，“工作”后的句号要改为冒号。

2. 第二段中的“打下结实的基础”应改为“打下坚实的基础”。

3. 第三段中的“进度”后的逗号应改为句号，“工作时间紧张”应改为“工作时间紧迫”。

4. 第四段发文年号的圆括号应改为六角括号。

另外，文中的几个“县府”均应改为“县政府”。

【改　稿】

××县××高速公路筹资工作情况报告

我县的××高速公路筹资工作，在县委、县政府的领导下，在县人大、县政协的大力支持下，按照地委、委署的要求，行动快、效果好，截至12月11日，全县45个乡镇已有10个乡镇完成××××年农民两项集资任务。××镇率先完成任务。从全县总的情况来看，××高速公路筹资工作有三大特点：一是宣传发动声势浩大，思想动员广泛深入。二是责任明确、措施得力。三是领导带头，率先垂范。但是，这项工作发展还很不平衡，不少乡镇进展迟缓，个别乡镇现在还是零。为此，县委、县政府要求各地进一步抓紧、抓好以下几个方面的工作：

一、各乡镇要进一步搞好宣传发动工作，为今年的筹资工作打下坚实的基础。同时要把工作中出现的问题和矛盾解决在基层，确保筹资工作的顺利开展。

二、各乡镇要加快工作进度。目前，全县的筹资工作时间紧迫，任务差距还很大，各地一定要按县委、县政府的要求全力以赴地完成下达任务，特别是任务完成较差的乡镇，要加大领导力度和工作力度，不得拖全县的后腿。筹资款必须及时上缴县上。

三、要严格按照县政府〔××××〕××号文件规定，该负责的要加强领导，积极支持。不得互相推诿、扯皮而影响筹资工作，各相关部门要紧密配合，粮食、金融部门一定要各负其责，以保证粮食及时入库，资金及时到位。

附：各乡镇××××年农民完成情况排位表（略）

××县××高速公路筹资办公室

××××年××月××日

报：地区筹资办、县委、县人大、县政府、县政协。

四、对一份专题报告的分析与修改

【原　文】

关于我县安全工作情况的报告

省委、省政府：

按照省委、省政府×发电（××××）第××号电报要求，我们检查、总结了我县近几年来的安全工作情况。现将安全工作情况报告如下：

一、基本情况（略）

二、事故原因和教训

1. 失之于教（略）

2. 失之于制（略）

3. 失之于宽（略）

4. 失之于管（略）

三、今后措施

1. 抓教育（略）

2. 抓组织（略）

3. 抓措施（略）

4. 抓惩治（略）

5. 抓作风（略）

以上报告，如有不当之处，请指示。

中共××县委员会（盖章）
××县人民政府（盖章）

【分析与修改】

该报告曾在很多公文书上被引用，虽然是一个报告的轮廓，但在开头和结尾却存在如下问题：

1. 引用文体的发文字号错误，应将圆括号改为六角括号“〔〕”。

2. 开头一句啰唆，“安全工作情况”出现了两次，可将后面的一个删掉，“将”字也删掉，改为“现报告如下”即可。

3. 没有报告的年、月、日，应补上。

【改　稿】

关于我县安全工作情况的报告

省委、省政府：

按照省委、省政府×发电〔××××〕××号电报要求，我们检查、总结了我县近几年来的安全工作情况。现报告如下：

一、基本情况（略）

二、事故原因和教训

1. 失之于教（略）

2. 失之于制（略）

3. 失之于宽（略）

4. 失之于管（略）

三、今后措施

1. 抓教育（略）

2. 抓组织（略）

3. 抓措施（略）

4. 抓惩治（略）

5. 抓作风（略）

以上报告，如有不当之处，请指示。

中共××县委员会（盖章）
××县人民政府（盖章）
××××年××月××日

五、对一份答复报告的分析与修改

【原　文】

关于我校工会干部有关待遇的报告

市总工会：

××月××日函悉。现将我校工会干部有关待遇报告如下。

一、部门工会委员每年减免工作量15学时。

二、校工会委员任职期间减免工作量30学时。

三、我校基层工会主席由教师兼任，每年减免工作量40学时。

四、部门工会主席任职期间享受本单位行政副职待遇，由教师担任的每年减免工作量30学时。

专此报告。

××大学工会

××××年××月××日

【分析与修改】

该份答复报告的写作格式比较正确，语句也比较通顺，但在叙述的先后顺序上欠妥。

如报告的“一”“二”“三”“四”条，应按校工会干部任职由高到低的顺序排列，即按“基层工会主席→部门工会主席→校工会委员→部门工会委员”的顺序。

另外，开头一句中“报告如下”后的句号应改为冒号。

【改　稿】

关于我校工会干部有关待遇的报告

市总工会：

××月××日函悉。现将我校工会干部有关待遇报告如下：

一、我校基层工会主席由教师兼任，每年减免工作量40学时。

二、部门工会主席任职期间享受本单位行政副职待遇，由教师担任的每年减免工作量30学时。

三、校工会委员任职期间减免工作量30学时。

四、部门工会委员每年减免工作量15学时。

专此报告。

××大学工会

××××年××月××日

第五节　报告的写作范例

◎综合报告

【范例】

一周治安综合报告

××市委：

3月11日12时至3月18日12时，全市各级公安机关报警台共接报警17383起，其中有效报警1631起。报称：刑事案件131起，治安案件183起，交通事故447起，火灾事故39起，群众求助31起，纠纷314起，其他有效报警486起。

本周，全市110报警台接到的刑事警情情况为：发生1起抢劫、抢夺案件。3月16日14时，一名女青年在××县无城一小区门口被两名青年抢走一只包，包内有2万元现金、一部手机。发生5起诈骗案件。3月15日13时，一名女青年在市××东路被两人以算命的方式骗走33000元现金。发生116起盗窃案件。其中××区域37起、××区域3起、××区域20起、××区域32起、××区域19起、××区域5起。

警方提示：警惕假借“世博会”名义诈骗

随着上海“世博会”的日益临近，不法分子假借“世博会”名义进行相关违法犯罪活动也时有发生。从案件来看，主要有以下几种类型：通过网络或手机短信等发布虚假信息或电话销售虚假世博会门票。不法分子在互联网上发布所谓“世博会门票售票热线”，以每张金额不等的价格预售假的世博会门票。当事人一旦轻信，就会按要求向对方指定的银行账户汇入购票款，冒充世博会主办方实施网络虚假中奖。假冒网站页面一般与真正的“中国2010年上海世博会官方网站”一致，栏目设置也相同，只是在网页最左侧设置了“幸运用户”领奖区。网民只要点击进入后，输入手机号和“幸运码”即可“领奖”，一步步陷入犯罪嫌疑人精心设置的圈套，极具迷惑性。以转让世博会展位为名实施诈骗。不法分子假借世博会主办方名义，利用世博会广告位或时段招标、企业产品展览位的所谓的“出售、转让、租借”等，骗取当事人的钱财，以筹措世博采购资金为名实施合同诈骗。不法分子以介绍、转包、引荐“世博会工程项目”为名义，谎称世博会采购项目缺少流动资金，并以虚假的房产作为借款担保，先后与被害人签订借款合同，骗取钱财。

警方提示广大公民和有关企业、单位，应增强防范意识，提高辨别能力和自我保护意识，避免上当受骗。遇有以“世博会”名义进行买卖、举办活动的要注意甄别，必要时可通过世博会官方网站或官方咨询电话证实；应通过世博会官方代理商购买世博会门票、纪念品等物品；如遇欺诈请及时报警。

××市公安局

××××年××月××日

◎情况报告

【范例】

人大对市人事局进行评议的情况报告

主任、各位副主任、秘书长：

根据市人大一届五次会议工作报告要求和市人大常委会年初工作安排，市人大常委会12月5日开始组织市人大代表和内司委委员对市人事局进行了述职评议。现将此次评议情况向市人大常委会汇报：

一、对市人事局和市人事局局长全年工作的评价

（一）围绕实施人才战略，进一步加大了人才资源的开发力度

1. 推进人才市场建设，充分发挥人才中心的服务功能。（略）

2. 完善人才政策体系，创新和优化人才发展环境。（略）

3. 建立新型引智机制，加大引进国外智力工作力度。（略）

4. 认真落实人才政策，加强对专业人才的管理和服务。（略）

（二）围绕勤政廉政建设，进一步提高了公务员队伍的整体素质

1. 以“凡进必考”为原则，完善公务员选拔录用制度。（略）

2. 以培训和继续教育为手段，努力提高公务员素质。（略）

3. 以先进典型人物为带动，促进公务员廉政勤政建设。（略）

（三）围绕体制机制创新，进一步推进了全市各项改革的进程

1. 以优化经济发展环境为目标，深化行政审批制度改革。（略）

2. 以增强事业单位活力为目标，深化事业单位配套改革。（略）

（四）围绕队伍建设，进一步加强了人事部门的综合素质

1. 抓思想作风建设，强化责任意识。（略）

2. 抓依法行政建设，强化法律意识。（略）

3. 抓工作作风建设，强化服务意识。(略)

4. 抓业务能力建设，强化竞争意识。市人事局今年开展了岗位大练兵活动，为全体干部举办业务知识讲座和现代化办公技能培训，为人事干部的成长创造了良好环境。市人事局还在全局符合条件的年轻干部中公开选拔出5名副科级干部。

二、对市人事局局长的工作评价

在评议谈话中市人事局的绝大多数同志反映，×××同志能认真贯彻执行有关人事工作方面的方针、政策、制度、规定，履行市委、市政府赋予人事局的各项职责，有较好的理论素养和政策水平。在组织人事领导岗位上工作多年，熟悉人事工作，经验丰富，组织领导能力较强，工作思路清晰。

一是坚持原则、勤政敬业。(略)

二是关心同志，不搞亲疏。不大吃大喝，在招待上级领导方面也很“抠”，尽量到小吃部，少花费。不主张，也不搞请客送礼。私事不用公车。工作中不为熟人谋私讲情。

三是严格要求，廉洁自律。他无论是对班子成员还是一般干部，都一视同仁，在工作上给予帮助，在生活上给予关心。在对市人事局中层干部的培养上引入竞争机制，通过公平、公开、公正选拔，把政治素质好、文化水平高、工作能力强的年轻干部提拔到了领导岗位。

在票评中，市人事局50名干部职工参加投票，满意率达到100%。

三、存在的问题

（一）市人事局整体存在的问题（略）

（二）市人事局局长个人的不足（略）

四、意见和建议

（一）对市人事局整体工作的建议（略）

（二）对市人事局长的个人工作建议

一是进一步调动班子成员和全体干部职工的积极性。在注意个人努力工作的同时，要充分调动其他班子成员的积极性，发挥分管领导熟悉业务的优势，发挥好领导班子整体的凝聚力和战斗力。进一步整合现有人才资源，为干部职工施展才华提供更大的空间。

以上报告请审议。

××市人大常委会主任　×××

××××年××月××日

◎专题报告

【范例】

基层工会工作专题报告

当前，随着经济全球化的发展和我国加入世界贸易组织，跨国、跨地区、跨行业大企业集团公司的逐步出现，混合所有制经济成分企业的大量增加，带来工会组织形式的多样化，工会工作面临新的机遇和挑战。基层工会要适应形势、发挥作用，就要明确应该重点干什么和怎么干的问题，厘清思路，找准位置，服务大局，把握方向，突出重点，狠抓落实。

贯穿一条思想主线——全面贯彻党的十八大会议精神

基层工会是工会的组织基础和工作基础，是把党的十八大会议精神落实到基层的实践者。在深入学习领会精神实质上下功夫，在推动工作创新发展上下功夫，在务求实效上下功夫，把党的十八大会议精神贯穿到工作的全过程。要科学地观察当前新形势的特点给工会工作带来的新情况、新问题，把握基层工会组织的变化规律，把握基层工会工作规律，抓住规律，迎难而上；要与时俱进，不断创新工作思路，丰富工作内容，拓宽工作领域，改进工作方式，在创新中形成新思路，在改革中求得新突破，在发展中开创新局面，在各项具体工作中体现新举措。

基层工会组织也把创建学习型组织纳入了自己的视野。许多省市工会以及基层工会开展实施职工素质工程、知识武装工程、经济技术创新工程等活动，对推动职工队伍知识化进程起到了重要作用。开展了多次经验交流和理论与实践的研讨活动，在工会系统掀起了创建学习型组织的热潮。在这股热潮的冲击下，基层工会在还不知学习型组织是怎么回事的情况下，也上行下效地开展了创建活动，大有一哄而起之势。

基层工会组织是全体成员全身心投入并有能力不断学习的组织，它是让全体成员体会到工作的意义的组织；是通过学习，创造自我，扩大创造未来能量的组织。从创建学习型组织的内容来看，这是当代最前沿的管理理论或最先进的人力资源管理理论。创建学习型组织实质是提升企业管理水平，是企业管理水平的升华，需要从企业管理的角度进行策划，制定规划和目标。基层工会在创建学习型组织中只能是处于配角和协助的地位，如果基层工会大包大揽，容易出现形式主义和走过场。如果不把创建学习型组织放到企业党政工作的大盘子中来思考，工会是绝对承担不起这个责任的。

抓住一个根本任务——为全面建设小康社会而奋斗

基层工会工作在企事业、机关单位，是团结和引导广大干部职工为实现全面建设小康社会目标而奋斗的直接组织者。广大职工群众团结和组织起来，充分发挥工人阶级的主力军作用，积极为全面建设小康社会贡献力量，就成为新世纪、新阶段各级工会组织的根本任务。基层工会一定要立足于党和国家工作的大局以及工会工作的全局，紧紧围绕企事业单位改革发展稳定这个中心来思考和安排工作。要以技术创新为主要内容，以振兴发展企事业为目标，广泛发动和组织干部职工群众，开展技术革新、发明创造和合理化建议等群众性经济技术创新活动，持续形成学赶先进的热潮，最大限度地把广大职工群众的智慧和力量凝聚到全面建设小康社会的奋斗目标上来，聚精会神搞建设，一心一意谋发展，更好地履行工人阶级的历史使命。

××工会

××××年××月××日

◎建议报告

【范例】

政协调研报告建议：避免城管“滥作为”和“不作为”

一面是缺少执法权，经常遭遇暴力抗法，一面是部分执法人员出现畏难、互相推诿等“不作为”现象。日前召开的市政协主席会议上，由市政协社法委公布的最新调研报告指出：要缓解执法人员和执法对象之间的冲突矛盾，必须在“十二五”期间提高行政执法规范化透明度。

报告指出，由于城管协管人员缺少执法权，每年有1000多人在执法中遭遇暴力抗法。但公安部门只能将其看作民事纠纷进行相应处理，许多执法人员的人身安全得不到应有的保障。

“这种状况不仅影响了执法效果，也在很大程度上影响了执法人员的工作积极性。”市政协社法委常务副主任邹传纪指出。继执法部门依靠行政处罚的威慑力来治理社会的“滥作为”之后，上述情况成为出现拖延执法的“慢作为”及“不作为”执法懈怠倾向的一大重要原因。

他指出，诸如无证经营饮食店，小区违法搭建建筑等问题，在发生初期就应该得到控制和治理，却因执法人员的“慢作为”“不作为”，蔓延成为社会普遍现象。

报告建议，尽快制订“十二五”依法行政专项规划。其中，执法方式应以指导、引导、疏导为主，以必要、适度的行政处罚或强制措施为辅，防止突击性执法。要尽快完善法律规范及配套制度，加强执法人员的执法权，为其人身安全提供法律保障。采用“制度加科技”的方法，加大力度完善现有的全市统一的“行政执法和刑事司法相衔接”的信息共享平台，并建立全市统一的行政执法信息共享平台，健全执法评估制度，加强社会监督，发挥全年无休的媒体“市民热线”的作用，发布政府行政执法年报。

××市××政协
××××年××月××日

◎述职报告

【范例一】

乡镇驻村扶贫述职报告

各位领导、各位同事：

大家好！我作为乡镇党政机关选派大学生来到乡驻村扶贫，至今已经快两年了。首先我要向各位领导对我两年来的工作和生活给予的支持和关怀表示感谢。刚下基层时，我肤浅地认为下基层就是为了得到锻炼，但是现在，我已经切实地感受到了农村工作确实能够让人有所作为，并且迅速成长，这两年来我的收获无比珍贵。现在我将两年来的工作情况汇报如下：

我在驻村扶贫这个岗位上开始人生新的征程时充满了期待。从一开始工作我就给自己定下了一个要求，要以自己的能力作出一番成绩，不好高骛远，要踏踏实实，抱着认真严肃的态度开展各项工作。既然我是驻村扶贫的大学生，就应该切切实实地为广大农村服务，把自己的工作做好，把自己学到的知识运用好。同时，这一年来我也不断地从书本上、从周围的前辈身上学习，不断提升自己的水平和能力，以更好地服务于民。

一、按时完成组织和部门分配给我的例行工作。对我工作范围内的村镇建设、国土房管、地灾防治、水利普查等方面的工作绝不拖组织后腿，力争优质、保量地提前完成。

二、配合村两委完成各项工作。我驻村两年来，先后完成了大大小小数十项任务，保证了各项工作的顺利开展。通过与村民和村组干部交谈，了解了村情，为工作的开展奠定了基础。

三、尽我所能，帮助村养猪专业合作社发展壮大。村养猪专业合作社是在××村村民×××、×××等×人的带领下组织起来的，而我在该合作社成立的过程中也做了不少工作，为合作社的组建和发展贡献了一份力量。

接下来，我的工作重点是积极发动群众投入到新农村建设当中去，为农民朋友们讲解国家近年来的惠民政策，通过自己的努力，让广大农民朋友知晓自己已经得到和将要得到的实惠。

除此以外，我还经常在各个办公室询问大家有没有需要帮忙的事情，只要力所能及，我都义不容辞。

村养猪大户×××对我说：真希望你能一直留在这里，你对我的帮助确实太大了。这份不带感情色彩的认可是对我最大的褒奖，这比任何物质上的奖励，或是一纸荣誉都要来得珍贵。

×××

××××年××月××日

【范例二】

××××年政府秘书长述职报告

各位领导、各位同事：

这次市人大常委会任命我为新一届××市人民政府秘书长，我深感责任重大。我一定不辜负党和人民的信任，在市委、市政府的正确领导下，在市人大及其常委会的监督、关心和支持下，恪尽职守、不辱使命、开拓创新、奋发有为，努力争创一流业绩，为推进××增强“三力”、率先崛起，加快建设现代化生态型城市作出新的贡献。

一、牢记宗旨，执政为民。要始终坚持全心全意为人民服务的根本宗旨，努力转变作风，改进工作方法，牢固树立公仆意识，始终同人民群众保持密切联系，把广大人民群众的根本利益作为一切工作的出发点和落脚点。深怀爱民之心、恪守为民之责、善谋富民之策、多办惠民之事。要注重调查研究，深入实际，倾听群众呼声，了解群众意愿，集中群众智慧，为政府的科学决策提供可靠依据。要始终把人民群众的安危冷暖放在心上，切实为人民群众排忧解难，使自己的工作真正落实到奉献于事业、服务于人民之处。

二、真抓实干，当好参谋。要始终保持清醒的头脑，切实增强加快科学发展、构建和谐社会的紧迫感、责任感。要始终坚持解放思想、与时俱进，围绕中心、服务大局，努力在创新破难中研究新情况，提出新办法，解决新问题，推动工作的落实。力戒虚、假、浮，做到求实、务实、抓落实。要切实履行职责，找准位子，为领导决策当好参谋和助手，认真做好协调、督察、服务、落实工作，不断提高工作效率。认真贯彻民主集中治原则，充分调动各位副秘书长的积极性，形成“心齐、气顺、劲足、实干”的良好氛围，使之成为一个开拓、务实、高效、廉洁的领导集体。

三、强化制度，依法行政。要按照建设法治政府的要求，切实增强法制意识和法治观念，提高依法办事、依法行政的自觉性。强化制度建设，规范办事制度、办事程序。要善于把依法行政的基本原则和要求，落实到政府办公室各项工作中去，善于运用法律手段处理解决实际问题，推进政府工作法制化。要严格遵守国家宪法、法律和人大通过的各项决议、决定，规范行政行为，深化政务公开。自觉接受人大及其常委会的法律监督，接受人民政协的民主监督和人民群众的社会监督，切实行使好人民赋予的权力。

四、严于律己，廉洁从政。要始终牢记“两个务必”，做到“八个坚持、八个反对”，努力做“八种良好风气”的模范实践者。严格遵守党风廉政建设各项规定，打造务实、高效、廉洁的领导集体。

××市政府秘书长 ×××

××××年××月××日

◎自查报告

【范例】

民主生活会自查报告

各位领导、同事们：

一年来，在局党委的正确领导下，我立足水利战线，倾心水利工作，发挥护航作用，搞好纪律监察，勤勉不懈，无私劳作，以敬业精神和极强的工作责任心，使党务工作与业务工作齐头并进，相得益彰，取得了较好的成绩，赢得了群众好评。

首先，能认真学习党的各项方针、政策，学习邓小平理论，自觉改造世界观，努力加强党性锻炼。在大是大非面前头脑清醒、立场坚定，始终保持高度的政治敏锐性。能站在讲政治的高度，正确认识和处理各项利益关系。把党的需要摆在首位，克己奉公，不折不扣地完成组织分配的各项任务。在注重增强政治修养的同时，刻苦钻研业务知识和政策法规的学习，不断提高业务技能和业务工作水平，全面掌握、深刻领会政策法规实质与精髓。通过强化学习，超前提高，逐步从党的纪律监察和水利战线上的一名新兵成长为政治上信得过，业务过硬，精通政策法规，了解工作实际的行家里手。

其次，以高度的责任感，严格履行工作职责，争创一流工作水平。党风廉政建设工作是保持我党纯洁、肌体健康的重要工作。为了保证党风廉政建设工作的各项任务落到实处，年初我结合本部门工作实际制订了本部门党风廉政建设责任目标，在局党委的领导下开展党性、党风和廉政勤政教育活动，教育党员干部牢固树立宗旨观念，坚定理想信仰，自觉抵制消极腐败现象。围绕“四廉洁”活动，扎实开展警示教育、示范教育和家庭廉洁承诺制等专题活动。组织党员干部到郭秀明故乡实地学习，接受教育，从行为上塑造人民公仆的良好形象，在思想上筑起反腐防变的道德防线。同时，不断完善《水务局领导干部廉洁自律从政工作纪律》和《水务局工作人员廉洁自律规定》。成立党风廉政建设领导小组和财务督察领导小组，设立纪检监察联络员，坚持每季度对所属单位党风廉政建设工作和财务工作进行一次全面检查。积极推行政务公开，实行领导干部个人重大事情向组织请示报告制度和领导干部八小时之外监督制度，严格行为规范。落实“制奢”规定，提出了5条具体要求，从资金使用、财务开支、来人接待、票据报销、下乡补贴等方面制定了相应措施。由于纪律监察工作抓得严、落得实、监督有力，措施到位，因而，今年水务系统基本上无违法违纪现象发生。我除努力做好本职工作外，还竭力做好分管工作。克服困难，创新思路，谋求发展，使分管工作冲破迷雾，独树一帜。今年年初，局党委安排我分管城区供水公司后，在该公司负债累累、举步维艰、管理混乱、人心涣散的情况下，提出了“一年打基础，两年大提高，三年上水平”的工作目标，制定了公司全面管理规范，聚拢人心，鼓舞士气，昂扬斗志，振奋精神。变压力为动力，变不利为有利，千方百计、想方设法寻求企业转机，为其注入活力，增强生机。在具体工作中，身先士卒，率先垂范，带头深入工作一线查问题、寻根源、堵漏洞，现场办公，解决问题。通过一年的工作，公司面貌有了较大改观，职工齐心协力，信心倍增，工作热情迸发，生产积极性空前高涨，水费抄收创历史最高水平，短期内实现了企业收支平衡这一目标，受到了局党委肯定。

最后，我除了在工作上身体力行，恪尽职守，忠实履行工作责任外，还在日常生活中能严于律己，信守规则。模范遵守各项规章制度和党纪党规，严格从政行为准则，带头执行各项政策规定，自觉维护班子团结，发挥党委核心作用，坚决做到令行禁止，忠于本职，热爱岗位。在本职业务工作中，做到原则不动摇，条件不变通，程序不走样，不搞吃吃喝喝，不搞歪门邪道，崇尚崇高的职业道德，为干部职工做出了表率。

由于我能以身作则，带头实干苦干，不遗余力地履行职责，因而，本职工作为全县水利事业的发展发挥了保驾护航作用，分管工作取得了明显成绩，今年“七一”被县委评为优秀党务工作者。

×××

××××年××月××日

第十六章 请 示

第一节 请示概述

一、请示的概念

请示，是下级机关向上级机关或业务主管机关请示某项工作中的问题，明确某项政策的界限，审核批准某事项时使用的请求性的上行公文。

二、请示的适用范围

请示适用于向上级机关请求指示、批准。下级机关遇到各种无权处理或无力解决的问题，都可以通过向上级机关呈送请示的形式，请求上级机关予以批准或者给予指示。上级机关通过对请示的答复，能够及时肯定下级机关正确的意见和做法，纠正其不当的意见和做法，从而有效地帮助下级机关解决问题，推动工作的顺利进行。

请示的使用主要有如下两种情况。

1. 请求上级机关给予指示的请示，主要应在遇到现有的方针、政策及法规、规定所不曾涉及的新情况、新问题，或政策界限难以把握时使用；

2. 请求上级机关予以批准的请示，主要应在遇到超越本机关的职权范围，或本机关人员对其看法、意见不完全一致的问题时使用。

另外，某些业务主管部门就带有普遍意义的问题提出看法，希望领导机关批转有关单位时，也可以使用请示。凡属本机关职权范围之内，并已有明确的方针、政策或法规、规定作参照的一般问题，都应当自行处理，而不必向上级机关请示。

三、请示的特点

请示与报告有反映情况、提出建议的共同性。但两者比较，请示存在如下特点：

1. 请求性

从行文的目的看，请示是就带有迫切性并需要上级机关批示、批准的事项，要求上级机关批复；报告只着眼于汇报工作、反映情况，以达到下情上达的目的，一般不要求批复。只有呈转性报告才要求上级机关“批转”有关部门执行。

2. 单一性

请示一般一文一事，即内容要单一，不可将多项内容放在同一个文中请示。

3. 预先性

从行文时间看，请示必须在事前行文，不允许“先斩后奏”；报告则在事前、工作进程中和事后均可行文。

4. 定向性

请示是一种上行文，只在向上行文时使用，是请而示之。对不是上级领导机关的业务主管机关或其他不相隶属单位，一般不使用请示文种。

四、请示的种类

就请示的内容和性质来分，请示可分为请求上级对本单位工作问题的处理方法、步骤和具体要求予以批准的“求准性请示”“请求指示的请示”“请求解决问题的请示”，对工作遇到政策和策略上的疑难问题予以解释的“解答性请示”，以及请求将本机关的文件向下级机关转发的“批转性请示”。

1. 求准性请示

求准性请示是下级机关就工作中遇到的具体问题，请求上级机关批准自己的要求时使用的一种公文。

求准性请示一般由如下三个部分构成。

（1）标题

请求批准的请示的标题，通常要标明发文机关名称、事由和文种（请示）。有时标题中可省去发文机关名称，但事由和文种不宜省略。

（2）正文

求准性请示的正文通常要写如下四个方面的内容：①要顶格写明送达机关；②分段陈述请示的理由；③写明请示的事项；④要写明“以上请示妥否，请予核准”字样的具体要求。正文中的送达机关一般只需写一个办理和批准请示的领导机关；只有受双重领导时，才抄送另一个领导机关。请示的理由中应包含本单位的倾向性意见。事项只能一文一事。

在求准性请示的正文中，理由和事项是主体。

（3）落款

即发文机关和日期。有时也可因标题中已标明发文机关，日期移至标题下标示。

2. 请求指示的请示

请求指示的请示，是请示单位对管辖区域的变更、机构设置、人员定编、人事安排、资产购置、财款动用等问题向上级机关请示办理的一种上行公文。

3. 请求解决问题的请示

这类请示是请示单位呈报因工作中遇到无力解决的困难，要求上级提供具体帮助的一种上行公文。

4. 解答性请示

也称“求示性请示”。解答性请示是下级机关在工作中遇到难以解决的问题，或对上级机关的某个文件的理解存在疑点，或对某一问题因本机关意见分歧、无法统一执行时使用的一种公文。由标题、正文和落款三部分构成。

（1）标题

通常为“发文机关+事由+文种类别（请示）”的形式。但有时可省去发文机关名称，写成“事由+文种”的形式。

（2）正文

包括送达机关名称、请示理由、请示事项和具体要求四部分内容。送达机关一般只应写一个机关，但有时因送达机关是自己的直接行政主管机关，也有省写送达机关名称的。理由和事项的写作要根据请求内容的多寡来定，以简明为宜。最后一般以“以上请示当否，请予指示”等语作结。

（3）签署发文机关、日期

如标题和题下标示已标明，有时也可省略。

5. 批转性请示

批转性请示是请求上级对自己单位给下属机关或其他不相隶属的同级机关的指示、文件予以批准、转发的一种公文文种。这类请示多由标题和正文两部分构成。

（1）标题及题下标示

标题通常包括发文机关名称、事由和文种（请示）。发文机关如属几个机关联合发文的，应同时标明；一般写各机关名称的习惯简称。题下用括号标明发文日期。

（2）正文

这部分内容由请示缘由、事项和要求组成，有时在请示缘由之前写上受文单位。在请示缘由部分，要交代请示的目的以及对有关转送单位的意义；请示事项部分，应涉及对有关单位的指示、意见等，但由于这些内容须先经上级机关批准才能下达，所以语气又要委婉。正文结束时，应写明“以上意见，如无不妥，请批转××部门遵照执行”等语，以表达自己的要求。

撰写这类请示，要对实际工作中遇到的新情况、新问题经过认真调查研究之后开始动笔，请示的事项要有解决问题的具体措施和办法。因这类请示一旦上级审准转达，便具有法定的权威和约束力，要求有关部门遵照执行，所以措辞的分寸感特别重要。

五、需要请示的事项较多时应如何行文

一文一事是写请示的一个基本原则，一份请示中，只能写一个请求批准的事项或一个请求解决的问题，不能因怕麻烦、图省事而把几项请示内容安排在同一份请示中。如果上级机关收到这样的请示，就很难妥帖地作出回复。因为有时上级机关对下级在一份请示中罗列的几项请示内容不会全部批准或否定，甚至对同一项请示内容也会有部分肯定、部分否定的态度，要把这种复杂的态度表达清楚，简短的几句话显然是不够的。而作为请示的回文，批复又不可能写得过长，为了避免出现这种尴尬的局面，在写请示时就要始终坚持一文一事请示的原则。如确有多项内容需要请示，就要一项一项地分头行文，决不能为了省事而犯一文多事请示的错误。因为那样做会给上级机关的公文处理工作带来许多不必要的麻烦。

第二节　请示的写作技能

一、请示的写作格式

请示的写作格式如下：

1. 标题和主送机关

（1）标题

请示的标题可以由发文机关的名称、事由、文种构成，也可以由事由和文种构成。

（2）主送机关

请示的主送机关就是负责受理和答复请示的机关。请示在确定主送机关时，要注意以下三点：

第一，主送机关只能有一个。国务院办公厅规定：请示“一般只写一个主送机关，如需同时送其他机关，应当用抄送的形式”。中共中央办公厅也规定：“向上级机关行文，应当主送一个上级机关”，“受双重领导的机关向上级机关行文，应当写明主送机关和抄送机关，由主送机关负责答复其请示事项”。请求如果多头行文，很可能得不到任何机关的批复。

第二，只能主送上级机关，不能送领导者个人。国务院办公厅规定：“除上级机关负责人直接交办的事项外，不得以机关名义向上级机关负责人报送‘请示’”。中共中央办公厅规定：“不应直接送领导者个人。”

第三，不得越级。国务院办公厅规定：“一般不得越级请示和报告。”中共中央办公厅规定：“党委各部门应当向本级党委请示问题。未经本级党委同意或

授权，不得越过本级党委向上级党委主管部门请示重大问题。”

2. 正文

请示的正文由开头、主体、结语三部分组成。

(1) 开头

开头主要表述请示的缘由，是上级机关批复的主要依据。一般来说，这部分要写明所遇到的新情况、新问题，或自身没有能力解决的困难，要写得充分、恰当、具体。

(2) 主体

主体是表明请示事项的部分，也是请示最核心、最重要的部分。请求指示的请示，主体要写明想在哪些具体问题、哪些方面得到指示。求准性请示要把要求批准的事项分条列款一一写明。如果在请求批准的同时还需要人、财、物等方面的支持和帮助，更需要把编制、数量、途径等表达清楚、准确，以便上级及时批准。

(3) 结语

请示的结语比较简单，在主体之后，另起一段，按程式化语言写明请求即可。

请示的正文是请示的核心内容，必须写得充分、具体、明确。它要载明请示缘由、请示事项、请示要求三个方面的事项。在请示缘由部分，用简明扼要的语言将请示的原因和背景情况或者请示问题的依据、出发点及思想基础交代清楚；在请示事项部分，要将请求上级机关给予批示、批准或批转的具体问题和事情和盘托出，请示上级机关作出答复；在请示要求部分，通常写法是“妥否，请批示”（批准性请示），或是“以上请示（意见）如无不妥，请批转（全国、省、市、县）执行”（批转性请示）。要特别注意的是，请示的结语中决不能出现“报告”字样，以免造成混乱，甚至延时误事，给工作带来不应有的麻烦。

二、写作请示应注意的问题

1. 标题不要写成“请示报告”。

2. 不要在“报告”等非请示公文中夹带请示事项（报告中写“以上报告当否请指示”不在此列）。

3. 必须事先请示，不能“先斩后奏”，像个总结报告。

4. 必须坚持一事一请示，不能许多事放在一起，像个综合报告。这是一个基本的原则要求。请示的事情过多或把不相干的问题放在一起请示，不利于上级机关受理。

5. 要向主管部门请示，不要越级请示，也不要多方请示，如系受双重领导的单位或者牵涉到几个单位或领导，要写明主送机关和抄送机关，由主送机关负责解决或答复，而抄送有关机关、领导。

6. 请示在未获批准前，不得对下属单位发送。向上级机关的请示，未获批示（或批准）前就向其他机关或下级机关抄送或下发，这也是撰写请示的一大忌讳。

7. 如须向两个上级单位同时请示，只能采取一个主送和一个抄送的办法（请示公文的主送单位只能是一个），不可多头报送，以免造成误会而贻误工作。

8. 请示事项涉及其他部门业务范围时，应当经协商取得一致意见后上报，未能取得一致意见时，应在“请示”中写明。

9. 严禁越级请示。

10. 请示语言既要简明扼要，还要注重行文语气，选用语句要谦敬，把握好分寸。

11. 请示类公文必须注明联系部门及联系人姓名和电话。该联系人一般为公文起草部门的负责人。

第三节　关于请示文种问题的解答

一、请示与报告的区别

请示与报告同属上行公文，容易混淆，两者的区别在于：

1. 行文时间不同。请示写在事前，不可以在事后请示；报告写于事后，情况发生在前。

2. 行文的目的不同。报告是下情上达，不要求上级批准；请示要求上级给予批准。

3. 行文内容不同。请示要求上级尽快答复，带有解决问题的迫切性；而报告是以向上级汇报、反映情况为主要内容，一般不需要上级答复。

4. 写法不同。请示需注明缘由和事项，报告则主要汇报工作，陈述情况，分析问题，提出看法。

5. 处理文件不同。有请示，上级机关就一定要在短时期内给予答复，即有请示就有批复。报告无须答复，有时根据情况可以转发。

二、怎样把握“请示”的行文对象

“请示”的行文对象必须是与自己有领导或者指导关系的直属上级。

三、“请示”的主送机关只能是一个吗

是的。多头请示易使主办与协办者之间相互推诿、扯皮，延误审批时间，或者由于两个上级机关的批示意见不同，会使下级无所适从。受双重领导的单位在请示问题时，应当是谁有权批准这一问题就主送给谁，可将另一个上级单位列为抄送，以便了解或支持。如果行政关系在中央、省、市，而党的关系在省市、地县，不能把党政机关一起并列为主送，应当按照党政各自的分工范围，或以党委、党组织的名义请示上级党委，或以行政名义请示上级行政机关。

四、为什么“请示”不能行文给领导者个人

“请示”不能行文给领导者个人的原因如下：

1. 违背了依法行政的要求，不符合党和国家公文法规的规定精神。
2. 干扰了上级机关对公文的规范处理程序。

五、为什么“请示”不得同时抄送下级机关

这是因为请示事项在上级机关没有批复或批准之前还是充满变数的，是不可以付诸实施的，从而也就没有必要让下级机关的有关人员知悉。特别是一些内容带有重大政策性，或涉及机构调整、人员变动等的请示公文，如果在上级机关未批准之前就让下级机关的有关人员一清二楚，势必会造成人们思想上和工作上的混乱。

六、怎样掌握“请示”的内在逻辑关系

一份“请示”不论文字长短，其内在逻辑均由请示的依据、背景和缘由等部分组成，以及要求上级机关为我们解决什么问题和采用什么措施来解决等部分组成。

七、如何把握请示中常见的问题

1. 请示、报告不能混合在一起写，文章和标题要相符，不能以“请示报告”为题；
2. 提出的解决方案要以政策为依据，不能偏颇，避免上级无法批复；
3. 不要重叠使用祈请句，口气不要过于迫切；
4. 请示不可过多，一般性问题使用便函或口头请示即可；
5. 一份请示只能请示一件事；
6. 主送机关只能有一个，不得擅自越级请示。遇有特殊情况，要抄报被越过的机关。请示是公文，要由文件处理部门按规定程序处理，不要当作私人文件

直送某领导人。

第四节 请示病例的分析与修改

一、申报性请示的分析与修改

【原　文】

关于申报核销因债务人破产造成坏账损失的请示

总会计师暨××厂长：

××××年××市机床厂从我厂购买××型车床和铣床各3台，除预付货款×××万元外，尚欠货款××万元。此后，我厂虽年年去信和派人催收，但该厂均以无偿还能力为由而拒付。今年7月，我们接到××市法院通知，言明该厂因亏损严重已宣告破产。我厂作为债权人会议成员，还派人参加了破产清算。10月破产清算终结，故申报将其列入“管理费用”作为“坏账损失”予以核销。

妥否，请予批示。

附：××厂破产财产分配方案影印件（略）

××市第×机床厂
××××年××月

【分析与修改】

该篇请示在行文上存在着两个问题：

1. 主体部分应写明请求批准的请示，必须要把批准的事项写清楚，表达准确。

2. 落款处缺少发文机关的日期，行文不严密。

【改　稿】

关于申报核销因债务人破产造成坏账损失的请示

总会计师暨××厂长：

××××年××市机床厂从我厂购买××型车床和铣床各3台，除预付货款×××万元外，尚欠货款××万元。此后，我厂虽年年去信和派人催收，但该厂均以无偿还能力为由而拒付。今年7月，我们接到××市法院通知，言明该厂因亏损严重已宣告破产。我厂作为债权人会议成员，还派人参加了破产清算。10月破产清算终结，根据《中华人民共和国企业破产法》规定的清偿程序，原欠我厂的货款已确定为坏账，故申报将其列入“管理费用”作为“坏账损失”予以核销。

妥否，请予批示。

附：××厂破产财产分配方案影印件（略）

××市第×机床厂

××××年××月××日

二、批转性请示的分析与修改

【原　文】

××省××市工商行政管理局关于新办酒厂有关问题的请示

县人民政府：

近年来，全市酒类生产发展很快，已登记发照的社办酒厂有三十七个，国营酒厂十二个，去年生产白酒四千二百吨，酒类生产已处于饱和状态。个别的未经申请办照，擅自开业，部分酒厂在质量上也未达到要求。为了使酒类生产健康发展，根据国务院（82）108号文发布的《（工商企业登记管理条例）施行细则》的有关规定，特提出如下意见：

一、未经申请登记，擅自开业的酒厂，按《细则》之三十二条规定，“应勒令停办或停业，并处以×××元以下罚款”。根据情况，确需开办，经过整顿符合条件的，必须补办手续，领取营业执照，继续生产。

二、根据市场需要，按照统筹安排、网点布局合理的原则新办的酒厂，必须在筹建前三日内到工商行政管理部门办理筹建许可证。经有关部门验收合格，筹建完毕后，应在投产前三十日内到工商部门办理营业执照后方可投入正式生产。

三、现已生产的国营、集体企业酒厂和今后开办的酒厂，都要严格遵守国家的政策法令，照章纳税，并保证质量，如违反有关规定要依法处理。

以上报告，如无不妥，请批转有关单位执行。

附：全市酒厂分布情况表（略）

抄送：市委、市人大、市政协、市法院、市检察院。

××××年××月××日

【分析与修改】

该份批转性请示标题和内容尚可，但在写作格式和语言文字上还存在如下问题：

1. 称谓“县人民政府”一是改为“市人民政府”；二是应顶格书写。

2. 引文的发文字号及文件均不正确。“根据国务院（82）108号文发布的《（工商企业登记管理条例）施行细则》”应修改为“根据国务院〔××××〕108号文发布的《〈工商企业登记管理条例〉施行细则》”。

3. “经有关部门验收合格，筹建完毕后，应在投产前……”一句，应当在“筹建完毕后”才会有“验收”和“投入正式生产”的情况发生。因此，应将本句话改为“筹建完毕后，需经有关部门验收合格，并在投产前……”

4. 成文日期应在抄送栏上方居右空两字处。

【改　稿】

××省××市工商行政管理局关于新办酒厂有关问题的请示

市人民政府：

近年来，全市酒类生产发展很快，已登记发照的社办酒厂有三十七个，国营酒厂十二个，去年生产白酒四千二百吨，酒类生产已处于饱和状态。个别的未经申请办照，擅自开业，部分酒厂在质量上也未达到要求。为了使酒类生产健康发展，根据国务院〔××××〕108号文发布的《〈工商企业登记管理条例〉施行细则》的有关规定，特提出如下意见：

一、未经申请登记，擅自开业的酒厂，按该《细则》之第三十二条规定，“应勒令停办或停业，并处以×××元以下罚款”。根据情况，如确需开办，经过整顿符合条件的，必须补办手续后领取营业执照，才能继续生产。

二、根据市场需要，按照统筹安排、网点布局合理的原则新办的酒厂，必须在筹建前三日内到工商行政管理部门办理筹建许可证。筹建完毕后，须经有关部门验收合格，并在投产前三十日内到工商部门办理营业执照后方可投入正式生产。

三、现已生产的国营、集体企业酒厂和今后开办的酒厂，都要严格遵守国家的政策法令，照章纳税，并保证质量，如违反有关规定要依法处理。

以上报告，如无不妥，请批转有关单位执行。

附：全市酒厂分布情况表（略）

××××年××月××日

抄送：市委、市人大、市政协、市法院、市检察院。

三、求准性请示的分析与修改

【原　文】

××市人民政府关于建立××市体育学校的请示

××人民政府：

我市体育事业在省委、省政府的关怀下，有了一定发展，在开展群众性体育活动，提高运动技术水平方面取得了一些效果。但是，近年来我市运动技术水平与兄弟地、市相比有下降趋势。其原因之一是我市体育师资严重缺乏。全市有中小学5636所，有体育教师1600人，其中学过体育专业的只有286人，这种状况已影响到基础训练。此外，我市重点业余体校毕业生的出路问题未能得到很好的解决，不仅造成了体育人才的大量外溢，而且严重影响了这所体校的招生情况，使重点业余体校日渐失去生机与活力。这些问题的存在，对全面提高我市的体育教育质量，为国家培养和输送体育优秀人才，产生了十分不利的影响。

正因为存在以上情况，我们认为，我市急需建立一所以培养体育师资和优秀运动员为目标的体育学校，因此，拟将市重点业余体校改办成中等专业性质的体育学校。具体办学意见如下：

一、学校名称（略）

二、学制及课程设置（略）

三、招生对象及规模（略）

四、场地设施（略）

五、师资（略）

六、经费（略）

以上请批示。

××市人民政府

××××年××月××日

【分析与修改】

该份请示存在以下问题：

1. 主送机关不明确

从正文看，这是一份××市人民政府向××省人民政府提出的请示，因此，主送机关应写为“××省人民政府”。

2. 用词不当、不准确

如“我市……一些效果”一句，平时说“在某些方面取得了一些效果”这句话还可以。但就本篇公文来说，“在体育活动方面取得效果”就属于用词不当了，应将“效果”改为“成绩”；又如“造成了体育人才的大量外溢”，“外溢”一词应改为“外流”。

3. 语气不够谦和，有些生硬

如“正因为存在以上情况”应改为“鉴于上述情况”；“以上请批示”一句不够谦和，带有命令性口气，应修改为“以上妥否，请批示”。

【改　稿】

××市人民政府关于建立××市体育学校的请示

××省人民政府：

我市体育事业在省委、省政府的关怀下，有了一定发展，在开展群众性体育活动，提高运动技术水平方面取得了一些成绩。但是，近年来我市运动技术水平与兄弟地、市相比有下降趋势。其原因之一是我市体育师资严重缺乏。全市有中小学5636所，有体育教师1600人，其中学过体育专业的只有286人，这种状况已影响到基础训练。此外，我市重点业余体校毕业生的出路问题未能得到很好的解决，不仅造成了体育人才的大量外流，而且严重影响了这所体校的招生工作，使重点业余体校日渐失去生机与活力。这些问题的存在，对全面提高我市的体育教育质量，为国家培养和输送优秀体育人才，产生了十分不利的影响。

鉴于上述情况，我们认为，我市急需建立一所以培养体育师资和优秀运动员为目标的体育学校，因此，拟将市重点业余体校改办成中等专业性质的体育学校。具体办学意见如下：

一、学校名称（略）

二、学制及课程设置（略）

三、招生对象及规模（略）

四、场地设施（略）

五、师资（略）

六、经费（略）

以上妥否，请批示。

××市人民政府

××××年××月××日

第五节　请示的写作范例

◎组建性请示

【范例一】

××县科技创新服务中心转型组建工作的请示

××县政府：

根据××××年××月县重大招商项目协调会议要求，为认真贯彻落实会议决定事项，推进××公司顺利落户县科技局柑橘基地，进一步理顺人员关系，盘活资产，妥善处理好原科委柑橘研究所的人、财、物、事等问题，促进县科技创新服务中心的尽快组建转型和健康发展。科技局班子针对柑橘园和创新中心的现状，着眼今后发展的需要，经过多次认真研究，决定对县科技创新服务中心进行转型组建。现将有关工作作如下汇报和请示：

一、柑橘基地的基本情况和“创新中心”现状

原县科委柑橘研究所位于××乡××统筹城乡发展试验区内。××××年为促进全县经果产业发展，在省科技厅和县委、县政府大力支持下，县科委经申请批准组建成立了县科委柑橘研究所，核编为自收自支事业单位性质。××××年柑橘研究所被核为财政差补60%事业单位。其人员情况主要在柑橘基地建设初期，因生产管理的需要，陆续从大专院校毕业生分配了4名大学生和一名专家共5人为正式职工；从全县各乡镇持有专业技术职称的农民技术员中聘用了5名合同工，签订了聘用合同，其身份不变，户口关系仍留在原住地。资产情况是由省科技厅以科技项目名义拨款30万元，县科委在××乡××村××、××两组沿105国道两线区域先后三次有偿征地213.73亩农用林地作为柑橘研究基地。在基地上已投入建有四周围墙、道路、水电和办公用房等基础设施，建设了年产万斤的柑橘果园。职工工资及单位运转经费主要靠经营橘园的承包费和财政拨付5名在编人员差补工资解决。90年代末期，柑橘研究所的生产、经营和管理受市场经济影响，职能在逐渐减弱，加之投入有限，单位主要收入来源仅能维持基本的生产管理和职工基本工资。

二、“中心”转型组建的主要形式、基本原则和措施（略）

三、关于职工的解聘分流安置

1. 聘用制合同工的安置。（略）

2. 退休人员的安置。（略）

3. 在编正式职工的安置。（略）

4. 因国有资产处置，凡是占用及居住公房职工必须按照规定和要求搬迁让出房屋。(略)

5. 改组后职工个人档案按不同的分流去向交有关部门，实行社会化和户口所在地管理。(略)

四、创新中心改组成本测算

经初步测算，成本为××万元，包括：

1. 职工分流安置费用：

①聘用制合同工“五险费”和一次性经济补偿费用×万元；即应交未交的“五险费”为×万元；基础安置费5人，人均合计××万元；工龄补助费每人每年×万元，共×年，计××万元。

②退休人员养老保险统筹金和改组后的医疗保险费用××万元；

③在编职工改组后医保、住房公积金费用××万元。

2. 创新中心启动工作经费费用：

①办公设备添置费用×万元；

②工作启动费用×万元。

3. 改组及不可预见性费用×万元。

4. 园内职工搬迁临时安置费用×万元。

五、改组的几个具体问题

1. 中心改组的费用：职工分流安置费、中心工作启动经费及其他围绕改组费用，按所需资金安排计划，从科技局柑橘基地土地出让补偿资金中一次性提取解决。

2. 退休人员改组后工资关系纳入县社会保障统筹，其养老保险统筹金预提标准按同类别单位标准提取。

3. 改组涉及的所有人员安置补偿计算截止日期为××××年12月31日。整个改组工作于××××年5月31日之前结束。

××××年××月××日

【范例二】

关于尽快组建××市农村社会经济调查局的请示

(××××年××月××日)

市政府：

××××年农村社会经济体制实行改革时，为确保农村各项社会经济统计指标能全面快速上报，国家编委批准国家统计局成立了农村社会经济抽样调查总队，各省、直辖市、各副省级市以及其他大中城市均于××××年前，相继成立了农村社会经济抽样调查队（以下简称农调队），仅我市未能成立农调队。

国家和省为了保证我市农村统计数据按时上报，在我市郊县分别布了调查点，配备少量农调人员，建立国家和省的农村调查队。另外，给我市统计局配备了两名农调人员，负责收集、整理、汇总上报国家、省调查点上的统计资料。

××××年之前我市农村的社会经济统计数据，一直用国家、省调查点上的数据进行推算取得。由于国家、省在我市的布点较少，其数据不能反映我市的实际情况。经多次报告，后由市财政局每年拿出10万元，分管农村工作的书记、市长市领导从专项经费中每年挤出10多万元，聘请了辅助调查员，布了市级农村调查点。

实行市场经济后，农村已全面推行抽样调查，彻底取代计划经济条件下的全面统计报表模式。农村社会经济抽样调查面日益拓宽，调查点逐年扩充。截止到××××年，我市农村抽样调查已由农户收支和粮食产量两项调查，扩大到油菜、牧业、渔业、固定资产投资、耕地、劳动力转移、物价、农本、行风等10多项常年性调查，调查范围已涉及600多个行政村，15000多农户。调查工作量在原有基础上又翻了几番。这是省配备的两名农调人员所远远不能承受的。

市政府办公厅宁政办〔××××〕××号文件《市政府办公厅转发市统计局关于加强农村抽样调查工作意见的通知》中要求："建立、健全农村抽样调查网络。农村抽样调查是一项科学性、业务性、规范性、艰巨性工作，需要依靠一个强有力的组织网络才能胜任。"××××年年初部署机构改革工作时，分管领导也曾明确表示在政府机构改革后成立农村调查局。

市统计局承担全市农村抽样调查的领导、组织、协调的重任，还要直接从事布点、收集、审核、录入、汇总上报、分析研究市级调查点上的资料。为了确保全市农村抽样调查工作优质高效运转，特申请尽快组建南京市农村社会经济调查局（二级局），内设农村住户调查、农产品产量调查、社会经济调查三个处，配给事业编制10名，所需经费列入财政预算。

特此请示。

××市统计局

××××年××月××日

◎调整性请示

【范例一】

关于××镇村区划调整的请示

县政府：

根据《中共××县委、××人民政府关于在全县开展村级区划调整的意见》

（×发〔××××〕××号）文件精神，经成立组织、宣传引导、村民表决等规定的各项程序，本镇已确定了村级区划调整方案，现请示如下：

一、基本情况

××镇位于××西南部，东临本县××乡，南接××县××乡，西靠本县××镇，北依本县××镇、××镇。全镇辖27个行政村，194个村民小组，10423户，45652人（其中农业人口43898人），村平均人口1689.8人，面积53.1426平方公里，311国道从境内穿过。

二、村区划调整的理由和原则

近年来，××镇抓住东向发展的历史机遇，以完善的措施、优越的环境和务实的作风，努力加大农业产业结构调整和招商引资的力度，进一步完善城镇建设功能和综合服务功能，新农村建设和经济发展明显加快。

本镇实施村级区划调整，是加快中心村建设，推进农村城市化的基础，它有利于村庄规划，重新描绘现代化新农村的蓝图，可打破农村现有分散、自然、低档次的建设格局，使村与村之间道路、水系、电力、文化教育、医疗卫生设施等可以合理布局，涉及村民生产生活的一些配套功能设施能够有机衔接，农村的资源配置可以得到优化，进一步提高资源的共享率；它有利于合理利用资源，推动本镇经济社会可持续发展，通过扩大基础设施等资源的共享范围，可大大降低管理运行成本，提高资源利用效益，对一些小村实施迁村并点，还可以盘活农村土地资源；它有利于产业聚集，加快经济结构的调整，使一部分农民割断与土地的直接联系，离土离乡到中心村和城镇谋求生存和发展，既能为合理流转土地、促进规模化、集约化经营提供条件，又能逐步改变广大农民传统的生活方式和思想观念。

本镇实施区划调整坚持以下原则：一是扩大规模原则。二是便于管理原则。三是整建制撤并原则。四是依法办事原则。五是尊重民意原则。

三、本镇村区划调整方案

经镇党委、政府提出和村民会议表决，并切实履行了有关程序，本镇建制村调整后共有10个村：

1. 撤销17个村基本情况

（略）

2. 调整后设有10个行政村的基本情况

（略）

请示妥否，请批示。

附件：

1. ××村民会议对村区划调整的表决结果

2. ××村“两委”对村区划调整的意见

3. 地名命名、注销申报表

4. 村区划调整前后概况表（前、后两表）
5. 本乡镇行政区划图（调整前后各一份）

××镇人民政府
××××年××月××日

【范例二】

关于调整市信息办直属机关工会负责人的请示

市直机关工会工委：

根据北京市信息化工作办公室干部调整的情况，经工委委员会全体会议选举，×××同志任北京市信息化工作办公室直属机关工会主席、×××同志任副主席，免去×××同志信息办直属机关工会主席、×××同志副主席职务。

妥否，请批示。

××市信息化工作办公室
××××年××月××日

◎改选性请示

【范例一】

关于市外经贸局党支部改选的请示

市机关党工委：

市外经贸局党支部在市机关党委的直接领导下，全面加强党的领导，积极参加上级党组织开展的各项活动，及时完成交办的各项工作，在全市的开放型经济等各方面均充分发挥了党组织及每位党员的先锋模范作用，作出了积极贡献。到××××年，本届支部已有两年了，现根据《中国共产党章程》要求，特申请对我局党支部进行换届选举，候选人为×××、×××、×××、×××。

以上请示妥否，请批示。

××市对外经济贸易局
××××年××月××日

【范例二】

××公路段工会委员会关于改选工会委员的请示

分局工会：

我段因分局人事调整，原工会生产委员×××调往××收费站任职。为了不影响工会工作，保证工会各项工作的顺利开展，经3月28日职工代表大会选举，决定增选×××同志为孟县公路段工会委员会生活委员，改选×××同志为生产委员，×××同志为女工委员。

妥否，请批复。

××公路段工会

××××年××月××日

◎拟任性请示

【范例一】

关于拟任×××同志××机关监察室主任的请示

××党工发〔××××〕××号

兵团纪委监察局：

根据《关于在××党工委设立兵团监察局驻××机关监察室有关问题的通知》（兵编发〔××××〕××号文件）精神，批准工委设立兵团监察局驻××机关监察室，增加处级领导职数一名。5月初，兵团纪委副书记、监察局局长×××同志一行来工委调研时，提出应着力加强××机关的纪检监察工作，建议尽快配齐监察室主任。×××同志现任××纪工委正处级检查员，多年从事纪检工作，熟悉纪检监察业务，能独立负责地开展工作，为××机关监察室主任合适人选。

鉴于以上原因，经5月21日工委书记办公会议研究决定，建议任×××同志为××机关监察室主任。

妥否，请批示。

××党工委

××××年××月××日

【范例二】

关于拟任×××同志为市直机关工委办公室副主任的请示

××发〔××××〕××号

市委组织部：

×××，男，汉族，1983年12月生，大学学历，中共党员，省委组织部××××届选调生，现为市直机关工委科员。

该同志自××××年选调到机关工委工作以来，一直兢兢业业工作，并能在较短时间内实现角色转换。

一是政治进步，思想成熟。作为一名省委选调生，该同志表现积极、思想进步，政治上严格要求自己，时刻加强政治理论学习，政治觉悟、敏锐性明显提高。能从大局角度来思考和开展工作，思想上始终同党中央、市委、市政府的决策部署保持一致。

二是自我加压，练好“内功”。到机关工委工作以来，该同志能紧紧围绕岗位要求，尽快熟悉了解工作单位的主要职能业务，并加强拓展，丰富底蕴。能围绕全面发展的目标，有针对性地学习国家大政方针政策，仔细研读法律、哲学、时事政治、公文写作、领导讲话等知识，日积月累，增长才智。能学以致用，以用促学，真正把学到的知识消化吸收，切实转化为解决实际问题的能力。

三是勤奋工作，成绩突出。作为党群口口长单位，机关工委事情繁杂，该同志除了做好本单位工作外，还积极做好党群口11家的组织协调工作，无论是会议通知还是文件上传下达，该同志都能始终做到井井有条。此外，该同志还多次参与了市直机关大型活动的策划和具体实施部署工作，在该同志的配合参与下，机关工委相继成功举办了“爱国爱家·喜迎十七大”演讲比赛、“贯彻十七大·学习新党章”知识竞赛、“庆祝建党××周年暨农开杯‘党员展风采·携手助发展’学习实践科学发展观”知识竞赛、迎春文体活动等一系列大型活动，产生了良好的社会效益。

四是廉洁自律，清白做人。自工作以来，该同志一直负责单位的财务管理工作。两年来，无论是在来人招待，还是办公用品购买方面，该同志始终坚持勤俭节约，每一笔花销都记得清清楚楚，真正做到了账目上清晰，做人上清白。

鉴于该同志的现实表现，根据工作需要，经机关工委研究，拟任×××同志为市直机关工委办公室副主任。

特此请示，请批复。

××市直机关工委

××××年××月××日

◎评选性请示

【范例一】

××区财政局关于推荐×××同志参加“十佳市民”评选的请示

×财〔××××〕××号

区委组织部：

近年来，在区委、区政府的正确领导下，我局以邓小平理论和十八大会议精神为指导，通过开展文明单位创建活动，积极加强干部职工思想道德建设，进一步提升了机关干部职工的业务素质和服务水平，促进了财政事业的不断向前发展，涌现出了一批业务过硬、成绩突出的先进典型。为充分展示财政干部素质高、作风硬、能力强、业务精的良好形象，经民主评议推荐，组织严格考察，局党组集体研究后同意，推荐×××同志参加全市八月份“月评十佳市民”活动。

特此请示。

××区财政局

××××年××月××日

附：×××同志“十佳市民”推荐材料

×××同志“十佳市民”推荐材料

×××，男，××××年××月出生，中共党员，现任××区财政局办公室主任。

×××同志能认真学习党的十八大精神，贯彻落实党的路线方针和政策，以邓小平理论、十八大会议精神为指导，立足岗位，团结同志，服从组织安排，珍惜集体荣誉，为财政事业的发展作出了自己应有的贡献。

作为办公室主任，他的本职工作就是为财政工作提供强有力的后勤保障。为提高服务意识和服务质量，他注意处理好各方面的关系，根据领导工作思路和财政发展趋势，超前思考，尽量把问题想在前面，把基础工作做好，搞好超前服务。基层同志到局里办事，他总是热情周到，竭力搞好服务。为确保机关各项制度规章落到实处，他组织人员查阅了人事部门有关公务员管理等方面的文件和规定，结合本机关的实际情况和行业特点，重新修订和完善了机关规章制度和机关目标责任制管理考核办法，从学习、工作、生活等各个方面对干部职工提出了严格的要求。

×××同志工作任劳任怨，干一行爱一行。我市××开发建设工作开展以来，他被推荐参加我区沿河开发治理工作，深入到沿河拆迁第一线工作。为确保拆迁工作进度，他深入到每个拆迁户家中，不厌其烦地宣传拆迁政策，了解实际困难，帮助他们解决实际问题，消除他们的后顾之忧。不管是刮风下雨，还是烈日当头，他始终坚持在拆迁工作的最前线，帮助拆迁户做力所能及的事。除了拆迁工作，他还要兼顾局里的后勤保障，夜以继日地高强度工作，这使他夜不成寐，两眼熬得通红。在他累得病倒的时候，也始终坚持“轻伤不下火线”，用自己的真诚感化着每一个拆迁户的心，让他们从不理解、抵触拆迁工作，到主动配合建设大局，纷纷在最短时间内完成了搬迁，有力地支持了全市沙澧河开展建设工作。

×××同志关心同志，热心助人，哪位同志有困难、有矛盾或有情绪，他总是耐心地帮助和引导他们，为他们出主意、想办法，和他们一起克服困难，维护团结。

他真诚的爱心、随和的性格、得体的语言、文明的举止、无私的奉献，以及务实的作风、优良的品格、正确的工作方法，赢得了领导的赏识、同志的尊重。他多次被评为全局优秀党员和先进工作者。××××年××月，获得“全市财政系统先进个人”荣誉称号，××××年3月，获得“××市××区十佳职工”荣誉称号。

【范例二】

关于在全县评选劳动模范和先进工作者的请示

县委：

自××××年县政府召开全县劳动模范和先进工作者表彰大会以来，全县人民在县委、县政府领导下，与时俱进、开拓进取，为我县改革开放和经济建设付出了辛勤劳动，取得了可喜成绩，涌现了一大批成绩突出、无私奉献的先进模范人物。为了树立典型，进一步调动广大人民群众建设有中国特色社会主义积极性，促进社会和谐，加快建设全省工业经济强县，全面建设小康社会，努力在新的起点上实现全县经济社会发展的新跨越。根据饶县办发〔××××〕××号文件精神，××××年在全县开展劳动模范和先进工作者评选活动，现将评选上饶县劳动模范和先进工作者有关事项请示如下：

一、评选范围和名额

在为我县改革开放、经济建设、工农业生产和各项社会事业中作出突出贡献的工人、农民、科技人员、医务人员、教职员工、企业管理人员、党政机关工作人员、个体经营者。全县评选劳动模范和先进工作者名额为30名。（其中：工人15名，农民2名，科技人员1名，医务工作者2名，教职员工2名，企业管理人员4名，党政机关工作人员3名，个体经营者1名。）

二、组织领导

由××县劳动模范评选工作委员会负责对××××年劳动模范评选工作，评委会办公室设在县总工会，由县总工会负责做好评选的具体工作。

三、评选条件

被评选的劳动模范和先进工作者必须热爱祖国，高举中国特色社会主义伟大旗帜，坚持邓小平理论，努力实践十八大会议精神，遵纪守法，廉洁奉公，在本岗位上作出突出贡献，为广大群众所拥护。

1. 在改革开放和经济建设中勇于开拓创新，与时俱进，取得了显著成绩；

2. 在提高生产（工作）效率、服务质量、安全文明生产、增产节约、增收节支和发明创造、技术革新等方面取得显著经济效益和社会效益；

3. 在发展农业生产和农村经济方面作出贡献；

4. 在科技、教育、卫生、体育等事业中有突出成就；

5. 忠于职守，勤奋工作，在平凡的工作岗位上作出不平凡业绩；

6. 在社会主义精神文明建设中取得突出成绩；

7. 在维护社会治安、抢险救灾等特定环境中，为保护国家、集体和人民生命财产安全作出突出贡献；

8. 在其他方面作出突出贡献的。

四、工作要求

1. 评选表彰劳动模范是我县人民政治生活中的一件大事，各级政府和有关部门一定要加强领导，认真做好评选、推荐工作。

2. 面向基层，面向经济建设第一线，把评选的重点放在生产第一线的工人、农民和科技、医务人员、教职员工中。

3. 严格评选标准，坚持“公开、公平、公正”和“自下而上、群众公认”的原则，把坚持党的基本路线，模范执行党的方针政策、开拓创新、成绩显著、事迹突出，在群众中有较高威信的模范先进人物评选推荐上来。

4. 要通过各种形式广泛宣传县委、县政府关于评选表彰劳动模范的决定精神，在全县掀起一个群众性的学习劳模、赶超劳模活动热潮，大力宣传各行各业先进人物的模范事迹，唱响“劳动光荣、工人伟大”主旋律，教育和激励广大群众以先进人物为榜样，努力工作，开拓进取，为我县经济实现又好又快发展作出新的更大贡献。

××县总工会

××××年××月××日

◎换届选举的请示

【范例一】

关于××党支部换届选举的请示

××党委：

本届××党支部于×××年××月××日经选举产生，按照《中国共产党章程》《中国共产党基层组织选举工作暂行条例》的有关规定，经党支部研究决定，拟于×××年××月××日召开党员大会进行换届选举。

新一届党支部拟设委员3名，其中书记1名，委员2员。

新一届党支部将通过“公推”办法产生候选人预备人选，采用“直选”的方式差额选举产生委员（差额比例不少于20%），书记实行等额选举。

当否，请批复。

××党支部

××××年××月××日

【范例二】

关于××中工会换届选举的请示

××市教育局工会：

我校第五届工会委员会任期已满，拟于3月22日（周三）下午4：00召开全体会员大会进行换届选举。现将换届选举的办法汇报如下：

一、指导思想

在认真总结上届工会五年任期内工作经验的基础上，根据《中华人民共和国工会工作章程》规定和《合肥市中小学教职工代表大会工作条例》文件精神，结合本校实际，选举产生新一届工会领导班子，并研究部署今后五年工会工作任务。

二、选举原则

民主集中制原则。采取教职工民主选举和党总支研究协商相结合的办法，选举应充分考虑各方面因素，体现先进性、广泛性和代表性。

三、组织领导

成立以×××同志为组长，×××同志为副组长的换届领导小组，组员包括：×××、×××、×××、×××、×××。

四、选举条件

1. 本校工会会员；

2. 坚持四项基本原则，自觉贯彻执行党的基本理论、基本纲领和基本路线；

3. 解放思想、实事求是、开拓创新、与时俱进，作风正派，工作踏实，富有工作成效，有一定的管理经验；

4. 努力学习，遵纪守法，带头执行各项规章制度，以身作则，在教职工和本职岗位中起模范带头作用；

5. 热爱工会工作，热心为教职工服务，有活力、有文化、有能力，具有奉献精神和做好本职工作的组织和协调配合能力。

五、选举程序

1. 确定名额：根据工会会员人数，确定本届工会委员会由7人组成；

2. 小组提名：召开工会小组会议，每个工会小组在广泛酝酿的基础上，以无记名投票方式从全校范围内推选7位候选人（为充分体现女教工和青年教工的利益，要求7位候选人中至少有1位为女教工，至少有1位为35周岁以下的青年教工）；

3. 总支协商：召开党总支会议，在小组提名的基础上，总支平衡各方面因素，研究确定8位候选人；

4. 小组差额：各小组再次召开会议，从总支确定的8位候选人中以无记名投票方式选出7位上报学校；

5. 确定候选人：换届领导小组根据得票多少，确定7位同志为正式候选人，并向全体教职工公布。

六、正式选举

1. 上届工会向全体工会会员汇报任期工作情况和工会经费使用情况；

2. 参加会议的人数：参加选举的人数为应到会人数的三分之二以上时，方可进行选举；

3. 选举办法：采用等额选举的办法进行选举；

4. 宣布候选人：简要介绍候选人情况；

5. 确定监票人：监票人从非候选人的会员中产生，经会员大会表决通过，负责对选举全过程进行监督；

6. 投票方式：采用无记名投票方式，选举人可以投赞成票或者不赞成票，也可以投弃权票，投不赞成票者可以另选他人；

7. 选票的统计：选举收回的选票，等于或少于规定应选人数的为有效票，多于规定应选人数的为废票。候选人获得应参加选举人的过半数选票时，方可当选。如果有候选人得票不过半数，则不能当选。择日，再由各工会小组推荐新的候选人后进行重新选举。

七、支部分工

召开党总支会议，根据选举结果和工作需要，对新一届工会委员进行分工，并将选举结果和分工情况报上级工会。

八、宣布结果

召开全体工会会员会议，宣布新一届工会委员分工情况。

以上程序当否，请予批复。

××中党总支

××××年××月××日

◎求准性请示

【范例一】

关于请拨安置外来流动人口专项资金的请示

××市财政局：

当前，市区尚有一定数量的外来流动人口，有些从事行乞，有些居无定所，到处流窜。如不妥善安置，将对社会稳定造成隐患。现已临近年关，为确保首都社会安全稳定，使全市人民安度春节，拟对外来人口采取集中安置、收容遣送措施，根据市政府主管领导意见，所需资金从财政社会保障资金中专项列支。现请拨专项资金120万元。

妥否，请批示。

××市社会福利救济中心

××××年××月××日

【范例二】

关于请求批准设置普通中专学校的请示

市政府：

为提高职业学校的办学效益，提升办学水平，扩大招生规模，我市职教中心和市商业职工中专学校分别于××××年由市政府向省教育厅申请设置普通中专学校：××应用技术学校和××汽车工程学校。××师范学校也于××××年由市教育局向省教育厅申请增挂“××实用艺术学校”的校名。省教育厅随即组织了专家组来上述三校进行评估审查。

省教育厅《关于××××年普通中专学校设置的复函》（教秘计〔××××〕××号）指出，“经审查，申报设立××应用技术学校、××汽车工程学校和××师范学校增挂××实用艺术学校校牌符合省设置规定的条件，鉴于《中共××省委、××省人民政府关于进一步振兴职业教育的若干意见》（×发〔××××〕××号）已明确规定，简化审批程序，今后举办各类中等职业学校由省辖市人民政府审批”。根据以上意见，恳请市政府批准设置××应用技术学校、××汽车工程学校两所普通中专学校，批准××师范学校增挂××实用艺术学校校牌。三所学校的隶属关系、经费渠道等均不作变动。

如无不妥，请予批准。

××市教育委员会

××××年××月××日

附：××市职教中心、××市职工学校、××师范学校的申请报告（略）

◎请求指示的请示

【范例一】

关于如何处理农村五保对象遗产问题的请示

最高人民法院：

我院在执行××××年××月××日国务院颁布的《农村五保供养工作条

例》过程中，发现与××××年××月××日最高人民法院颁布的法（民）发〔××××〕××号《关于贯彻执行〈中华人民共和国继承法〉若干问题的意见》第55条的规定不一致。特请示：农村五保对象遗产处理应遵照哪条规定执行？

以上问题，请复示。

××省高级人民法院

××××年××月××日

【范例二】

关于要求更改我市××中学等学校名称的请示

市政府：

为了进一步提高我市××中学等学校的知名度以便于对外合作交流，按照全国城市称谓惯例，又根据全市农村教育工作会议精神，经局务会议讨论，拟定将××中学、××二中、××三中、××四中和××中学称谓更改为××市第一、第二、第三、第四和第五中学。

专此请示，请审批。

根据市领导的意见，现向社会公告，广泛征求意见。

××市教育局

××××年××月××日

◎请求解决问题的请示

【范例一】

××煤矿安全监察局关于××人民政府请求解决煤炭资源开发问题的请示的具体意见

省政府办公厅：

根据省政府办公厅的要求，结合《国务院办公厅转发安全监管总局等部门关于进一步做好煤矿整顿关闭工作意见的通知》（以下简称《煤矿整顿关闭通知》）精神，就《××人民政府关于请求解决煤炭资源开发问题的请示》，提出如下具体意见，请审示：

整顿关闭非法采矿、不具备安全生产条件和不符合国家产业政策的小煤矿，是全国人大常委会提出并由国务院确定力争用三年时间彻底解决小煤矿问题的一项重要工作，各地区、各部门都要坚决贯彻落实。××经过多年的煤矿专项整治，取得了一定成效。但迄今为止绝大多数煤矿生产规模小、资源浪费大、安全无保障，也不符合国家产业政策（包括部分新、改扩建矿井），煤炭工业结构调整进展缓慢。当务之急是按照国家产业政策要求，坚决整顿关闭小煤矿，加快结构调整步伐，促进煤炭工业向规模化、正规化、科学化、安全化的轨道健康发展。否则按照国家三年解决小煤矿问题的基本要求，××××年以后所有不符合国家产业政策的煤矿将被强制关闭，必将对地区和全省煤炭工业发展、人民生产生活以及社会经济的稳定带来重大损失和影响。为此，××政府应着重从以下几方面抓好当前的整顿关闭工作。

一、尽早关闭自然灾害严重的煤矿

鉴于××县××矿区井田存在“双突”威胁、××铁迈煤矿为高瓦斯且存在严重火患和水患，小煤矿在现有技术条件下难以有效防治其自然灾害的实际，建议××和××县、××县政府责令以上矿区正在建设的煤矿立即停止施工，并尽快组织实施关闭。

这些矿区的煤炭资源，待今后技术条件、安全条件成熟，抵御自然灾害能力具备后，由省政府制定统一的矿区规划再行开发。

二、煤炭资源整合建议（略）

三、其他事宜

对于关闭小煤矿会给××城镇机关、人民群众的生产生活带来一定的困难和影响的问题，一是通过提升现有矿井生产规模，即对限期关闭矿井范围内煤田储量具备提升矿井生产能力的，要按照先关闭后整合的要求，可重新报经省国土资源部门制订矿产资源规划和矿业权设置方案，由省发展改革委按国家产业政策重新进行项目核准，尽快投入项目建设；二是××××年之前辖区内城镇机关和人民群众的用煤，可继续由辖区内大煤矿和部分安全生产条件较好的小煤矿承担供煤任务；三是××××年关闭小煤矿后，可由当地政府组织，本着“优先、优质、优价”的原则，协调辖区内的大煤矿和符合产业政策的生产矿井，向当地城镇机关和人民群众供煤，以保障煤炭供需。

××煤矿安全监察局

××××年××月××日

【范例二】

关于请求解决医疗救助等问题的请示

××市民政局：

××市社会福利院隶属南宁市民政局管理，是我市一所综合性大型福利机构，为全额拨款事业单位，职责主要是负责全市符合接收供养的条件“三无”（无劳动能力、无生活来源、无法定赡养人）老人及弃婴、孤残儿童，为他们提供医疗、康复、教育、养育等任务。目前在院的“三无”老人80余人，孤残儿童450多人。同时，还长期承担接受南宁市应急联动中心送来的乞讨流浪人员临时收养、收治任务，每年接收人数在150人次左右；入院的“三无”人员、孤残儿童及临时性接收对象大多身体虚弱、患有疾病或残疾，急需救治和恢复，有的甚至需要终生医治和康复治疗。因此，我院每年用于医疗费用的开支很大，而财政安排用于这些对象的医疗费用严重不足，如××××年市财政安排孤残儿童和“三无”对象医疗经费为40万元，但在××××年度实际开支就达到60万元（这还不包括进入民政部、民政厅“明天计划”等专题大病种医治项目进行手术治疗所用的开支），不足部分需挤占其他本已紧张业务经费来应付。前几年我院通过开展弃婴涉外领养业务得到领养捐赠款等收入，可以帮助解决一部分医疗费用。但自××××年以来，由于进入我院的弃婴锐减，且80%有残疾症状，××××年涉外领养业务量仅为××××年前的1/5，领养捐赠款随之大幅减少，解决医疗费的重要渠道由此中断。为节省治疗、康复、护理等必需工作开支，经市卫生局批准，我院成立专门服务于“三无”人员和孤残儿童、弃婴的医疗机构，这样，尽可能保证院内的工作对象在我院设立的医疗机构进行治疗和康复。为提高我院医疗机构技术水平，我院着力引进和培养技术人员、增加和完善相关设施设备。目前拥有医生14人（70%为中级以上职称），有40名专门从事医疗护理工作的护士（30%为护师以上职称），还添置了一些必需的设备，医疗水平很快提高，××××年获得自治区定点医疗机构的资格（目前正在申报市定点医疗机构资格），现在我院医疗机构已能够承担“三无”人员和孤残儿童、弃婴的救治、治疗和康复工作。因经费不足，我院医疗机构的医疗救治质量受到很多限制。

为此，我们恳请市局关注我院“三无”人员和孤残儿童、弃婴的救治、医疗、康复和护理等面临的新情况，帮助协调、逐步解决这些问题。

一是建议把我院“三无”人员和孤残儿童、弃婴所发生的医疗等费用纳入城市医疗救助的范围；同时，根据“三无对象”进入福利机构前已按有关规定经过层层审批程序的特点，开辟绿色通道，简化医疗费报账的相关申报、审核、审批等手续。

二是将我院医疗机构纳入我市城市医疗救助定点医院名录，以便我院能够充分发挥现有医疗资源的作用，更好地服务于我院“三无”人员和孤残儿童、弃婴医疗救治。

可否，请批示。

××市社会福利院

××××年××月××日

◎批转性请示

【范例一】

关于暂缓调高旅游专项资金在交通建设附加费中分配比例的请示

市人民政府：

今年4月7日，××市委、市政府公布了《关于加快发展旅游业的决定》（×字〔××××〕××号），同意建立旅游建设发展专项资金，其部分资金来源于交通建设附加费的分配，并将此分配比例从原来的5%调高到10%。对此，我委认为该措施无疑有利于筹集资金，促进旅游业发展。但当初决定征收旅游业交通建设附加费的目的，主要是筹集地铁资金，现要提高旅游专项资金在交通建设附加费中的分配比例，必然会减少地铁资金的来源。地铁工程建设年度投资高达30亿元，筹资任务十分艰巨，而今年地铁资金缺口更大，需开拓更多的资金来源。因此，任何减少筹集地铁资金的做法都会导致工期拖长和投资增大，不利于工程建设。

因此，我委建议在地铁建设期内，暂缓调高旅游专项资金在交通建设附加费中的分配比例，仍执行旅游专项资金在交通建设附加费中占5%的分配比例不变。

专此请示，请批复。

××市计委

××××年××月××日

【范例二】

关于《会计人员职权条例》中“总会计师”是行政职务或是技术职称的请示

财政部：

国务院颁发的《会计人员职权条例》（以下简称《条例》）规定，会计人员技术职称分为总会计师、会计师、助理会计师、会计员四种；其中“总会计师”既是行政职务，又作为技术职称。在执行中，工厂总会计师按《条例》规定，负责全工厂的财务会计事宜；可是每个工厂，尤其大工厂，授予总会计师职称的人员有四五人，究竟由哪一位负责全厂的财务会计事宜，执行总会计师的职责与权限呢？我们认为应将行政职务与技术职称分开。总会计师为行政职务，不再作为技术职称。比照最近国务院颁发的《工程技术干部技术职称暂行规定》，将

《条例》第五章规定的会计人员职称中的“总会计师”改为“高级会计师”。

以上认识是否妥当，请迅速指示。

××省财政厅

××××年××月××日

◎安排性请示

【范例】

××省××疗养院关于开展保持共产党员先进性教育活动第二阶段工作安排的请示

省卫生厅保持共产党员先进性教育活动领导小组办公室：

按照《××省××疗养院保持共产党员先进性教育活动实施方案》的工作布置，在巩固和继续深入学习十八大会议精神的基础上，开展党员分析评议工作，具体安排如下：

时间安排：从三月二十日开始至四月二十日结束。

主要任务和具体要求：

一、党性分析，自我总结。在认真学习的基础上，组织党员和党员领导干部，对照党章规定的党员义务和党员领导干部的基本条件，按照“两个务必”和“八个坚持、八个反对”的要求，全面总结自己近年来的思想、工作和作风等方面的情况，重点检查存在的问题，从世界观、人生观、价值观上剖析思想根源，领导干部还要从权力观、地位观、利益观方面进行剖析。每一位党员按照《中国共产党章程》的规定，对照检查自己在理想信念、宗旨观念、组织纪律、思想作风和工作作风等方面的现实表现，找出存在的突出问题，分析思想根源，明确努力方向，搞好自我总结，完成党性分析材料一份，材料中认真回答好“八个”方面的问题，即当初入党为什么，现实表现是什么，党组织要求做什么，群众期望是什么，党员先进性标准是什么，向先进典型学什么，自己差距是什么，今后应该做什么。

二、反馈意见。在继续征求意见的基础上，院保持共产党员先进性教育领导小组将收集的对党员和党支部的意见整理汇总，向党员本人和党支部反馈。属于对党员的意见，直接反馈给党员本人；属于对党支部的意见，应及时召开党支部大会，认真接纳意见，认真分析工作中的不足，归纳整理。

三、民主评议。定时召开全体党员参加的支部大会，对党员逐一进行民主评议，评议要充分发扬实事求是的作风，认真开展批评与自我批评。党员要注意听取群众代表、入党积极分子代表的意见，认真开展党性分析。支部要根据民主评议的情况整理出每个党员的评议意见，提请支部大会讨论通过。另外，由院党支部根据每个党员的不同岗位，将及时印发《××省××疗养院共产党员岗位先进性标准》，以供长期发挥和坚持共产党员的先锋模范作用。

四、总结转段。将本阶段的工作进行认真回顾，提出下阶段的安排意见，报省卫生厅保持共产党员先进性教育领导小组办公室审批。

以上请示，请审批。

××省××疗养院

××××年××月××日

第十七章 议 案

第一节 议案概述

一、议案的概念

议案是指国务院和地方各级人民政府，按照法律程序规定，向同级人民代表大会或者人民代表大会常务委员会提请审议属于该人民代表大会及其常务委员会职权范围内有关事项的公务文书。

二、议案的适用范围

议案适用于各级人民政府按照法律程序向同级人民代表大会或人民代表大会常务委员会提请审议事项。议案有其独具的特色，因而是公文中的重要成员。权力机关、党政机关、其他国家机关，都可以提出议案。

议案的发文机关为各级人民政府，受文机关是同级人民代表大会或人民代表大会常务委员会，功用为提出审议事项和审议请求。

三、议案的特点

1. 权威性

凡规定重大行政措施的议案，或发布行政法规的议案，或采取重大强制性行政措施的议案，都具有类似法规的权威性。凡经人代会审议通过的议案，任何人和任何组织都不能推翻，有异议也只能在下次人代会上提出并通过会议有关法定程序进行修改。

2. 特定性

议案内容的特定性，是指不能超越本级人代会的法定监督权、任免和重要事项的决定权。

3. 指导性

议案所定的事项或所涉及的要求往往比较明确，措施具体，因而能有效地指导下级机关开展工作。

4. 公开性

每个公文议案的形成、颁发都必须经由人代会或人大常委会的法定程序——

确定、审议、质询、表决和通过等，因此说议案具有公开性。

四、议案的种类

议案主要有如下几种。

1. 立法性议案

立法性议案主要在两种情况下使用：一是政府机构制定了某项法律或法规之后提请人大审议通过时；二是建议、请求某行政机构制定某项法规时。

2. 决策性议案

关于财政预算决算、城乡发展规划、重大工程上马以及政治、经济、文化、教育、科技、卫生等领域中的重大事项的决策，需要提请人民代表大会审议批准时使用的议案，就属于重大事项的决策性议案。

3. 机构设立议案

机构设立议案是各级人民政府针对重要机构的增设、撤销或合并，须用议案向同级人民代表大会或人民代表大会常务委员会提请审议时使用的一种例行公文。

4. 建议性议案

以行政部门的身份向权力部门提出建议，也可以使用议案。这种议案有些像建议报告，供人民代表大会审议、采纳。

5. 任免性议案

党政机关向权力机关提请任命、免去或撤销党政机关工作人员职务，请求人民代表大会审议批准的议案，就是任免性议案。

6. 批准条约议案

批准条约议案，是国务院提请全国人民代表大会常务委员会批准草签的国际条约，或提请批准加入某国际公约（条约）而使用的议案。

五、议案的制作方法

1. 制作的法定性。提议案者必须由立法提案的各级人民政府或个人按照法律程序向同级人民代表大会或人民代表大会常务委员会提出审议事项。

2. 人民政府所提议案的内容，必须是属于人民代表大会或人民代表大会常务委员会职权范围内的事项。

3. 议案应当而且必须在同级人民代表大会或人民代表大会常务委员会举行会议期间提出，否则不能列为议案。

4. 议案属于建议性质，建议是否可行，将是人民代表大会或人民代表大会常务委员会审议的主要依据。

第二节　议案的写作技能

一、议案的写作格式

写议案先应了解议案的结构。议案的结构分标题、发文字号、主送机关、正文、结语、落款六个部分。

1. 标题

议案的标题的通常有两种形式

（1）由“发文机关名称＋案由＋文种”组成，如《国务院关于提请审议批准〈中华人民共和国和乌克兰关于民事和刑事司法协助的条约〉的议案》等；

（2）由“案由＋文种”组成，如《关于提请审议修改后的国务院机构改革方面的议案》，用这种省去发文机关名称的不完全式标题比较简洁。

议案标题一般不能采用发文机关名称加文种或者只有文种的写法。

2. 发文字号

在标题右下方按函字号书写，如“国函〔××××〕××号”等。

3. 主送机关

在标题之下，正文之前左起顶格书写主送机关全称或规范化简称，加冒号。如“四川省人民代表大会常务委员会”或“四川省人大常委会”。

4. 正文

这部分内容是议案的主体。如果是提请审议已制定的法律法规，解决问题的方案就在法律法规之中，这部分只需写明提请审议的法律法规的名称即可，但要把法律或法规的文本作为附件。如果是任免性议案，要将被任免人的姓名和拟担任的职务写明。如果是提请审议重大决策事项的，要把决策的内容一一列出，供大会审阅。如果是建议采取行政手段解决某方面问题的，要把实施这一行政手段的方案详细列出，以便于审议。不能只指出问题，而没有解决问题的方案。

5. 结语

结语是议案的结尾部分，是指正文部分结束时所用的祈使性词语，主要用于提出审议请求。一般都采用模式化写法，言简意赅。如“现提请审议”“请审议决定”“请审议”“请审议批准”等。

6. 落款

落款包括签署和时间两项内容。议案通常由政府行政首长签署并盖公章。国务院提交给全国人大的议案，要由总理签署；各省、市、自治区提交给同级人民代表大会的议案，要由省长、市长或自治区主席签署。日期格式与一般行政公文相同。

议案的主送机关，只能是同级人民代表大会及其常务委员会，不能有其他并列机关。要采用全称或规范化简称，不得随意简化。

二、议案的写作要求

1. 一定要深入调研，在广泛的调研基础上形成符合实际的需要的、切实可行的、科学规范的议案。

2. 认真研读党和国家的路线、方针、政策，决不违反法规。

3. 正文应简洁明快，一般只交代所提事宜，而不发表议论，余则由附加材料详细说明。

4. 语气恳切妥帖，庄严凝练。

5. 符合文种所要求的行文规范。

第三节 关于议案文种问题的解答

一、如何写不同议案文种的主体部分

如果是提请审议已制定的法律法规的，解决问题的方案就在法律法规之中，这部分只需写明提请审议的法律法规的名称即可，但要把法律或法规的文本作为附件。如果是任免性议案，要将被任免人的姓名和拟担任的职务写明。如果是提请审议重大决策事项的，要把决策的内容一一列出，供大会审阅。如果是建议采取行政手段解决某方面问题的，要把实施这一行政手段的方案详细列出，以便于审议。不能只指出问题，而没有解决问题的方案。

二、议案同会议的提案有什么不同

议案是国家党政机关的公文，是国家党政机关行使职权的工具。会议提案是在国家机关或一定组织团体召开的会议上，与会代表或有关部门以书面形式向大会提出的建议或意见。会议提案交会议提案审查小组审查通过后，交有关部门办理。会议提案是人民当家做主和参政议政的一种形式。由于议案同会议的提案的性质大不相同，因此在写法上也有很大差异。

三、议案与其他公文有何不同

议案的提出必须严格按《中华人民共和国宪法》《中华人民共和国全国人民代表大会组织法》《地方各级人民代表大会和地方各级人民政府组织法》的有关规定办，一定要由具备议案提出权的机关按照规定的格式向国家或地方权力机关提出属于国家或地方权力机关职权范围内事项的议案。党政机关的具体职能部门不能直接向国家或地方权力机关提出议案。议案的主送机关一律是负责审议议案的国家或地方的权力机关。这是议案与其他公文的最大不同点。

同时，列入会议议程的议案，提出议案的机关应当提供有关资料并向会议提出关于议案的说明。

第四节　议案病例的分析与修改

对一份议案的分析与修改

【原　文】

××市人民政府关于提请审议《××市乡镇企业条例（草案)》的议案

市人民代表大会常务委员会：

为保障乡镇企业的合法权益，规范乡镇企业的行为，促进乡镇企业高效、持续、健康发展，我们经过调查研究，草拟了《××市乡镇企业条例（草案)》。这个草案业经市政府同意，现提请审议。

××市人民政府市长　×××

××××年××月××日

【分析与修改】

此篇议案从标题到正文都有比较固定的格式，内容从大局利益出发，作了深入细致的调查研究。同时，议案的写作还应广泛听取各方面意见，建议在写作时交代清楚，这样才更具有说服力，更为规范。

【改　稿】

××市人民政府关于提请审议《××市乡镇企业条例（草案)》的议案

市人民代表大会常务委员会：

为保障乡镇企业的合法权益，规范乡镇企业的行为，促进乡镇企业高效、持续、健康发展，我们经过调查研究，在广泛征询各方面意见的基础上，草拟了《××市乡镇企业条例（草案)》。这个草案业经市政府同意，现提请审议。

××市人民政府市长　×××

××××年××月××日

第五节 议案的写作范例

◎提请性议案

【范例】

关于提请审议《××市人民代表大会常务委员会议事规则（草案)》的议案

××市第十一届人大常委会第一次会议：

现将《××市人民代表大会常务委员会议事规则（草案)》提请审议。审议时，委托市人大常委会副秘书长×××作起草说明。

××市第十一届人大常委会办公室
××××年××月××日

××市人民代表大会常务委员会议事规则
（草案）（略）

◎立法性议案

【范例】

关于加快《中华人民共和国住房保障法》立法的议案

××市人民政府：

××××年××月，全国人大常委会立法规划会议确定，《中华人民共和国住房保障法》列为研究起草、条件成熟时安排审议的法律之一。××××年××月，住房和城乡建设部召集中央有关部委和地方的代表，启动了《中华人民共和国住房保障法》起草工作。为促进加快立法进度，特起草了《住房保障法草案建议稿》，共六章二十九条。提请在全国展开大讨论，公开征求意见，以全国人民的大智慧，消除现行住房制度的弊端。

住房保障法草案建议稿（略）。

××市人大常委会
××××年××月××日

第五编

规范类公文写作

第十八章　条　例

第一节　条例概述

一、条例的概念

条例是领导机关制定或批准的规定某项或机关团体的组织、职权等带有规章性质的法规性文件。主要是用于党和国家规范党组织的工作、活动和党员行为的规章制度，它是一种常用的规范性公文。条例用于规定某个机关的组织和职权的，叫组织条例；用于制定预计长期实行的调整国家生活某个方面规则的，叫单行条例。

二、条例的适用范围

条例通常由国务院制定和发布。有时也由有关部、委制定，经国务院批准后发布。有的条例涉及范围广，属于重大行政措施，要经全国人民代表大会常务委员会讨论通过，并以中华人民共和国主席令的方式发布。条例发布后，在执行范围内具有强制遵循和执行的权威性与效力。省、自治区、直辖市级党政机关不使用这种文体。

三、条例的特点

1. 涉及范围广泛

条例的内容涉及经济、教育、科学、文化、卫生、体育事业、城乡建设事业和财政、民政、公安、民族事务、司法行政、监察、计划生育等各个领域，也包括经济性工作。

条例实质上是对国家政策、法律和法令的补充性说明或辅助性规定。

2. 制定机关的特定性

条例的制定机关是有权制定国家法律、法规的国家权力机关或党政机关，它包括全国人民代表大会及其常委会，国务院，省、自治区、直辖市人大及其常委会，省会市、国务院批准的较大的市的人大及其常委会。

3. 实施的强制性

因为条例制定机关是具有高层次的国家和地方权力机关和党政机关，所以条例具有权威性、强制性和约束性。制发机关所辖区域的一切机关、团体、企事业单位和公民都必须认真遵守执行条例的规定，不得违反，否则将承担相应的法律责任。

4. 严格约束力

作为规章制度性质的文件，条例所规定的某些事项和某些规章制度，是根据党的路线、方针、政策制定的，各级组织和个人应该遵守什么、禁止什么、违反了怎样处置等，都有明确的规定，有非常强的约束力。

5. 制定的程序性

条例一般要经过专门的发布程序后方可生效。

6. 措辞准确，严肃精确

条例是作为行政法规使用的，不容半点含糊，要让执行者一看便知，是非清楚，不至于发生歧义。这就要求条例的措辞绝对准确，每一章节条款、一句一词都只能有一种理解，以便确保其严肃性和权威性。

四、条例的种类

1. 组织规章性条例

党的机关制定的公文条例，都属于组织规章性条例。它主要用来规范党组织的工作、活动和党员的行为，是党内的法律，任何党组织或党员违反了其中的规定，都将受到严厉的党纪处分。

2. 法律实施条例

国家的法律制定颁布之后，在执行时往往还会有许多不够具体明白的地方，有时需要用条例进行补充说明或作出辅助规定，以保证法律得到准确的执行。法律实施条例可以对法律中的概念进行解释说明，可以把某些条文细节化、具体化，还可以对法律进行补充。

3. 行政管理条例

国家行政部门在行使职权进行管理的时候，针对某项长期性工作制定的规章制度，属于行政管理条例。

第二节 条例的写作技能

一、条例的写作格式

1. 条例的格式单一

条例的结构一般包括首部和正文两部分。首部包括标题及时间。

条例的标题为“制发机关名称 + 事由 + 文种（条例）”的形式，有的可省去发文机关，写成“事由+文种（条例）”的形式。如果标题中不标明发文机关名称，必须在正文之后增加落款，署上发文机关名称和日期。

独立发布的条例，要在标题之下正中位置，加括号标明制发机关和制发时间，如：“中共中央纪律检查委员会1994年3月25日印发”；用命令、通知等文种予以发布的条例本身不显示制发时间，以命令或通知的发文时间为准。

2. 正文

条例正文的写法，由总则、分则和附则来组织结构。总则或相当于总则的部分，多有一段导入语，简要说明条例制发的目的、意义、法律依据、适用范围等。分则是分章节或条目分列条例的具体内容。附则部分是对分则的补充说明，多用以说明条例的生效日期、适用对象、解释权限，以及与相关的法令政策的关系等。

内容比较简单的条例，直接分条目列述即可。

条例是国家法令政策的具体阐释和补充，本身也具有法令的权威性和严肃性。它的写作，首先要正确把握其法律依据和界限；其次是严密准确，不能有含糊和漏洞；再次是“条”“例”结合，“条文”是政策和法令，“例设”是补充与具体例释，前者要概括，后者须具体明确；最后是条例的正文表达要条理清晰，层次分明，结构严谨。

二、条例的写作要求

1. 条例的写作必须符合国家法规，符合党的方针政策。制定条例时，要以维护国家、集体的根本利益为前提，所以在制定前，要充分进行调查研究，充分领会国家的有关政策精神和本地区、本单位的实际情况，不能有疏漏。

2. 条例的种类很多，必须有明确的权限。要注意条例的适用范围，不可越权制定。

3. 条例的最大特点是分条列项，条目要从头贯到底，所以要注意结构严谨、条目清晰。凡经有关部门或会议肯定的，首先要把内容和事项搞清楚，抓住主要问题和基本精神，采取分章、分条、分款的办法，用简洁、准确、具体的文字，把内容一一表达清楚、明白，切不可模棱两可、含混不清，更不能有遗漏，要特别注意未经决定或有分歧的意见，一概不可写入条例中。

三、写作条例应注意的问题

1. 要依据党规国法和自身的法定权限；
2. 不仅要写明准许什么、不准许什么，还要写明违反的处理规定；
3. 概念要明确，不允许有不同的解释。

第三节 关于条例文种问题的解答

“条例”正文有几种不同的结构形式。

正文是条例的主体，一般有条例的依据、条例的内容、施行说明三部分。其结构形式主要有两种：

1. 分章列条式：第一章总则，第二章以下按问题的不同而分章逐条列款为条例的核心内容，最后设一章“附则”，说明本条例的制定权、解释权的归属，适用范围和生效日期。

2. 分条平列式：其内容安排按问题的不同，逐条列出。

第四节 条例病例的分析与修改

对一份财务管理条例的分析与修改

【原 文】

××市农村财务管理条例

第一章 总 则
第二章 财会人员职责
第三章 财务管理
第四章 财务监督
第五章 法律责任
第六章 附 则

第一章 总 则

第一条 为加强农村财务管理，保障农村集体资产不受损失，维护农民的合法权益，促进农村集体经济健康发展，根据国家有关法律、法规，结合本市实际情况，制定本条例。

第二条 本条例所称农村财务管理是指村民委员会和村民小组的财务管理。本市行政区域内农村财务管理均适用本条例。

第三条 县（市、区）农业行政管理部门对农村财务管理工作进行指导和监督，负责本条例的组织实施。

乡（镇）人民政府主管本乡（镇）的农村财务管理工作，日常工作由乡

（镇）农业经济管理机构负责。

农村会计工作应接受财政部门的监督、指导。

……

第二章　财会人员职责

第七条　村民委员会应配备财会人员。

村民小组根据实际情况，配备财会人员，也可建立联组会计，分组设立账目。会计不得兼任出纳。

村民委员会、村民小组的主要负责人及其近亲属不得担任本单位的财会人员。

第八条　农村财会人员的职责是……

第九条　会计、出纳实行持证上岗制度。

会计、出纳应经会计业务培训，由市财政部门会同农业行政管理部门考试、考核合格后，按照有关规定颁发会计证。

第十条　村民委员会、村民小组的会计的任用，应分别经过村民会议、村民小组会议选举产生。

第十一条　财会人员离任时，必须与接管人员办清交接手续。办理交接手续时，由村民委员会或村民小组的主要负责人、民主理财组织成员和乡（镇）农业经济管理机构派员监交。

第三章　财务管理

第十二条　村民委员会、村民小组应当根据国家和省会计制度的规定，设置会计科目，使用借贷记账方法，采用统一的会计凭证、会计账簿和会计报表。

农村财务的会计核算事项，必须取得合法的原始凭证。手续不完备或不符合财务制度的凭证，不得入账。

第十三条　村民委员会、村民小组应当按国家和省有关规定加强对库存现金和存款的管理，及时核算现金收支，做到日清月结，账款相符。

农村财务实行账款分管制度，非出纳人员不得经管现金。

……

第二十三条　资料要分类整理、及时归档。不得散失、损坏、涂改或擅自销毁财务档案。

财务档案的销毁，应按国家有关规定办理。

第四章　财务监督

第二十四条　村民委员会、村民小组必须在每季度终了之日起十五日内向全体村民张榜公布财务收支情况；年度终了得向村民会议、村民小组会议报告年度财务决算情况并张榜公布。

第二十五条　村民委员会、村民小组应成立民主理财组织，负责财务监督工作。

民主理财组织的成员由村民会议或村民小组会议选举或推举产生。

第五章 法律责任

第二十六条 违反本条例的行为，同时又违反其他法律、法规的，有关主管部门还应按照有关法律、法规的规定处罚。但同一违法行为不得重复罚款。罚款一律缴同级财政。

第二十七条 从事农村财务管理工作的国家工作人员，玩忽职守，滥用职权，徇私舞弊，贪污受贿，泄露秘密的，由其所在单位或者上级主管部门，给予行政处分；构成犯罪的，依法追究刑事责任。

第二十八条 当事人对乡（镇）人民政府和农业行政管理部门的行政处罚决定不服的，可以自接到处罚决定书之日起十五日内，依照《行政复议条例》或《行政诉讼法》的规定申请复议、提起行政诉讼。

【分析与修改】

这则条例在写作上存在着不足之处：一、这是一则独立发布的条例，应该在标题的下方正中的位置，加括号标明制发机关的制发时间；二、条例的结构组成部分中缺少附则，这是对分则的补充说明，必不可少，行文缺少严谨性。

【改 稿】

××市农村财务管理条例

（××××年××月××日××市第十届人民代表大会
常务委员会第××次会议通过
××××年××月××日×××省第×届人民代表大会
常务委员会第××次会议批准自××××年××月××日起施行）

第一章 总 则
第二章 财会人员职责
第三章 财务管理
第四章 财务监督
第五章 法律责任
第六章 附 则

第一章 总 则

第一条 为加强农村财务管理，保障农村集体资产不受损失，维护农民的合法权益，促进农村集体经济健康发展，根据国家有关法律、法规，结合本市实际情况，制定本条例。

第二条 本条例所称农村财务管理是指村民委员会和村民小组的财务管理。本市行政区域内农村财务管理均适用本条例。

第三条　县（市、区）农业行政管理部门对农村财务管理工作进行指导和监督，负责本条例的组织实施。

乡（镇）人民政府主管本乡（镇）的农村财务管理工作，日常工作由乡（镇）农业经济管理机构负责。

农村会计工作应接受财政部门的监督、指导。

……

第二章　财会人员职责

第七条　村民委员会应配备财会人员。

村民小组根据实际情况，配备财会人员，也可建立联组会计，分组设立账目。会计不得兼任出纳。

村民委员会、村民小组的主要负责人及其近亲属不得担任本单位的财会人员。

第八条　农村财会人员的职责是……

第九条　会计、出纳实行持证上岗制度。

会计、出纳应经会计业务培训，由市财政部门会同农业行政管理部门考试、考核合格后，按照有关规定颁发会计证。

第十条　村民委员会、村民小组的会计的任用，应分别经过村民会议、村民小组会议选举产生。

第十一条　财会人员离任时，必须与接管人员办清交接手续。办理交接手续时，由村民委员会或村民小组的主要负责人、民主理财组织成员和乡（镇）农业经济管理机构派员监交。

第三章　财务管理

第十二条　村民委员会、村民小组应当根据国家和省会计制度的规定，设置会计科目，使用借贷记账方法，采用统一的会计凭证、会计账簿和会计报表。

农村财务的会计核算事项，必须取得合法的原始凭证。手续不完备或不符合财务制度的凭证，不得入账。

第十三条　村民委员会、村民小组应当按国家和省有关规定加强对库存现金和存款的管理，及时核算现金收支，做到日清月结，账款相符。

农村财务实行账款分管制度，非出纳人员不得经管现金。

……

第二十三条　资料要分类整理、及时归档。不得散失、损坏、涂改或擅自销毁财务档案。

财务档案的销毁，应按国家有关规定办理。

第四章　财务监督

第二十四条　村民委员会、村民小组必须在每季度终了之日起十五日内向全体村民张榜公布财务收支情况。

第二十五条 村民委员会、村民小组应成立民主理财组织，负责财务监督工作。

民主理财组织的成员由村民会议或村民小组会议选举或推举产生。

第五章 法律责任

第二十六条 违反本条例的行为，同时又违反其他法律、法规的，有关主管部门还应按照有关法律、法规的规定处罚。但同一违法行为不得重复罚款。罚款一律缴同级财政。

第二十七条 从事农村财务管理工作的国家工作人员，玩忽职守，滥用职权，徇私舞弊，贪污受贿，泄露秘密的，由其所在单位或者上级主管部门，给予行政处分；构成犯罪的，依法追究刑事责任。

第二十八条 当事人对乡（镇）人民政府和农业行政管理部门的行政处罚决定不服的，可以自接到处罚决定书之日起十五日内，依照《行政复议条例》或《行政诉讼法》的规定申请复议、提起行政诉讼。

第六章 附 则

第二十九条 市人民政府可根据本条例制定实施细则。

第三十条 本条例自××××年××月××日起施行。

第五节 条例的写作范例

◎法律实施性条例

【范例】

××市预防职务犯罪工作条例

（××××年××月××日××市第××届人民代表大会常务委员会第六次会议通过，××××年××月××日××省第十届人民代表大会常务委员会第六次会议批准）

第一条 为了加强和规范预防职务犯罪工作，促进国家工作人员依法履行职责，根据宪法和有关法律、法规的规定，结合本市实际，制定本条例。

第二条 本条例适用于本市行政区域内预防职务犯罪工作。

本条例所称预防职务犯罪，是指预防国家工作人员贪污贿赂犯罪，国家机关工作人员渎职犯罪、利用职权实施侵犯公民人身权利和民主权利犯罪以及利用职权实施的其他犯罪。

第三条 开展预防职务犯罪工作，必须依法进行，坚持标本兼治、综合治理，实行专门预防和社会预防相结合的原则。

第四条　预防职务犯罪工作实行检察机关指导、监督、协调国家机关、国有企事业单位、人民团体各负其责，社会各界参与的工作机制。

第五条　检察机关在预防职务犯罪工作中采取下列方式开展预防工作：

（一）督促、协助有关单位开展预防职务犯罪的宣传、教育和咨询活动，指导建立社会性预防职务犯罪工作网络；

（二）调查分析职务犯罪发生的特点、规律及其原因，研究制定预防职务犯罪的对策和措施；

（三）在职务犯罪发案率高的行业和领域，会同有关单位开展预防职务犯罪工作；

（四）对重点项目开展专项预防工作；

（五）指导、监督、检查预防职务犯罪工作；

（六）其他预防职务犯罪职责。

第六条　国家机关、国有企事业单位、人民团体负责本单位、本部门、本系统、本行业的预防职务犯罪工作，履行下列职责：

（一）结合实际制定预防职务犯罪的具体措施，并组织实施；

（二）对所管理的工作人员进行法制、纪律和职业道德教育；

（三）建立并健全人、财、物等管理制度，对易发职务犯罪的岗位和环节加强监督；

（四）严格执行国家工作人员选拔任用规定和有关责任追究制度；

（五）严格执行预算内和预算外资金、行政事业性收费和罚没收入等财经管理制度，实行领导干部经济责任审计制度；

（六）实行政务公开、审务公开、检务公开和厂务公开等制度，接受社会监督；

（七）对下级单位的预防职务犯罪工作进行监督、检查；

（八）其他预防职务犯罪职责。

第七条　预防职务犯罪工作实行领导责任制。单位主要负责人对单位预防职务犯罪工作负总责，其他负责人根据分工负直接领导责任。

单位应当把预防职务犯罪列入工作计划和廉政建设责任制，与其他工作目标一并实行年度考核。

单位主要负责人和其他相关负责人年度述职时，应当把预防职务犯罪工作列为一项重要内容，接受考核和评议。

第八条　国家机关、国有企事业单位、人民团体应当根据实际，建立国家工作人员任前公示和收入申报等制度，并在一定范围内公布，接受社会监督。

第九条　人民政府及其职能部门应当改革和完善行政管理机制，采取以下措施，预防职务犯罪发生：

（一）规范行政执法行为，实行行政执法责任制；

（二）规范审批行为，公开审批程序，依法行使行政审批权；

（三）依法实行政府采购，加强对政府采购人、采购代理机构及工作人员的监督；

（四）加强对重大建设项目预决算、国债资金，财政专项资金及其他资金、基金收支情况和国家机关、国有企事业单位财务的审计监督；

（五）对建设项目依法实行招标投标；

（六）规范其他各项工作。

第十条 （略）

……

第十九条 （略）

第二十条 国家机关、国有企事业单位、人民团体发生职务犯罪案件，致使国家、集体财产和人民群众的生命、财产遭受重大损失，或者造成恶劣影响的，由其上级或者主管部门给予直接负责的主管人员和其他直接责任人员行政处分。对发生职务犯罪案件隐瞒不报的从重处理。

第二十一条 审判、检察、监察、审计等国家机关工作人员在履行预防职务犯罪职责时，滥用职权、玩忽职守、徇私舞弊的，由其所在单位或上级机关给予行政处分；构成犯罪的，依法追究刑事责任。

第二十二条 本条例自××××年××月××日起施行。

第十九章　规　定

第一节　规定概述

一、规定的概念

规定是机关、团体、企事业单位制定的，在一些重大问题上作出规范性要求，用以统一人们行动的法规性文件。

二、规定的适用范围

规定的适用范围较广，党政机关、社会团体、企事业单位均可使用。政治、经济、文教、卫生等领域凡是需要规范人们行动、要求有关人员遵守和执行的事情，都可以用规定行文。同时，规定既可以是较长一个时期执行的规范性要求，又可以是临时性的措施，其适用范围相当广泛。

三、规定的特点

1. 具有强制性或约束力

规定是规范人们思想、言论和行动的准则，一经公布，有关人员都必须遵照执行。

2. 具有严格的制定程序

规定是严肃的规范文件，其制定要经过严格的程序。由中央发布的属于行政法规性质的规定的制定程序，一般要经过编制规划、起草、审定、发布四个步骤，由国务院法制局负责规划协调和审查。属于规章性质的规定，制定程序也要经过起草、报送或初审、审定和公布几个阶段才能生效。

3. 具有相对的稳定性

规定是以政策、宪法、法律为依据制定的，因此其内容不得与宪法、法律和上级机关颁布的法规、章程相矛盾、相抵触。作为准则和规范，其内容要求稳定，这样才便于人们遵照执行；不能动辄修改，让人无所适从。当然，这种稳定也是相对的，当规定已不适应社会发展需要时，应及时予以修改或撤销。

第二节　规定的写作技能

一、规定的写作格式

规定的基本格式由标题、发布机关名称及日期、正文三部分组成。

1. 标题。有两种：一是由发文机关名称、事由和文种组成，如《中国银行关于贯彻执行中国人民银行〈信贷资金管理试行办法〉的若干具体规定》；二是由规定内容和文种组成，如《关于电子计算机核算与管理的若干规定》。如果该规定是短期的、临时的或补充前规定的，在文种之前应分别加“暂行”“补充”等字样。如《中国银行办理联营股本贷款暂行规定》《中国人民银行关于建设银行实行〈信贷资金管理试行办法〉的补充规定》。

2. 发布机关名称及日期。在标题之下注明何时由何机关发布，外加括号。

3. 正文。正文是规定的主体，大体上有以下三种写法：

（1）由开头、主体和结语组成。开头写制定本规定的缘由，并以“特制定如下规定”“特作如下规定”等语承上启下。主体部分写规定的具体内容，一般分条行文。结语部分写实施说明。

（2）条目法。即整个规定从头到尾都以条目陈述。一般前边写制定本规定的原因、目的、依据等。中间写具体规定内容。末尾写实施说明。

（3）用序言、小标题、结语的写法。开头以序言的形式写，主要写形势、目的、依据等；中间部分列若干小标题（一个小标题等于一章），小标题下用序码排列条目内容；结语写实施有关事项。

二、规定的写作要求

1. 规定通常都要用“命令”或“通知”发布施行，因为规定的制发机关一般是国家权力和党政机关及其主管部门。

2. 规定的内容有一定局限性，它限于实施某一法律、法规，或加强某一管理工作而制定。

3. 规定的语言以说明为主，多以肯定的语气行文。

第三节　关于规定文种问题的解答

一、规定的正文由哪几个部分构成

规定的正文由拟定规定的根据、规定的内容和实施说明构成。

1. 规定的根据：在正文的开头部分先简要叙述拟定本规定的缘由和政策根据，这是必须交代清楚的。然后以“特作以下规定”或“特制定本规定”承上启下，后使用冒号，用以启下，以便衔接规定的内容。

2. 规定的内容：这是规定的中心部分，一般采用分序号拟写，按条说明规定的具体内容。

3. 实施说明：在正文的结尾部分，应写明本规定的生效日期，并交代以前所作规定与本规定的关系，以及由哪个部门制定实施细则等。

二、规定的写作为什么要附则

附则是规定的结尾部分，主要用来作补充说明以及交代执行要求，如还有什么单位和个人适用这一规定，规定的解释权属于哪一部门，规定何时生效等。规定的三部分必须清晰。

第四节　规定病例的分析与修改

一、对一份规定的分析与修改

【原　文】

××工会经费来源（工会法规定）

一、工会的经费来源与标准：

1. 工会会员缴纳的会费（工资额的0.5%）；

2. 建立工会组织的全民所有制和集体所有制企业、事业单位、机关按每月全部职工工资总额的2%向工会拨交的经费；

3. 工会兴办的企业、事业上缴的收入；

4. 人民政府的补助；

5. 其他的收入。

二、工会经费使用范围：

1. 会员活动费；

2. 职业业余教育费；

3. 事业活动费；

4. 宣传活动费；

5. 图书阅览费；

6. 文艺活动费；

7. 体育活动费；

8. 会员福利费；
9. 工会组织建设费。

【分析与修改】

这则规定质量尚可，但还是有不足的地方。该规定在行文的过程中缺少具体的事项依据，没有提出明确的相关的文件的指示，无法体现出这份规定的严肃性和规范性，行文不够严密。

【改 稿】

××工会经费来源（工会法规定）

一、工会的经费来源与标准：
新《工会法》第三十六条规定：工会经费来源：
1. 工会会员缴纳的会费（工资额的0.5%）；
2. 建立工会组织的全民所有制和集体所有制企业、事业单位、机关按每月全部职工工资总额的2% 向工会拨交的经费；
3. 工会兴办的企业、事业上缴的收入；
4. 人民政府的补助；
5. 其他的收入。
第三十六条规定明确了工会经费的来源和企事业单位、机关拨交工会经费的标准。
全国总工会××××年工发××号通知规定，工会会员每月向工会组织缴纳本人每月基本工资收入的0.5%的会费，工资尾数不足10元的不计交会费。
二、工会经费使用范围：
新《工会法》第三十六条第三款规定：
工会经费主要用于基层，为职工群众服务，其使用范围包括：
1. 会员活动费；
2. 职业业余教育费；
3. 事业活动费；
4. 宣传活动费；
5. 图书阅览费；
6. 文艺活动费；
7. 体育活动费；
8. 会员福利费；
9. 工会组织建设费。
工会根据经费独立原则，建立预算、决算和经费监督制度。新《工会法》

第三十七条规定："工会应当根据经费独立原则，建立预算、决算和经费审查监督制度。各级工会建立经费审查委员会。各级工会经费收支情况应由同级工会经费审查委员会审查，并且定期向会员大会或者会员代表大会报告接受监督。工会会员大会或者会员代表大会有权对经费使用情况提出意见。"

工会独立管理经费是由工会的性质决定的。工会只有独立管理经费，才能真正做到独立负责地开展活动；才能用工会的经费为职工办好事，办实事。

二、对一份管理规定的分析与修改

【原　文】

××省社会公共安全服务组织管理规定

第一条　为了加强对社会公共安全服务组织的管理，保障社会公共安全服务组织的健康发展，制定本规定。

第二条　社会公共安全服务组织是为机关、团体、企业事业单位、公共活动场所和各类大众性文体、商贸等活动提供约定的安全保卫服务的专门组织，协助公安机关维护社会公共安全秩序。

第三条　县（市、区）以上社会公共安全管理机构是本地区社会公共安全服务组织的管理机构，其主要职责是：（一）负责社会公共安全服务组织的管理和监督工作；（二）负责社会公共安全员的聘用和培训工作；（三）负责各类安全器材和安全设施的管理工作。

第四条　社会公共安全服务组织实行有偿服务。

收费项目和标准由省人民政府财政部门、物价部门制定。

第五条　社会公共安全服务组织应当与服务对象通过订立书面服务合同的形式，约定服务责任区域、服务项目、服务质量与要求、服务时间、服务收费以及各自的权利与义务和违约责任等条款。

第六条　社会公共安全服务组织提供安全保卫服务实行责任追究制度。

社会公共安全服务组织或社会公共安全人员因违反合同造成服务对象遭受侵害或损失的，依法承担相应的责任。

第七条　社会公共安全员由省或地区行政公署和设区市的社会公共安全管理机构按照有关规定面向社会公开招考，择优聘用。具体办法由省人民政府公安部门会同劳动部门制定。

第八条　社会公共安全员的职责是负责服务合同约定的服务责任区域内的公共安全；协助公安机关开展安全防范和控制工作；保护犯罪现场，扭送犯罪嫌疑人等工作。

第九条　社会公共安全人员必须经过与岗位要求相适应的专业知识和业务素

质培训。经培训合格并取得《××省社会公共安全员资格证》的方可上岗。

《××省社会公共安全员资格证》由省社会公共安全管理机构统一制发。

第十条 社会公共安全服务组织按照《劳动法》的有关规定，与聘用的社会公共安全员签订劳动合同。

对连续5年被考核确定为合格或连续3年被考核确定为优秀的社会公共安全人员，具备人民警察条件的，在公安机关录用人民警察时，经考试、考核合格的，可优先录用。

第十一条 机关、团体、企业事业单位、公共活动场所需要聘用公共安全人员的，必须向所在地社会公共安全管理机构提出申请，经审核同意后，由社会公共安全服务组织选派。

社会公共安全员不得擅自为任何单位或个人提供有偿的安全保卫。

第十二条 社会公共安全服务组织和社会公共安全员，因工作需要，按照有关法规的规定，经公安机关批准，可配备必要的警械。

公安机关对社会公共安全员配备和使用警械，必须从严控制。

第十三条 社会公共安全员着统一制式服装，佩戴统一标志，持统一工作证件上岗。

第十四条 本规定发布后，原有的保安公司、治安联防队和各类群众性有偿服务的治安防范组织将终止。

第十五条 本规定具体运用中的问题由省公安厅负责解释。

第十六条 自××××年××月××日起开始施行本规定。

【分析与修改】

该政策性规定内容尚可，规定比较具体，但在语言文字方面却存在如下一些问题。

1. 结构布局不合理。

本规定属于分条列项式的，既然是这种形式的就要显示出它的特点。因此，应将第三条中的“(一)”“(二)”“(三)”分别另起一行排列。

2. 第十一条第二款后缺少宾语。

应在“安全保卫”后加“服务”一词。

3. 语言表达不到位，即缺少严厉性。

如第十四条“本规定发布后，原有的保安公司、治安联防队和各类群众性有偿服务的治安防范组织将终止”。一般来说，政策性规定应具有一定的强制性，“将终止”不如改为“一律终止”严肃。

4. 最后一条读来啰唆。

应改为“本规定自××××年××月××日起施行”。

【改　稿】

××省社会公共安全服务组织管理规定

第一条　为了加强对社会公共安全服务组织的管理，保障社会公共安全服务组织的健康发展，制定本规定。

第二条　社会公共安全服务组织是为机关、团体、企业事业单位、公共活动场所和各类大众性文体、商贸等活动提供约定的安全保卫服务的专门组织，协助公安机关维护社会公共安全秩序。

第三条　县（市、区）以上社会公共安全管理机构是本地区社会公共安全服务组织的管理机构，其主要职责是：

（一）负责社会公共安全服务组织的管理和监督工作；

（二）负责社会公共安全员的聘用和培训工作；

（三）负责各类安全器材和安全设施的管理工作。

第四条　社会公共安全服务组织实行有偿服务。

收费项目和标准由省人民政府财政部门、物价部门制定。

第五条　社会公共安全服务组织应当与服务对象通过订立书面服务合同的形式，约定服务责任区域、服务项目、服务质量与要求、服务时间、服务收费以及各自的权利与义务和违约责任等条款。

第六条　社会公共安全服务组织提供安全保卫服务实行责任追究制度。

社会公共安全服务组织或社会公共安全人员因违反合同造成服务对象遭受侵害或损失的，依法承担相应的责任。

第七条　社会公共安全员由省或地区行政公署和设区市的社会公共安全管理机构按照有关规定面向社会公开招考，择优聘用。具体办法由省人民政府公安部门会同劳动部门制定。

第八条　社会公共安全员的职责是负责服务合同约定的服务责任区域内的公共安全；协助公安机关开展安全防范和控制工作；保护犯罪现场，扭送犯罪嫌疑人等工作。

第九条　社会公共安全人员必须经过与岗位要求相适应的专业知识和业务素质培训。经培训合格并取得《××省社会公共安全员资格证》的方可上岗。

《××省社会公共安全员资格证》由省社会公共安全管理机构统一制发。

第十条　社会公共安全服务组织按照《劳动法》的有关规定，与聘用的社会公共安全员签订劳动合同。

对连续5年被考核确定为合格或连续3年被考核确定为优秀的社会公共安全人员，具备人民警察条件的，在公安机关录用人民警察时，经考试、考核合格的，可优先录用。

第十一条　机关、团体、企业事业单位、公共活动场所需要聘用公共安全人员的，必须向所在地社会公共安全管理机构提出申请，经审核同意后，由社会公共安全服务组织选派。

社会公共安全员不得擅自为任何单位或个人提供有偿的安全保卫服务。

第十二条　社会公共安全服务组织和社会公共安全员，因工作需要，按照有关法规的规定，经公安机关批准，可配备必要的警械。

公安机关对社会公共安全员配备和使用警械，必须从严控制。

第十三条　社会公共安全员着统一制式服装，佩戴统一标志，持统一工作证件上岗。

第十四条　本规定发布后，原有的保安公司、治安联防队和各类群众性有偿服务的治安防范组织一律终止。

第十五条　本规定具体运用中的问题由省公安厅负责解释。

第十六条　本规定自××××年××月××日起施行。

第五节　规定的写作范例

◎政策性规定

【范例】

商铺投资政策性规定

（××××年××月××日）

与商铺投资有关的政策性规定，有七项，与出让金、贷款政策、面积标准、水电费用、物业管理费、特殊要求、空置等相关。

在前期购买环节应注意：

第一，商业建筑的土地出让金要比住宅高，土地出让年限只有40年。

第二，在贷款政策方面，住宅底商的贷款是六成10年，利率是6.25%。

但只有工程到了具备竣工备案条件后，银行才会放款。因此，住宅底商贷款的月供是在房子即将投入使用时才发生的。

第三，住宅底商不是按套销售，而是按最小销售面积销售。具体面积标准因项目而异，有100平方米的，也有1000平方米的，也有不打散卖的。

在后期使用过程中以及硬件配备上应注意的有：

第一，水、电、气、热等需按专门的商业市政标准缴费；

第二，物业管理费高于普通住宅，一般在10元/月/平方米左右；

第三，根据经营范围，各行业的主管部门对房屋有些特殊要求，如餐饮业要专设污水隔油池等特殊设备；

第四，由于按面积出租，刚性的空置是住宅底商经营不可避免的。

◎事项性规定

【范例】

××省工程建设项目可行性研究报告增加招标内容和核准招标事项暂行规定

第一条　为了规范工程建设项目的招标活动，依据《中华人民共和国招标投标法》、国家发展计划委员会第9号令《建设项目可行性研究报告增加招标内容和核准招标事项的暂行规定》和《××省实施〈中华人民共和国招标投标法〉办法》，制定本规定。

第二条　本规定适用于国家发展计划委员会令第3号《工程建设项目招标范围和规模标准规定》和《××省实施〈中华人民共和国招标投标法〉办法》确定的依法必须进行招标的各类工程建设项目。

第三条　依法必须进行招标的工程建设项目中，按照工程建设项目审批管理规定，凡应报送项目审批部门审批的，必须在报送的项目可行性研究报告中增加有关招标的内容。

第四条　在项目可行性研究报告中增加的招标内容包括：

（一）建设项目的勘察、设计、施工、监理以及重要设备、材料等采购活动的具体招标范围（全部或者部分招标）。

（二）建设项目的勘察、设计、施工、监理以及重要设备、材料等采购活动拟采用的招标组织形式（委托招标或者自行招标）。拟自行招标的，应按照国家发展计划委员会令第5号《工程建设项目自行招标试行办法》和《××省工程建设项目自行招标试行办法》（湘计招〔××××〕××号文件）规定报送书面材料。

（三）建设项目的勘察、设计、施工、监理以及重要设备、材料等采购活动拟采用的招标方式（公开招标或者邀请招标）；国家发展计划委员会确定的国家重点项目和省人民政府确定的重点项目，全部使用国有资金投资以及国有资金投资占控股或者主导地位的建设项目应当公开招标。有下列情形之一的，可采用邀请招标。

1. 因技术复杂或者有特殊要求，只有少数潜在投标人可供选择的；

2. 受自然资源或者环境限制，不宜公开招标的；

3. 涉及国家安全、国家秘密或者抢险救灾，适宜招标但不宜公开招标的；

4. 重要设备的规格，事先难以确定的；

5. 法律、法规规定不宜公开招标的。

招标人要求采用邀请招标方式的，应对采用邀请招标的理由作出说明。

（四）招标公告发布、中标候选人公示媒介名称。

（五）其他有关内容。

第五条 采用委托招标的建设项目，立项批准后应向原审批部门报送委托合同和接受委托的招标代理机构的资格条件材料备案。

第六条 属于下列情况之一的，建设项目可以不进行招标。但在报送可行性研究报告中须提出不招标申请，并说明不招标原因：

（一）涉及国家安全或者有特殊保密要求的；

（二）建设项目的勘察、设计，采用特定专利或者专有技术的，或者其建筑艺术造型有特殊要求的；

（三）承包商、供应商或者服务提供者少于三家，不能形成有效竞争的；

（四）其他原因不适宜招标的。

报送招标内容时应附招标基本情况表（格式见附表一）。

第七条 经项目审批部门批准，工程建设项目因特殊情况可以在报送可行性研究报告前先行开展招标活动，但应在报送的可行性研究报告中予以说明。项目审批部门认定先行开展的招标活动中有违背法律、法规的情形的，应要求其纠正。

第八条 在项目可行性研究报告中增加的招标内容，应作为可行性研究报告附件与可行性研究报告一同报送。

第九条 项目审批部门在批准项目可行性研究报告时，应依据法律、法规规定的权限，对项目建设单位拟定的招标范围、招标组织形式、招标方式等内容提出核准或者不予核准的意见。项目审批部门对招标事项核准意见（格式见附表二）。

第十条 使用国际金融组织或者外国政府资金的建设项目，资金提供方对建设项目报送招标内容有规定的，从其规定。

第十一条 可行性研究报告中没有增加招标内容的项目，不予审批。

第十二条 项目建设单位在招标活动中对项目审批部门核准的招标范围、招标组织形式、招标方式等作出改变的，应向原审批部门重新办理有关核准手续。

第十三条 项目审批部门应将核准建设项目招标内容的意见抄送有关行政监督部门。

第十四条 必须招标的工程建设项目，招标人自确定中标人之日起十五日内，应当将招标投标情况报送项目审批部门备案。报告内容依照《××省工程建设项目自行招标试行办法》（×计招〔××××〕××号文件）第十条规定执行。

第十五条 项目建设单位在报送招标内容中弄虚作假，或者在招标活动中违背项目审批部门核准事项，按照《中华人民共和国招标投标法》和《××省实施〈中华人民共和国招标投标法〉办法》有关规定，由项目审批部门依法处罚。

（附表一、二略）

第二十章　规　则

第一节　规则概述

一、规则的概念

规则，是国家机关、社会团体、企事业单位对某一事务或活动的行为准则作出具体规定的规范性文书。它是各种组织为保证某项活动或工作能够顺利开展，或实现某种目标，对人们的行为方式、方法规定作出的必须共同遵循的准则。

规则的内容比较具体、细致、周密，往往对具体工作的方方面面、公务活动的每一步都作出规定。

二、规则的特点

1. 局部性

规则所规定的范围比其他规章性公文要窄，适用于对局部范围的人员、活动和场所作具体的要求和规定。

2. 时效性

规则一般为内部行文，在一定范围甚至一定时间内起作用。

3. 单一性

因为规则具有局部性，所以它的内容比起其他任何规章性公文要简单，规定的对象比较集中、单一，只是局部范围内的特定对象，无须超越这个范围，无须涉及其他。

4. 具体性

规则所规定的内容是具体的，而且以事务性的工作居多，细致入微，具有规范化、程序化、定型化的特性。

第二节　规则的写作技能

一、规则的写作格式

规则的结构由标题和日期、正文、签署三部分组成。

1. 标题和日期

(1) 标题

标题通常包括发文机关名称、事由和文种（规则）三要素。但很多规则的标题中省略发文机关名称。

(2) 日期

将制发的时间和依据加括号标注于标题之下正中位置。如果是随正式公文发布的规则，可以不单独注明日期，以发布规则的那篇公文的发文时间为准。

2. 正文

规则的正文通常首先写发文缘由；其次写具体内容，包括具体方法、措施、处罚手段等；最后写生效日、解释权等方面的说明。

3. 签署发文机关和日期

一般按正常格式签署发文机关和日期，但有时采用括号注明时间、单位及成文形式，国家高级机关发布的规则多采用这种写法。

二、规则的写作要求

1. 制定规则前要充分调查了解所属范围内的群众需求和意见

规则是为维护劳动纪律、公共利益、保证学习、工作、生活等活动正常而有序地进行所制定的行为准则，一旦制定，就对该范围内的群众有较大的约束力，不考虑群众正当要求、合理意见，不结合客观实际，想当然主观拟定，即使定出"霸王律"，也会事与愿违。因此，写作前的调查研究，是不可缺少的。

2. 规则条文内容须直指特定对象，具体而详细

规则是从事某项活动或工作的有关人员必须遵守的规定，其内容必须有很强的针对性，紧紧围绕特定对象，针对某一类人或针对某一项活动提出具体详尽的规范化要求。

3. 态度要明朗、措辞要准确、语气要肯定

规则是人们行动的准则，有较大的约束力。它要求用准确的词句，明确地表达出倡导、允许、禁止、限制的内容，写明违犯规则的处理办法，其语气要坚决。

第三节 关于规则文种问题的解答

一、规则的适用范围有哪些

规则的应用范围很广，涉及面可宽可窄。规则一般多用于党政机关、企事业单位和社会团体的某些局部范围内，对一些诸如学习、工作、生产、生活等具体

活动的事务性的工作，进行具体规定，提出统一要求，并写明管理的章法和程序。比如，国家外贸部就出口货物原产地问题制定的《中华人民共和国出口货物原产地规则》；教育部门就学生考试纪律问题制定的《考场规则》；各类体育竞赛活动中的《体育运动竞赛规则》等。

二、规则的正文有哪几种写法

通常，规则的正文写法有如下三种：

1. 通篇分条式

内容比较简单的规则，一般都用通篇分条式写法。

2. 分章列条式

内容复杂的规则，分为总则、分则、附则三大部分，总则为第一章，分则有若干章，附则为最后一章。各章分若干条。

3. 引言加条款式

跟通篇分条式写法比较相似，只是前面有一段没有列入条款的引言，一般用来交代根据、目的、意义。

第四节　规则病例的分析与修改

对一份阅览规则的分析与修改

【原　文】

阅　览　规　则

一、凡入室阅览者，一律凭本人身份证领取座位号对号入座。

一、本室期刊、报纸分开架和闭架借阅两种方式。

二、开架报纸每月换一次，凡下架散报不再借阅。

三、报纸合订本及内部资料，一律凭单位介绍信借阅，介绍信须写明查阅目的、要查找的报纸及内容。

四、本室闭架期刊和合订本期刊一律凭单位介绍信和本人工作证对口借阅。

××××年××月××日

【分析与修改】

本篇是一般条款式规则，是图书馆作出的阅览规则。本规则篇幅简洁，仍存在着不足之处。在规则的写作中，应分条具体地写明其具体内容，并且应该告诉人们怎样去遵守，最后写明对违反规则者的处理办法。在结尾处还应写明规则的制发单位，保证行文的规范性。

【改　稿】

阅　览　规　则

一、凡入室阅览者，一律凭本人身份证领取座位号对号入座，离室时须交回座位号，如有遗失赔款5元。

二、本室期刊、报纸分开架和闭架借阅两种方式。开架报刊，读者可自由取阅，每次只准取一册，阅后必须按排架号放回原处，不得乱扔乱放。

三、开架报纸每月换一次，凡下架散报不再借阅。

四、报纸合订本及内部资料，一律凭单位介绍信借阅，介绍信须写明查阅目的、要查找的报纸及内容。

五、本室闭架期刊和合订本期刊一律凭单位介绍信和本人工作证对口借阅。

××市图书馆

××××年××月××日

第五节　规则的写作范例

◎分章列条式规则

【范例】

有限责任公司监事会议事规则

（××××年××月××日有限责任公司监事会通过）

第一章　总则

第一条　为了维护公司、股东和职工的合法权益，完善公司内部监督机制，保证公司监事会依法行使权力、履行职责、承担义务，依据《公司章程》，特制定本规则。

第二条　公司监事会是公司内部的监事机构，其工作报告由公司股东会审议批准。

第三条　公司监事会由9名监事组成。监事会设主席一名。监事会下设秘书处，是监事会处理日常事务的办事机构。

第二章　监事会的职权与义务

第四条　监事会行使下列职权：

（一）随时了解公司的财务状况，定期审查账册文件，并有权要求董事会向其提供情况；

（二）审核董事会编制的提供给股东大会的各种报表，并将审核意见向股东会报告；

（三）当董事、总经理执行公司职务时，对违反法律、法规或《公司章程》以及从事登记营业范围之外的业务，有权通知停止该行为；

（四）当董事、总经理的行为损害公司利益时，要求董事和总经理予以纠正；

（五）必要时（公司出现重大问题时）提议召开临时股东大会；

（六）监事列席公司董事会会议；

（七）当公司与董事间发生诉讼时，除法律另有规定外，代表公司作为诉讼一方处理有关法律事宜；

（八）当董事自己或他人与本公司有交涉时，代表公司与董事进行交涉；

（九）当调查公司业务及财务状况、审核账册报表时，代表公司委托律师、会计师或其他中介机构；

（十）《公司章程》规定的其他职权。

第五条　监事会必须对公司履行以下义务：

（一）遵守国家法律、行政法规和《公司章程》；

（二）对公司承担不得逾越权限的义务；

（三）监事不得从事与公司竞争或损害利益的活动。

第三章　监事会会议

第六条　监事会会议由监事会主席召集和主持。主席因故不能履行职务时，可委托一名监事召集和主持。

第七条　监事会会议的召集，应在会议召开3日前通知各监事；但遇紧急事情时，可以随时召集。通知必须以书面形式进行，并载明召集事由和开会时间、地点。

第八条　监事开会时，原则上监事应亲自出席。若因特殊原因不能履行职务时，监事可以委托其他监事代理出席。委托时应出具委托书，委托书要明确授权范围，一个代理人以受一人委托为限。

第九条　监事会会议实行合议制，每个监事享有一票表决权。

第十条　监事会议决议，应有出席监事1/2以上同意。赞成票与反对票相等时，会议主席可增加一票表决票。

第十一条　监事会会议应做成议事记录。议事记录应记载会议的时间、场所、出席者姓名、决议方法、议事经过及表决结果，出席监事应于记录上签字。

议事记录应在会后3天内分发给各监事。

第十二条 议事记录应与出席会议的监事签名簿及代理出席委托书一并保存。由监事会指定专人保管，10年内任何人不得销毁。

第四章 监事

第十三条 监事的任职资格应同时满足以下条件：

（一）熟悉财经法律、法规、公司管理流程；

（二）从事经营管理工作满3年；

（三）拥有经济、法律中级或相当于中级以上技术资格或职称；

（四）国家公务员、公司董事、高级管理人员、财会人员不得兼任公司监事。

第十四条 监事为公司监事会成员，监事每届任期3年，可连选连任。

第十五条 监事遇下列情形之一，必须解任：

（一）任期届满；

（二）从事危害公司利益的行为并经证实的；

（三）监事自动辞职。

第十六条 监事的报酬及监事会行使职权所需的日常经费由股东大会据实确定后由公司支付。

第五章 附则

第十七条 本规则经公司股东大会批准后生效。

第十八条 本规则未尽事宜，依照《中华人民共和国公司法》等有关法律、行政法规和《公司章程》办理。

第十九条 本规则由公司监事会负责解释。

◎通篇分条式规则

【范例】

备品供应与保管规则

第一条 为使公司备品供应及保管工作富有成效，特制定本规则。

第二条 本规则所指备品，包括价值在×千元以上，耐用年限在一年以上的固定资产；以及价值在×百元以上，耐用年限一年以上的事务用品。

第三条

1. 低值固定资产：

（1）事务用备品；

（2）作业用备品；

（3）事务用计量器具；

（4）作业用计量器具。

2. 易耗品：

(1) 事务用备品；

(2) 作业用备品；

(3) 事务用计量器具；

(4) 作业用计量器具。

第四条　备品的管理由三个科室负责。在总公司，由总务部主管备品；在工厂，由总务科主管事务用备品，辅助科主管作业用备品。具体管理原则作如下所定：

1. 主管科应该就备品管理上的必要事项作出指示，并提供备品管理的方法、实施方案以及相应的资料；

2. 主管科应该保证备品供应，对备品进行有效保管、供应、出借、整修与报废处理等。

第五条　备品保管科的责任者为科长；科长有权任命专职人员，负责科内备品的出纳保管事务。在任命专职保管人员时，必须通知主管科。

第六条　保管科负责以下工作：

1. 申报采购预算；

2. 制订备品供应新方式；

3. 掌握现存备品的名称、数量、磨损或完好程度；

4. 申请备品的更新改造，以及改变备品的用途；

5. 备品供应或借出通知；

6. 申报备品的修理、破损与丢失情况；

7. 申报备品闲置与废弃情况；

8. 报告库存盘点结果。

第七条　主管科必须确立备品台账，并记录以下内容：

1. 备品名称、型号、尺寸与规格；

2. 购入价格和购入时间，以及用途（分类）；

3. 保管（使用）科名称；

4. 分类编号，并登记编号；

5. 如果是计量器具，则予以注明，并表示其功能与作用；

6. 如果是固定资产，则注明是否进入固定资产管理账户；

7. 其他必要事项。

保管科按照上述台账内容，制作相应的“备品保管传票”。

第八条　对购进的备品，主管科要进行登记，并填写“备品保管传票”，然后把保管传票转交保管科。

第九条　保管科对备品进行分类，贴上标签，写上分类编号与登记编号。

第十条 在向其他科室供应或转移备品时，“备品保管传票”必须交回主管科；主管科在台账及保管传票上填写使用科室名称、日期以及必要的事项后，把保管传票移交给使用科室。

第十一条 备品可以“出借”方式使用。借用者必须出具借用证，借用证由主管科负责填写，记录下列内容：

1. 借用者住址与姓名；

2. 备品名称、数量，以及分类编号与登记编号；

3. 借出日期、借出期限与出借条件。

第十二条 保管科回收闲置的物品时，须请示主管科，并在回收后将保管传票交主管科存档。

第十三条 如备品已无法使用，可向主管科申请报废处理，并在保管传票上注明理由与意见，上报主管科。

主管科经过调查，决定报废后，在台账上做好记录，销毁报废备品的保管传票。如果属于固定资产账目中的备品，其报废处理，必须按有关规定程序办理。

第十四条 修理后的备品，必须由主管科在台账上做好记录，写明修理日期、修理项目内容，等等。如果一次修理费预算超过×百元，必须按有关规定程序办理，由上级主管裁决。

第十五条 保管科必须按期核对所保管备品的账物，出现异常情况，应立即向主管科报告。

第十六条 凡属于故意或者因重大过失造成物品损坏或丢失者，必须追究个人责任，并作出部分或全部赔偿。

第二十一章　办　法

第一节　办法概述

一、办法的概念

办法，是党政机关为贯彻某一法令或者做好某方面工作而制定的法规性文书。

二、办法的适用范围

事情无论大小，都要有法可依。办法的应用范围广泛，使用频率高，特别是在我们国家法制建设一步步前进，人们的法制观念一步步强化的时候，自觉守法已逐步成为人们行动的准则。办法可以用于指导实施国家的某一法律、条例，可以对某项工作作出具体规定。

第二节　办法的写作技能

一、办法的写作格式

办法的写作结构包括标题、正文两部分。

1. 标题及题下标示

办法的标题应为“发文机关名称 + 事由 + 文种（办法）”的形式，也有省略发文机关名称，写为“事由 + 文种（办法）”的形式。办法如属“试行”“暂行”的，要在标题中标明。属会议通过或须标明发布日期的，可在标题下加括号注明。也有的在题下标示中同时标明发文机关名称，但在标题或落款中不能再有发文机关名称重复出现。

2. 正文

办法的正文一般由三部分组成：办法的制发缘由、办法的具体内容、结语或附则。制发缘由指制定办法的依据、目的；具体内容为办法正文的主体；结束语常用以说明办法的适用范围、实施日期、要求、解释权等。

办法内容复杂的，可分为总则、分则、附则来组织结构；内容简单的，通常用分条列述的写法。

办法的制定依据往往是上级机关的法令、决议、条例等。具体明确、切实可行是办法写作的基本要求。

二、办法的写作要求

1. 办法的制定依据是上级机关的法令、条例等，写作时应内容具体、明确，实践性鲜明，确保切实可行。

2. 应侧重在行政约束力和具体指导上。条款要详细、具体，用语要恰当、严密。

3. 办法的法规性与约束力较之于条例、规定相对弱些；在实际执行中，还可视情况补充、修改，因此“办法”一般要予以“暂行”的限制。

4. 内容庞杂的办法可分章叙写，章断条连。一般的办法分条叙写即可。

第三节　关于办法文种问题的解答

一、办法的正文包括哪几个部分内容

正文包括三部分内容：制定办法的目的、依据；办法内容；施行说明。第一部分常常作为第一条，或以序的形式出现；第二部分是办法的主体，要按先主要后次要、先原则后具体、先直接后间接的原则安排条款内容。第三部分要说明施行日期及要求等，既可在附则中说明，也可作为正文的最后一条或几条，还可用结束语的形式表达。办法是要求有关人员遵照办理的，所以在起草时内容要明确，要有较强的可行性和可操作性。办法比较具体，有的专业性较强，应注意多吸收有关方面的意见。

二、办法有什么特点

办法主要有以下特点：

1. 办法的法规约束性侧重于行政约束力。对某些具体工作制定出规范性的标准，要求有关人员遵照执行，这是办法的主要特点。

2. 办法的条款要具体、完整，不能抽象笼统，体现在：政策界限清楚，技术性问题明确，数据确凿，毫不含混。

第四节　办法病例的分析与修改

一、管理办法的分析与修改

【原　文】

电话使用管理办法

第一条　为使电话发挥最大效力并节省话费，特制定本办法。

第二条　电话由管理部统一负责管理，各部门主管负责监督与控制使用。

第三条　电话使用规范：

1. 每次通话时间以三分钟为限。通话时应简洁扼要，以免耗时占线、浪费资金；

2. 使用前应对通话内容稍加构思或拟出提纲；

3. 注重礼貌，体现公司员工良好的文化素养和精神风貌。

第四条　长途电话使用规范：

1. 各种外线电话须配置专用长途电话记录表（具体表格略），并逐次记录使用人、受话人、起止时间、联络事项及交涉结果。该表每月转管理部主管审阅；

2. 长途电话限主管以上人员使用；

3. 其他人员使用长途电话须先经主管批准；

4. 禁止因私拨打长途电话。

第五条　违反长途电话使用管理办法，或未登记和记载不实者，将视情节轻重给以批评或处分。

【分析与修改】

该份《长途电话管理办法》分条列项，层次比较清晰。但存在如下毛病：

1. “第三条　电话使用规范”一句，为了同第四条保持一致，应修改为“第三条　市内电话使用规范”。

2. “第四条 1. ”中的“起止时间”应修改为“通话起止时间”。

3. 第三条、第四条下的各小条后的分号均应改为句号。

【改　稿】

电话使用管理办法

第一条　为使电话发挥最大效力并节省话费，特制定本办法。

第二条　电话由管理部统一负责管理，各部门主管负责监督与控制使用。

第三条　市内电话使用规范：

1. 每次通话时间以三分钟为限。通话时应简洁扼要，以免耗时占线、浪费资金。

2. 使用前应对通话内容稍加构思或拟出提纲。

3. 注重礼貌，体现公司员工良好的文化素养和精神风貌。

第四条　长途电话使用规范：

1. 各种外线电话须配置专用长途电话记录表（具体表格略），并逐次记录使用人、受话人、通话起止时间、联络事项及交涉结果。该表每月转管理部主管审阅。

2. 长途电话限主管以上人员使用。

3. 其他人员使用长途电话须先经主管批准。

4. 禁止因私拨打长途电话。

第五条　违反长途电话使用管理办法，或未登记和记载不实者，将视情节轻重给以批评或处分。

二、实施办法的分析与修改

【原　文】

休闲旅行实施办法

第一条　目的

为保持员工的身心健康，提高员工的福利待遇，增强员工的凝聚力，促进员工之间的相互协作、沟通，公司决定定期组织员工休闲旅行。

第二条　参加对象

本公司员工及家属（限于配偶、父母和子女）。

第三条　时间

每年7月15日至8月25日。

第四条　实施细则

1. 组织休闲旅行不得影响公司业务的顺利进行。

2. 实行分期分批活动。每批指定一负责人，负责组织与联络工作。

3. 旅行时间为两天一夜，应当尽量利用公休日。

4. 各批旅行队，应在出行前三日以内，将参加人数、姓名、年龄、旅行地、住宿地等事项报总务部门，并领取住宿费和交通费。

5. 各队的旅行可自由组员，集体确定旅行事项等。

第五条　经费

1. 公司员工的交通费、住宿费和餐费由公司全额负担。

2. 员工家属的费用由个人负担，公司可补助每人××元。

3. 住宿过程中的杂费由公司统一支付。

第六条　报告与核算

旅行结束后，组织者应向总务部门提出经费支出报告，由总务部门进行核算。

第七条　支付凭证

组织者在提出经费支出报告时，必须附上各种支出凭证。

第八条　旅行须知

1. 住宿房间安排应由住宿地管理者负责。

2. 注意个人行为，维护公司形象。

3. 注意个人安全。

4. 注意保管好个人物品。

【分析与修改】

此实施办法采用分条列项的方式将员工休闲旅行的要求、经营支付、旅行须知等事项叙述得很清楚。唯一不足的地方是在语言文字方面。

1. 第一条末尾，应在“公司决定定期组织员工休闲旅行”后加上“特制定本实施办法”。

2. 第四条中，“每批指定一负责人，负责组织与联络工作”一句，“负责”一词重复，前面的一个可删掉。

3. “第五条中的3.”可删去。因为在“1.”中已经说“公司员工的交通费、住宿费和餐费由公司全额负担”。

【改　稿】

休闲旅行实施办法

第一条　目的

为保持员工的身心健康，提高员工的福利待遇，增强员工的凝聚力，促进员工之间的相互协作、沟通，公司决定定期组织员工休闲旅行，特制定本实施办法。

第二条　参加对象

本公司员工及家属（限于配偶、父母和子女）。

第三条　时间

每年7月15日至8月25日。

第四条 实施细则

1. 组织休闲旅行不得影响公司业务的顺利进行。

2. 实行分期分批活动。每批指定一人，负责组织与联络工作。

3. 旅行时间为两天一夜，应当尽量利用公休日。

4. 各批旅行队，应在出行前三日以内，将参加人数、姓名、年龄、旅行地、住宿地等事项报总务部门，并领取住宿费和交通费。

5. 各队的旅行可自由组员，集体确定旅行事项等。

第五条 经费

1. 公司员工的交通费、住宿费和餐费由公司全额负担。

2. 员工家属的费用由个人负担，公司可补助每人××元。

第六条 报告与核算

旅行结束后，组织者应向总务部门提出经费支出报告，由总务部门进行核算。

第七条 支付凭证

组织者在提出经费支出报告时，必须附上各种支出凭证。

第八条 旅行须知

1. 住宿房间安排应由住宿地管理者负责。

2. 注意个人行为，维护公司形象。

3. 注意个人安全。

4. 注意保管好个人物品。

第五节 办法的写作范例

◎管理办法

【范例】

互联网信息服务管理办法

中华人民共和国国务院令（第××号）

第一条 为了规范互联网信息服务活动，促进互联网信息服务健康有序发展，制定本办法。

第二条 在中华人民共和国境内从事互联网信息服务活动，必须遵守本办法。

本办法所称互联网信息服务，是指通过互联网向上网用户提供信息的服务活动。

第三条　互联网信息服务分为经营性和非经营性两类。

经营性互联网信息服务，是指通过互联网向上网用户有偿提供信息或者网页制作等服务活动。

非经营性互联网信息服务，是指通过互联网向上网用户无偿提供具有公开性、共享性信息的服务活动。

第四条　国家对经营性互联网信息服务实行许可制度；对非经营性互联网信息服务实行备案制度。

未取得许可或者未履行备案手续的，不得从事互联网信息服务。

第五条　从事新闻、出版、教育、医疗保健、药品和医疗器械等互联网信息服务，依照法律、行政法规以及国家有关规定须经有关主管部门审核同意的，在申请经营许可或者履行备案手续前，应当依法经有关主管部门审核同意。

第六条　从事经营性互联网信息服务，除应当符合《中华人民共和国电信条例》规定的要求外，还应当具备下列条件：

（一）有业务发展计划及相关技术方案；

（二）有健全的网络与信息安全保障措施，包括网站安全保障措施、信息安全保密管理制度、用户信息安全管理制度；

（三）服务项目属于本办法第五条规定范围的，已取得有关主管部门同意的文件。

第七条　从事经营性互联网信息服务，应当向省、自治区、直辖市电信管理机构或者国务院信息产业主管部门申请办理互联网信息服务增值电信业务经营许可证（以下简称经营许可证）。

省、自治区、直辖市电信管理机构或者国务院信息产业主管部门应当自收到申请之日起60日内审查完毕，作出批准或者不予批准的决定。予以批准的，颁发经营许可证；不予批准的，应当书面通知申请人并说明理由。

申请人取得经营许可证后，应当持经营许可证向企业登记机关办理登记手续。

第八条　从事非经营性互联网信息服务，应当向省、自治区、直辖市电信管理机构或者国务院信息产业主管部门办理备案手续。办理备案时，应当提交下列材料：

（一）主办单位和网站负责人的基本情况；

（二）网站网址和服务项目；

（三）服务项目属于本办法第五条规定范围的，已取得有关主管部门的同意文件。

省、自治区、直辖市电信管理机构对备案材料齐全的，应当予以备案并编号。

第九条　从事互联网信息服务，拟开办电子公告服务的，应当在申请经营性互联网信息服务许可或者办理非经营性互联网信息服务备案时，按照国家有关规定提出专项申请或者专项备案。

第十条　省、自治区、直辖市电信管理机构和国务院信息产业主管部门应当公布取得经营许可证或者已履行备案手续的互联网信息服务提供者名单。

第十一条　互联网信息服务提供者应当按照经许可或者备案的项目提供服务，不得超出经许可或者备案的项目提供服务。

非经营性互联网信息服务提供者不得从事有偿服务。

互联网信息服务提供者变更服务项目、网站网址等事项的，应当提前30日向原审核、发证或者备案机关办理变更手续。

……

第二十五条　电信管理机构和其他有关主管部门及其工作人员，玩忽职守、滥用职权、徇私舞弊，疏于对互联网信息服务的监督管理，造成严重后果，构成犯罪的，依法追究刑事责任；尚不构成犯罪的，对直接负责的主管人员和其他直接责任人员依法给予降级、撤职直至开除的行政处分。

第二十六条　在本办法公布前从事互联网信息服务的，应当自本办法公布之日起60日内依照本办法的有关规定补办有关手续。

第二十七条　本办法自公布之日起施行。

◎实施办法

【范例】

基金会管理办法

第一条　为了加强基金会的管理，以利于基金会的健康发展，制定本办法。

第二条　本办法所称的基金会，是指对国内社会团体和其他组织以及个人自愿捐赠资金进行管理的民间非营利性组织，是社会团体法人。

基金会的活动宗旨是通过资金资助推进科学研究、文化教育、社会福利和其他公益事业的发展。

由国家拨款建立的资助科学研究的基金会和其他各种专项基金管理组织，不适用本办法。

第三条　建立基金会，必须具备下列条件：

（一）性质、宗旨和基金来源符合本办法第二条的规定；

（二）有人民币10万元（或者有与10万元人民币等值的外汇）以上的注册基金；

（三）有基金会章程、管理机构和必要的财务人员；

（四）有固定的工作场所。

第四条　基金会可以向国内外热心于其活动宗旨的企业事业单位、社会团体和其他组织以及个人募捐方式筹集资金，但必须出于捐赠者的自愿，严禁摊派。

第五条　基金会的领导成员，不得由现职的政府工作人员兼任。

基金会应当实行民主管理，建立严格的资金筹集、管理、使用制度，定期公布收支账目。

第六条　基金会的基金，应当用于资助符合其宗旨的活动和事业，不得挪作他用。基金会不得经营管理企业。

第七条　基金会可以将资金存入金融机构收取利息，也可以购买债券、股票等有价证券，但购买某个企业的股票额不得超过该企业股票总额的20%。

第八条　基金会对接受资助者使用资助资金的情况有权进行监督。如果发现不按原定的协议使用资金，基金会有权减少、停止或者收回资助的资金。

第九条　基金会工作人员的工资和办公费用，在基金利息等收入中开支。

第十条　国外捐赠给基金会的外汇，归基金会所有，允许开立外汇存款账户。

国外捐赠给基金会的物资，免征关税，归基金会所有；基金会有权将其作为资助，无偿转让给与其宗旨有关的其他单位或者个人，但不得出售。

第十一条　建立基金会，由其归口管理的部门报经人民银行审查批准，民政部门登记注册发给许可证，具有法人资格后，方可进行业务活动。

全国性的基金会，报中国人民银行审查批准，向民政部申请登记注册，并向国务院备案。地方性的基金会，报中国人民银行的省、自治区、直辖市分行审查批准，向省、自治区、直辖市人民政府的民政部门申请登记注册，并向省、自治区、直辖市人民政府备案。

基金会改变名称、合并或者撤销，按照申请成立的程序办理。

第十二条　基金会应当每年向人民银行和民政部门报告财务收支和活动情况，接受人民银行、民政部门的监督。

基金会的活动违反本办法时，人民银行有权给予停止支付、冻结资金责令整顿的处置，民政部门有权给予警告、吊销许可证的处罚。

第十三条　本办法由中国人民银行和民政部负责实施，并可制定相应的实施细则。

第十四条　本办法自发布之日起施行。

◎处理办法

【范例】

财物失窃处理办法

第一条　本单位发生财物失窃事件后，有关人员须在第一时间到达现场，查看该房门是否有明显损坏或被硬物撬开的迹象。

第二条　开门进入房间后，须查看房内之物是否凌乱，行李或提箱、橱柜是否被撬开。

第三条　检查商品柜台玻璃、挡板等有无明显被移动的痕迹。

第四条　不可移动现场摆设、触摸任何物件，须用摄像机拍摄现场。

第五条　及时封锁现场，不准任何人进入。

第六条　观察有无形迹可疑人员出入，记录被窃物品价值、盗窃时间，等等。

第七条　执法人员到现场后，应主动协助其工作，为执法人员提供资料影印副本，以做好内部调查。

第八条　对所涉及的各部门人员进行调查并录取口供，同时对重点部位和个人进行严密调查。

附录一

党政机关公文处理工作条例

（中办发〔2012〕14 号）

（2012 年 4 月 16 日由中共中央办公厅和国务院办公厅联合印发）

第一章　总　　则

第一条　为了适应中国共产党机关和国家行政机关（以下简称党政机关）工作需要，推进党政机关公文处理工作科学化、制度化、规范化，制定本条例。

第二条　本条例适用于各级党政机关公文处理工作。

第三条　党政机关公文是党政机关实施领导、履行职能、处理公务的具有特定效力和规范体式的文书，是传达贯彻党和国家的方针政策，公布法规和规章，指导、布置和商洽工作，请示和答复问题，报告和交流情况等的重要工具。

第四条　公文处理工作是指公文拟制、办理、管理等一系列相互关联、衔接有序的工作。

第五条　公文处理工作应当坚持实事求是、准确规范、精简高效、安全保密的原则。

第六条　各级党政机关应当高度重视公文处理工作，加强组织领导，强化队伍建设，设立文秘部门或者由专人负责公文处理工作。

第七条　各级党政机关办公厅（室）主管本机关的公文处理工作，对下级机关的公文处理工作进行业务指导和督促检查。

第二章　公文种类

第八条　公文种类主要有：

（一）决议。适用于会议讨论通过的重大决策事项。

（二）决定。适用于对重要事项作出决策和部署、奖惩有关单位和人员、变更或者撤销下级机关不适当的决定事项。

（三）命令（令）。适用于公布行政法规和规章、宣布施行重大强制性措施、批准授予和晋升衔级、嘉奖有关单位和人员。

（四）公报。适用于公布重要决定或者重大事项。

（五）公告。适用于向国内外宣布重要事项或者法定事项。

（六）通告。适用于在一定范围内公布应当遵守或者周知的事项。

（七）意见。适用于对重要问题提出见解和处理办法。

（八）通知。适用于发布、传达要求下级机关执行和有关单位周知或者执行的事项，批转、转发公文。

（九）通报。适用于表彰先进、批评错误、传达重要精神和告知重要情况。

（十）报告。适用于向上级机关汇报工作，反映情况，回复上级机关的询问。

（十一）请示。适用于向上级机关请求指示、批准事项。

（十二）批复。适用于答复下级机关请示事项。

（十三）议案。适用于各级人民政府按照法律程序向同级人民代表大会或者人民代表大会常务委员会提请审议事项。

（十四）函。适用于不相隶属机关之间商洽工作、询问和答复问题、请求批准和答复审批事项。

（十五）纪要。适用于记载会议主要情况和议定事项。

第三章　公文格式

第九条　公文一般由份号、密级和保密期限、紧急程度、发文机关标志、发文字号、签发人、标题、主送机关、正文、附件说明、发文机关署名、成文日期、印章、附注、附件、抄送机关、印发机关和印发日期、页码等组成。

（一）份号。公文印制份数的顺序号。涉密公文应当标注份号。

（二）密级和保密期限。公文的秘密等级和保密的期限。涉密公文应当根据涉密程度分别标注“绝密”“机密”“秘密”和保密期限。

（三）紧急程度。公文送达和办理的时限要求。根据紧急程度，紧急公文应当分别标注“特急”“加急”，电报应当分别标注“特提”“特急”“加急”“平急”。

（四）发文机关标志。由发文机关全称或者规范化简称加“文件”二字组成，也可以使用发文机关全称或者规范化简称。联合行文时，发文机关标志可以并用联合发文机关名称，也可以单独用主办机关名称。

（五）发文字号。由发文机关代字、年份、发文顺序号组成。联合行文时，使用主办机关的发文字号。

（六）签发人。上行文应当标注签发人姓名。

（七）标题。由发文机关名称、事由和文种组成。

（八）主送机关。公文的主要受理机关，应当使用机关全称、规范化简称或者同类型机关统称。

（九）正文。公文的主体，用来表述公文的内容。

（十）附件说明。公文附件的顺序号和名称。

（十一）发文机关署名。署发文机关全称或者规范化简称。

（十二）成文日期。署会议通过或者发文机关负责人签发的日期。联合行文时，署最后签发机关负责人签发的日期。

（十三）印章。公文中有发文机关署名的，应当加盖发文机关印章，并与署名机关相符。有特定发文机关标志的普发性公文和电报可以不加盖印章。

（十四）附注。公文印发传达范围等需要说明的事项。

（十五）附件。公文正文的说明、补充或者参考资料。

（十六）抄送机关。除主送机关外需要执行或者知晓公文内容的其他机关，应当使用机关全称、规范化简称或者同类型机关统称。

（十七）印发机关和印发日期。公文的送印机关和送印日期。

（十八）页码。公文页数顺序号。

第十条 公文的版式按照《党政机关公文格式》国家标准执行。

第十一条 公文使用的汉字、数字、外文字符、计量单位和标点符号，按照有关国家标准和规定执行。民族自治地方的公文，可以并用汉字和当地通用的少数民族文字。

第十二条 公文用纸幅面采用国际标准 A4 型。特殊形式的公文用纸幅面，根据实际需要确定。

第四章 行文规则

第十三条 行文应当确有必要，讲求实效，注重针对性和可操作性。

第十四条 行文关系根据隶属关系和职权范围确定。一般不得越级行文，特殊情况需要越级行文的，应当同时抄送被越过的机关。

第十五条 向上级机关行文，应当遵循以下规则：

（一）原则上主送一个上级机关，根据需要同时抄送其他相关上级机关和同级机关，不抄送下级机关。

（二）党委、政府的部门向上级主管部门请示、报告重大事项，应当经本级党委、政府同意或者授权，属于部门职权范围内的事项应直接报送上级主管部门。

（三）下级机关的请示事项，如需以本机关名义向上级机关请示，应当提出倾向性意见后上报。不得原文转报上级机关。

（四）请示应当一文一事，不得在报告等非请示性公文中夹带请示事项。

（五）除上级机关负责人直接交办事项外，不得以本机关名义向上级机关负责人报送公文，也不得以本机关负责人名义向上级机关报送公文。

（六）受双重领导的机关向一个上级机关行文，必要时应当抄送另一个上级机关。

（七）不符合行文规则的上报公文，上级机关的文秘部门可退回下级呈报机关。

第十六条 向下级机关行文，应当遵循以下规则：

（一）主送受理机关，根据需要抄送相关机关。重要行文应当同时抄送发文机关的直接上级机关。

（二）党委、政府的办公厅（室）根据本级党委、政府授权，可以向下级党委、政府行文，其他部门和单位不得向下级党委、政府发布指令性公文或者在公文中向下级党委、政府提出指令性要求。需经政府审批的具体事项，经政府同意可由政府职能部门行文，文中需注明已经政府同意。

（三）党委、政府的部门在各自职权范围内可以向下级党委、政府的相关部门行文。

（四）涉及多个部门职权范围内的事务，部门之间未协商一致的，不得向下行文；擅自行文的，上级机关应当责令其纠正或者撤销。

（五）上级机关向受双重领导的下级机关行文，必要时抄送该下级机关的另一个上级机关。

第十七条 同级党政机关、党政机关与其他同级机关必要时可以联合行文。属于党委、政府各自职权范围内的工作，不得联合行文。党委、政府的部门依据职权可以相互行文。部门内设机构除办公厅（室）外不得对外正式行文。

第五章 公文拟制

第十八条 公文拟制包括公文的起草、审核、签发等程序。

第十九条 公文起草应当做到：

（一）符合国家的法律法规和党的路线方针政策，完整准确体现发文机关意图，并同现行有关公文相衔接。

（二）一切从实际出发，分析问题实事求是，所提政策措施和办法切实可行。

（三）内容简洁，主题突出，观点鲜明，结构严谨，表述准确，文字精练。

（四）文种正确，格式规范。

（五）公文涉及其他部门职权范围事项的，起草单位必须征求相关部门意见，力求达成一致。

（六）深入调查研究，充分进行论证，广泛听取意见。

（七）机关负责人应当主持、指导重要公文起草工作。

第二十条 公文文稿签发前，应当由发文机关办公厅（室）进行审核。审核的重点是：

（一）行文理由是否充分，行文依据是否准确。

（二）内容是否符合国家法律法规和党的路线方针政策；是否完整准确体现发文机关意图；是否同现行有关公文相衔接；所提政策措施和办法是否切实可行。

（三）涉及有关地区或者部门职权范围的事项是否经过充分协商并达成一致意见。

（四）文种是否正确，格式是否规范；人名、地名、时间、数字、段落顺序、引文等是否准确；文字、数字、计量单位和标点符号等用法是否符合规定。

（五）其他内容是否符合公文起草的有关要求。

需要发文机关审议的重要公文文稿，审议前由发文机关办公厅（室）进行初核。

第二十一条 经审核不宜发文的公文文稿，应当退回起草单位并说明理由；符合发文条件但内容需作进一步研究和修改的，由起草单位修改后重新报送。

第二十二条 公文应当经本机关负责人审批签发。重要公文和上行文由机关主要负责人签发。党委、政府的办公厅（室）根据党委、政府授权制发的公文，由受权机关主要负责人签发或者按照有关规定签发。签发人签发公文，应当签署意见、姓名和完整日期；圈阅或者签名的，视为同意。联合行文由所有联署机关的负责人会签。

第六章　公文办理

第二十三条 公文办理包括收文办理、发文办理和整理归档。

第二十四条 收文办理主要程序是：

（一）签收。对收到的公文应当逐件清点，核对无误后签字或者盖章，并注明签收时间。

（二）登记。对公文的主要信息和办理情况应当详细记载。

（三）初审。对收到的公文应当进行初审。初审的重点是：是否应当由本机关办理，是否符合行文规则，文种、格式是否符合要求，涉及其他地区或者部门职权范围的事项是否已经协商、会签；是否符合公文起草的其他要求。经初审不符合规定的公文，应当及时退回来文单位并说明理由。

（四）承办。阅知性公文应当根据公文内容、要求和工作需要确定范围后分送。批办性公文应当提出拟办意见报本机关负责人批示或者转有关部门办理；需要两个以上部门办理的，应当明确主办部门。紧急公文应当明确办理时限。承办部门对交办的公文应当及时办理，有明确办理时限要求的应当在规定时限内办理完毕。

（五）传阅。根据领导批示和工作需要将公文及时送传阅对象阅知或者批示。办理公文传阅应当随时掌握公文去向，不得漏传、误传、延误。

（六）催办。及时了解掌握公文的办理进展情况，督促承办部门按期办结。紧急公文或者重要公文应当由专人负责催办。

（七）答复。公文的办理结果应当及时答复来文单位，并根据需要告知相关单位。

第二十五条 发文办理主要程序是：

（一）复核。已经发文机关负责人签批的公文，印发前应当对公文的审批手续、内容、文种、格式等进行复核；需作实质性修改的，应当报原签批人复审。

（二）登记。对复核后的公文，应当确定发文字号、分送范围和印制份数并详细记载。

（三）印制。公文印制必须确保质量和时效。涉密公文应当在符合保密要求的场所印制。

（四）核发。公文印制完毕，应当对公文的文字、格式和印刷质量进行检查后分发。

第二十六条 涉密公文应当通过机要交通、邮政机要通信、城市机要文件交换站或者收发件机关机要收发人员进行传递，通过密码电报或者符合国家保密规定的计算机信息系统进行传输。

第二十七条 需要归档的公文及有关材料，应当根据有关档案法律法规及机关档案管理规定，及时收集齐全、整理归档。两个以上机关联合办理的公文，原件由主办机关归档，相关机关保存复制件。机关负责人兼任其他机关职务的，在履行所兼职务过程中形成的公文，由其兼职机关归档。

第七章 公文管理

第二十八条 各级党政机关应当建立健全本机关公文管理制度，确保管理严格规范，充分发挥公文效用。

第二十九条 党政机关公文由文秘部门或者专人统一管理。设立党委（党组）的县级以上单位应建立机要保密室和机要阅文室，并按有关保密规定配备工作人员和必要的安全保密设施。

第三十条 公文确定密级前，应当按照拟定的密级先行采取保密措施。确定密级后，应当按照所定密级严格管理。绝密级公文应当由专人管理。公文的密级需要变更或者解除的，由原确定密级的机关或者其上级机关决定。

第三十一条 公文的印发传达范围应当按照发文机关的要求执行；需要变更的，应当经发文机关批准。涉密公文公开发布前应当履行解密程序。公开发布的时间、形式和渠道，由发文机关确定。经批准公开发布的公文，同发文机关正式制发的公文具有同等效力。

第三十二条 复制、汇编机密级、秘密级公文，应当符合有关规定并经本机关负责人批准。绝密级公文一般不得复制、汇编，确有工作需要的，应当经发文机关或者其上级机关批准。复制、汇编的公文视同原件管理。

复制件应当加盖复制机关戳记。翻印件应当注明翻印的机关名称、日期。汇编本的密级按照编入公文的最高密级标注。

第三十三条 公文的撤销和废止，由发文机关、上级机关或者权力机关根据职权范围和有关法律法规决定。公文被撤销的，视为自始无效；公文被废止的，视为自废止之日起失效。

第三十四条 涉密公文应当按照发文机关的要求和有关规定进行清退或者销毁。

第三十五条 不具备归档和保存价值的公文，经批准后可以销毁。销毁涉密公文必须严格按照有关规定履行审批登记手续，确保不丢失、不漏销。个人不得私自销毁、留存涉密公文。

第三十六条 机关合并时，全部公文应当随之合并管理；机关撤销时，需要归档的公文整理后按照有关规定移交档案管理部门。

工作人员调离岗位时，所在机关应当督促其将暂存、借用的公文按照有关规定移交、清退。

第三十七条 新设立的机关应当向党委、政府的办公厅（室）提出发文立户申请。经审查符合条件的，列为发文单位，机关合并或者撤销时，相应进行调整。

第八章　附　　则

第三十八条 党政机关公文含电子公文。电子公文处理工作的具体办法另行制定。

第三十九条 法规、规章方面的公文，依照有关规定处理。外事方面的公文，依照外事主管部门的有关规定处理。

第四十条 其他机关和单位的公文处理工作，可以参照本条例执行。

第四十一条 本条例由中共中央办公厅、国务院办公厅负责解释。

第四十二条 本条例自2012年7月1日起施行。1996年5月3日中共中央办公厅印发的《中国共产党机关公文处理条例》和2000年8月24日国务院发布的《国家行政机关公文处理办法》停止执行。

附录二

党政机关公文格式（GB/T 9704—2012）

1　范围

本标准规定了党政机关公文通用的纸张要求、排版和印制装订要求、公文格式各要素的编排规则，并给出了公文的式样。

本标准适用于各级党政机关制发的公文。其他机关和单位的公文可以参照执行。

使用少数民族文字印制的公文，其用纸、幅面尺寸及版面、印制等要求按照本标准执行，其余可以参照本标准并按照有关规定执行。

2　规范性引用文件

下列文件对于本标准的应用是必不可少的。凡是注日期的引用文件，仅所注日期的版本适用于本标准。凡是不注日期的引用文件，其最新版本（包括所有的修改单）适用于本标准。

GB/T 148　印刷、书写和绘图纸幅面尺寸

GB 3100　国际单位制及其应用

GB 3101　有关量、单位和符号的一般原则

GB 3102（所有部分）　量和单位

GB/T 15834　标点符号用法

GB/T 15835　出版物上数字用法

3　术语和定义

下列术语和定义适用于本标准。

3.1

字 word

标示公文中横向距离的长度单位。在本标准中，一字指一个汉字宽度的距离。

3.2

行 line

标示公文中纵向距离的长度单位。在本标准中，一行指一个汉字的高度加3号汉字高度的7/8的距离。

4 公文用纸主要技术指标

公文用纸一般使用纸张定量为60 g/m^2 ~80 g/m^2 的胶版印刷纸或复印纸。纸张白度80% ~90%，横向耐折度≥15次，不透明度≥85%，pH值为7.5 ~9.5。

5 公文用纸幅面尺寸及版面要求

5.1 幅面尺寸

公文用纸采用GB/T 148中规定的A4型纸，成品幅面尺寸为：210mm ×297mm。

5.2 版面

5.2.1 页边与版心尺寸

公文用纸天头（上白边）为37mm ±1mm，公文用纸订口（左白边）为28mm ±1mm，版心尺寸为156mm ×225mm。

5.2.2 字体和字号

如无特殊说明，公文格式各要素一般用3号仿宋体字。特定情况可以作适当调整。

5.2.3 行数和字数

一般每面排22行，每行排28个字，并撑满版心。特定情况可以作适当调整。

5.2.4 文字的颜色

如无特殊说明，公文中文字的颜色均为黑色。

6 印制装订要求

6.1 制版要求

版面干净无底灰，字迹清楚无断划，尺寸标准，版心不斜，误差不超过1mm。

6.2 印刷要求

双面印刷；页码套正，两面误差不超过2mm。黑色油墨应当达到色谱所标BL100%，红色油墨应当达到色谱所标Y80%、M80%。印品着墨实、均匀；字面不花、不白、无断划。

6.3 装订要求

公文应当左侧装订，不掉页，两页页码之间误差不超过4mm，裁切后的成品尺寸允许误差 ±2mm，四角成90°，无毛茬或缺损。

骑马订或平订的公文应当：

a）订位为两钉外订眼距版面上下边缘各70mm处，允许误差±4mm；

b）无坏钉、漏钉、重钉，钉脚平伏牢固；

c）骑马订钉锯均订在折缝线上，平订钉锯与书脊间的距离为3mm~5mm。

包本装订公文的封皮（封面、书脊、封底）与书芯应吻合、包紧、包平、不脱落。

7 公文格式各要素编排规则

7.1 公文格式各要素的划分

本标准将版心内的公文格式各要素划分为版头、主体、版记三部分。公文首页红色分隔线以上的部分称为版头；公文首页红色分隔线（不含）以下、公文末页首条分隔线（不含）以上的部分称为主体；公文末页首条分隔线以下、末条分隔线以上的部分称为版记。

页码位于版心外。

7.2 版头

7.2.1 份号

如需标注份号，一般用6位3号阿拉伯数字，顶格编排在版心左上角第一行。

7.2.2 密级和保密期限

如需标注密级和保密期限，一般用3号黑体字，顶格编排在版心左上角第二行；保密期限中的数字用阿拉伯数字标注。

7.2.3 紧急程度

如需标注紧急程度，一般用3号黑体字，顶格编排在版心左上角；如需同时标注份号、密级和保密期限、紧急程度，按照份号、密级和保密期限、紧急程度的顺序自上而下分行排列。

7.2.4 发文机关标志

由发文机关全称或者规范化简称加“文件”二字组成，也可以使用发文机关全称或者规范化简称。

发文机关标志居中排布，上边缘至版心上边缘为35mm，推荐使用小标宋体字，颜色为红色，以醒目、美观、庄重为原则。

联合行文时，如需同时标注联署发文机关名称，一般应当将主办机关名称排列在前；如有“文件”二字，应当置于发文机关名称右侧，以联署发文机关名称为准上下居中排布。

7.2.5 发文字号

编排在发文机关标志下空二行位置，居中排布。年份、发文顺序号用阿拉伯数字标注；年份应标全称，用六角括号“〔 〕”括入；发文顺序号不加“第”

字，不编虚位（即1不编为01），在阿拉伯数字后加“号”字。

上行文的发文字号居左空一字编排，与最后一个签发人姓名处在同一行。

7.2.6 签发人

由“签发人”三字加全角冒号和签发人姓名组成，居右空一字，编排在发文机关标志下空二行位置。“签发人”三字用3号仿宋体字，签发人姓名用3号楷体字。

如有多个签发人，签发人姓名按照发文机关的排列顺序从左到右、自上而下依次均匀编排，一般每行排两个姓名，回行时与上一行第一个签发人姓名对齐。

7.2.7 版头中的分隔线

发文字号之下4mm处居中印一条与版心等宽的红色分隔线。

7.3 主体

7.3.1 标题

一般用2号小标宋体字，编排于红色分隔线下空二行位置，分一行或多行居中排布；回行时，要做到词意完整，排列对称，长短适宜，间距恰当，标题排列应当使用梯形或菱形。

7.3.2 主送机关

编排于标题下空一行位置，居左顶格，回行时仍顶格，最后一个机关名称后标全角冒号。如主送机关名称过多导致公文首页不能显示正文时，应当将主送机关名称移至版记，标注方法见7.4.2。

7.3.3 正文

公文首页必须显示正文。一般用3号仿宋体字，编排于主送机关名称下一行，每个自然段左空二字，回行顶格。文中结构层次序数依次可以用“一、”“（一）”“1.”“（1）”标注；一般第一层用黑体字、第二层用楷体字、第三层和第四层用仿宋体字标注。

7.3.4 附件说明

如有附件，在正文下空一行左空二字编排“附件”二字，后标全角冒号和附件名称。如有多个附件，使用阿拉伯数字标注附件顺序号（如“附件：1. ××××”）；附件名称后不加标点符号。附件名称较长需回行时，应当与上一行附件名称的首字对齐。

7.3.5 发文机关署名、成文日期和印章

7.3.5.1 加盖印章的公文

成文日期一般右空四字编排，印章用红色，不得出现空白印章。

单一机关行文时，一般在成文日期之上、以成文日期为准居中编排发文机关署名，印章端正、居中下压发文机关署名和成文日期，使发文机关署名和成文日期居印章中心偏下位置，印章顶端应当上距正文（或附件说明）一行之内。

联合行文时，一般将各发文机关署名按照发文机关顺序整齐排列在相应位置，并将印章一一对应、端正、居中下压发文机关署名，最后一个印章端正、居中下压发文机关署名和成文日期，印章之间排列整齐、互不相交或相切，每排印章两端不得超出版心，首排印章顶端应当上距正文（或附件说明）一行之内。

7.3.5.2 不加盖印章的公文

单一机关行文时，在正文（或附件说明）下空一行右空二字编排发文机关署名，在发文机关署名下一行编排成文日期，首字比发文机关署名首字右移二字，如成文日期长于发文机关署名，应当使成文日期右空二字编排，并相应增加发文机关署名右空字数。

联合行文时，应当先编排主办机关署名，其余发文机关署名依次向下编排。

7.3.5.3 加盖签发人签名章的公文

单一机关制发的公文加盖签发人签名章时，在正文（或附件说明）下空二行右空四字加盖签发人签名章，签名章左空二字标注签发人职务，以签名章为准上下居中排布。在签发人签名章下空一行右空四字编排成文日期。

联合行文时，应当先编排主办机关签发人职务、签名章，其余机关签发人职务、签名章依次向下编排，与主办机关签发人职务、签名章上下对齐；每行只编排一个机关的签发人职务、签名章；签发人职务应当标注全称。

签名章一般用红色。

7.3.5.4 成文日期中的数字

用阿拉伯数字将年、月、日标全，年份应标全称，月、日不编虚位（即1不编为01）。

7.3.5.5 特殊情况说明

当公文排版后所剩空白处不能容下印章或签发人签名章、成文日期时，可以采取调整行距、字距的措施解决。

7.3.6 附注

如有附注，居左空二字加圆括号编排在成文日期下一行。

7.3.7 附件

附件应当另面编排，并在版记之前，与公文正文一起装订。“附件”二字及附件顺序号用3号黑体字顶格编排在版心左上角第一行。附件标题居中编排在版心第三行。附件顺序号和附件标题应当与附件说明的表述一致。附件格式要求同正文。

如附件与正文不能一起装订，应当在附件左上角第一行顶格编排公文的发文字号并在其后标注“附件”二字及附件顺序号。

7.4 版记

7.4.1 版记中的分隔线

版记中的分隔线与版心等宽，首条分隔线和末条分隔线用粗线（推荐高度为

0. 35mm)，中间的分隔线用细线（推荐高度为0. 25mm)。首条分隔线位于版记中第一个要素之上，末条分隔线与公文最后一面的版心下边缘重合。

7. 4. 2 抄送机关

如有抄送机关，一般用4号仿宋体字，在印发机关和印发日期之上一行、左右各空一字编排。“抄送”二字后加全角冒号和抄送机关名称，回行时与冒号后的首字对齐，最后一个抄送机关名称后标句号。

如需把主送机关移至版记，除将“抄送”二字改为“主送”外，编排方法同抄送机关。既有主送机关又有抄送机关时，应当将主送机关置于抄送机关之上一行，之间不加分隔线。

7. 4. 3 印发机关和印发日期

印发机关和印发日期一般用4号仿宋体字，编排在末条分隔线之上，印发机关左空一字，印发日期右空一字，用阿拉伯数字将年、月、日标全，年份应标全称，月、日不编虚位（即1不编为01)，后加“印发”二字。

版记中如有其他要素，应当将其与印发机关和印发日期用一条细分隔线隔开。

7. 5 页码

一般用4号半角宋体阿拉伯数字，编排在公文版心下边缘之下，数字左右各放一条一字线；一字线上距版心下边缘7mm。单页码居右空一字，双页码居左空一字。公文的版记页前有空白页的，空白页和版记页均不编排页码。公文的附件与正文一起装订时，页码应当连续编排。

8 公文中的横排表格

A4纸型的表格横排时，页码位置与公文其他页码保持一致，单页码表头在订口一边，双页码表头在切口一边。

9 公文中计量单位、标点符号和数字的用法

公文中计量单位的用法应当符合GB 3100、GB 3101和GB 3102（所有部分)，标点符号的用法应当符合GB/T 15834，数字用法应当符合GB/T 15835。

10 公文的特定格式

10. 1 信函格式

发文机关标志使用发文机关全称或者规范化简称，居中排布，上边缘至上页边为30mm，推荐使用红色小标宋体字。联合行文时，使用主办机关标志。

发文机关标志下4mm处印一条红色双线（上粗下细)，距下页边20mm处印一条红色双线（上细下粗)，线长均为170mm，居中排布。

如需标注份号、密级和保密期限、紧急程度，应当顶格居版心左边缘编排在第一条红色双线下，按照份号、密级和保密期限、紧急程度的顺序自上而下分行排列，第一个要素与该线的距离为3号汉字高度的7/8。

发文字号顶格居版心右边缘编排在第一条红色双线下，与该线的距离为3号汉字高度的7/8。

标题居中编排，与其上最后一个要素相距二行。

第二条红色双线上一行如有文字，与该线的距离为3号汉字高度的7/8。

首页不显示页码。

版记不加印发机关和印发日期、分隔线，位于公文最后一面版心内最下方。

10.2 命令（令）格式

发文机关标志由发文机关全称加“命令”或“令”字组成，居中排布，上边缘至版心上边缘为20mm，推荐使用红色小标宋体字。

发文机关标志下空二行居中编排令号，令号下空二行编排正文。

签发人职务、签名章和成文日期的编排见7.3.5.3。

10.3 纪要格式

纪要标志由“×××××纪要”组成，居中排布，上边缘至版心上边缘为35mm，推荐使用红色小标宋体字。

标注出席人员名单，一般用3号黑体字，在正文或附件说明下空一行左空二字编排“出席”二字，后标全角冒号，冒号后用3号仿宋体字标注出席人单位、姓名，回行时与冒号后的首字对齐。

标注请假和列席人员名单，除依次另起一行并将“出席”二字改为“请假”或“列席”外，编排方法同出席人员名单。

纪要格式可以根据实际制定。

11　式样

A4型公文用纸页边及版心尺寸见图1；公文首页版式见图2；联合行文公文首页版式1见图3；联合行文公文首页版式2见图4；公文末页版式1见图5；公文末页版式2见图6；联合行文公文末页版式1见图7；联合行文公文末页版式2见图8；附件说明页版式见图9；带附件公文末页版式见图10；信函格式首页版式见图11；命令（令）格式首页版式见图12。

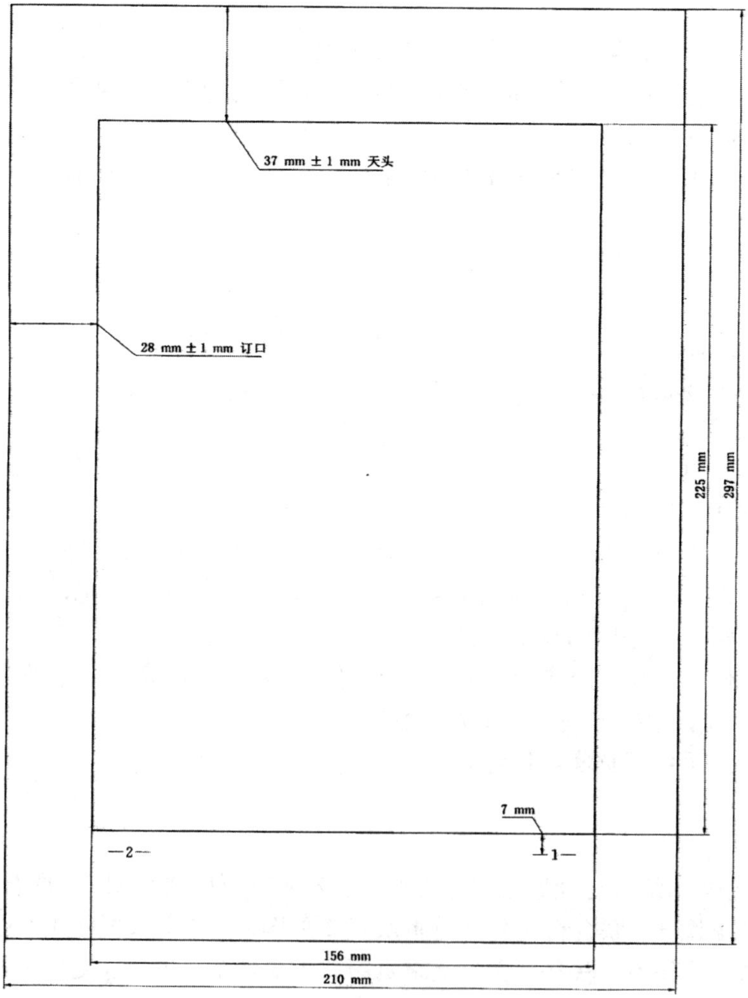

图 1　A4型公文用纸页边及版心尺寸

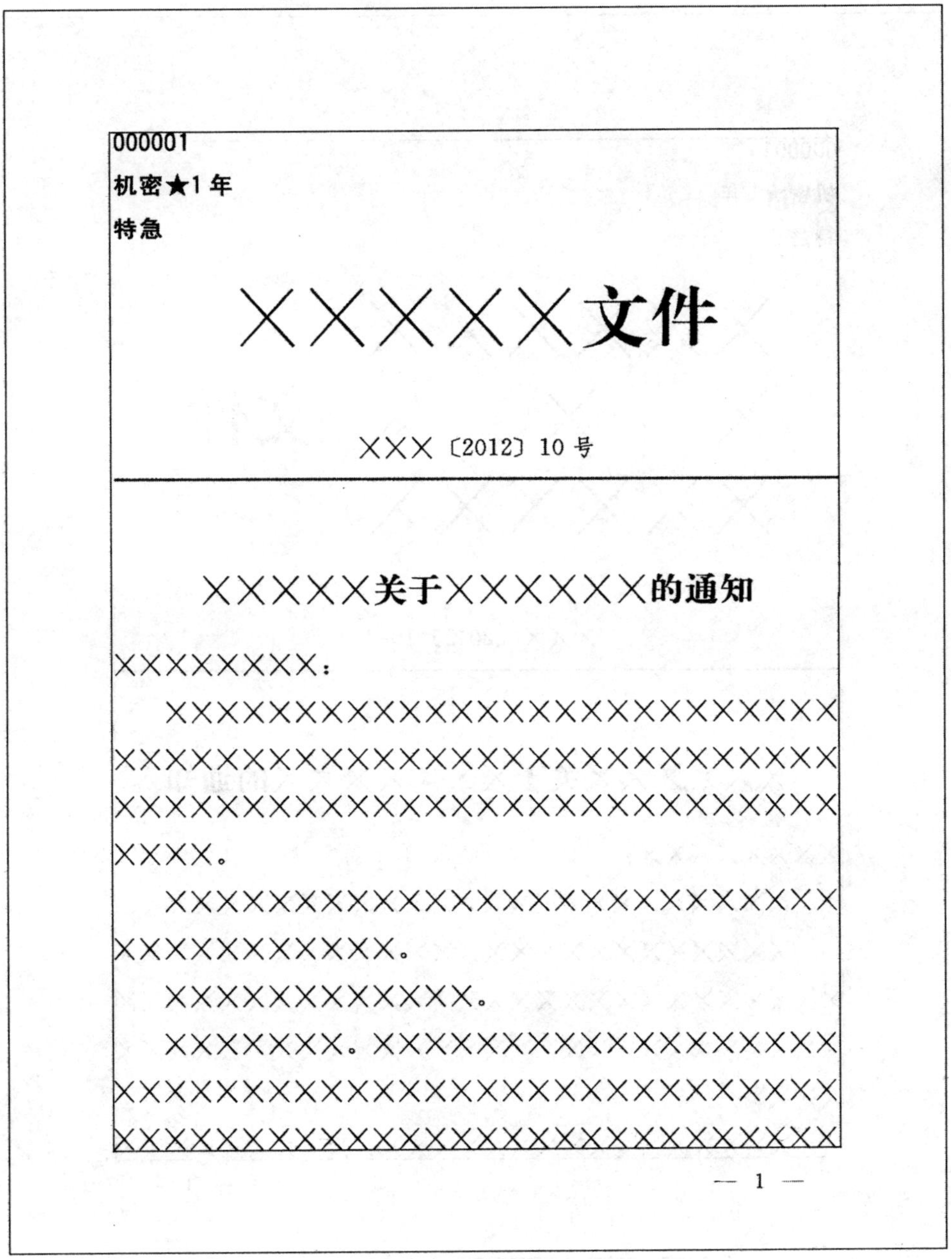
000001

机密★1年

特急

××××××文件

×××〔2012〕10号

×××××关于××××××的通知

××××××××：

××××××××××××××××××××××××××
××××××××××××××××××××××××××××
××××××××××××××××××××××××××××
××××。

××××××××××××××××××××××××××
×××××××××××。

××××××××××××。

×××××××。××××××××××××××××××
××××××××××××××××××××××××××××
××××××××××××××××××××××××××××

— 1 —

图 2 公文首页版式

注：版心实线框仅为示意，在印制公文时并不印出。

000001

机密★1年

特急

××××××
×　×　× 文件
××××××

×××〔2012〕10号

××××××关于××××××××的通知

××××××××：

××××××××××××××××××××××××××。

××。

××××××××××××××××××××××××××

— 1 —

图3 联合行文公文首页版式1

注：版心实线框仅为示意，在印制公文时并不印出。

000001

机　密

特　急

××××××

×　×　×

××××××

签发人：×××　×××

×××〔2012〕10 号　　　　　　　　×××

××××××**关于**×××××××**的请示**

××××××××：

××××××××××××××××××××××××××

××××××××××××××××××××××××××××

××××××××××××××××××××××××××××

××××。

××××××××××××××××××××××××××

— 1 —

图 4　联合行文公文首页版式 2

注：版心实线框仅为示意，在印制公文时并不印出。

××××××××××××××××。

××。

2012年7月1日

（×××××）

抄送：××××××××，××××××，×××××，×××××，×××××。

××××××××× 2012年7月1日印发

— 2 —

图5 公文末页版式1

注：版心实线框仅为示意，在印制公文时并不印出。

XXXXXXXXXXXXXXXX。

　　XXXXXXXXXXXXXXXXXXXXXXXXXXXXX

XXXXXXXXXXXXXXXXXXXXXXXXXXXXXXX

XXXXXXXXX。

XXXXXXXXXXXX

2012年7月1日

（XXXXX）

抄送：XXXXXXXX，XXXXXX，XXXXX，XXXXX，XXXXX。

XXXXXXXXX　　2012年7月1日印发

— 2 —

图6　公文末页版式2

注：版心实线框仅为示意，在印制公文时并不印出。

××××××××××××××××。

××。

2012年7月1日

（×××××）

抄送：××××××××，××××××，×××××，×××××，×××××。

××××××××× 2012年7月1日印发

— 2 —

图 7 联合行文公文末页版式 1

注：版心实线框仅为示意，在印制公文时并不印出。

××××××××××××××××。

××。

2012年7月1日

（×××××）

抄送：××××××××，××××××，×××××，×××××，×××××。

××××××××××　2012年7月1日印发

— 2 —

图8　联合行文公文末页版式2

注：版心实线框仅为示意，在印制公文时并不印出。

XXXXXXXXXXXXXXXX。

XXXXXXXXXXXXXXXXXXXXXXXXXXXXXXXXXXXXXXXXXXXXXXXXXXXXXXXXXXXX。

附件：1. XXXXXXXXXXXXXXXXXXXXXXXXXXX

2. XXXXXXXXXXXXXX

XXXXXXX

X X X X

2012 年 7 月 1 日

（XXXXX）

— 2 —

图 9 附件说明页版式

注：版心实线框仅为示意，在印制公文时并不印出。

附件 2

××××××××××××××

　　××××××××××××××××××××××××××
××××××××××××××××××××××××××××
×××。

　　××××××××××××××××××××××××××
××××××××××××××××××××××××××××
××××××××××××××××××××××××××××
××××××××××××××××××××××××××××
××××××××××××××××××××××××××××
×××××××××××××××。

抄送：××××××××，××××××，×××××，×××××，
　　　×××××。

×××××××××　　　　2012 年 7 月 1 日印发

— 2 —

图 10　带附件公文末页版式

注：版心实线框仅为示意，在印制公文时并不印出。

中华人民共和国×××××部

000001　　　　　　　　　　　　　　　　　　×××〔2012〕10号

机　密

特　急

×××××关于××××××××的通知

××××××××：

××。

××。

××。

图 11　信函格式首页版式

注：版心实线框仅为示意，在印制公文时并不印出。

××××××令

第×××号

××××××××××××××××××××××××××××
×××××××××××××××××××××××××××××。
××××××××××××××××××××××××××××××
×××××××××××××××××××××××××××。

部 长 ×××

2012年7月1日

— 1 —

图 12 命令(令)格式首页版式

注：版心实线框仅为示意，在印制公文时并不印出。